PRINCÍPIOS DE DIREITO ADMINISTRATIVO

EVOLUÇÃO, RELEITURA E PERSPECTIVAS NO MUNDO PÓS-PANDÊMICO

HUMBERTO LUCCHESI DE CARVALHO
ROBERTO MIGLIO SENA

PRINCÍPIOS DE DIREITO ADMINISTRATIVO

EVOLUÇÃO, RELEITURA E PERSPECTIVAS NO MUNDO PÓS-PANDÊMICO

Belo Horizonte

2023

© 2023 Editora Fórum Ltda.

É proibida a reprodução total ou parcial desta obra, por qualquer meio eletrônico, inclusive por processos xerográficos, sem autorização expressa do Editor.

Conselho Editorial

Adilson Abreu Dallari
Alécia Paolucci Nogueira Bicalho
Alexandre Coutinho Pagliarini
André Ramos Tavares
Carlos Ayres Britto
Carlos Mário da Silva Velloso
Cármen Lúcia Antunes Rocha
Cesar Augusto Guimarães Pereira
Clovis Beznos
Cristiana Fortini
Dinorá Adelaide Musetti Grotti
Diogo de Figueiredo Moreira Neto (*in memoriam*)
Egon Bockmann Moreira
Emerson Gabardo
Fabrício Motta
Fernando Rossi
Flávio Henrique Unes Pereira
Floriano de Azevedo Marques Neto
Gustavo Justino de Oliveira
Inês Virgínia Prado Soares
Jorge Ulisses Jacoby Fernandes
Juarez Freitas
Luciano Ferraz
Lúcio Delfino
Marcia Carla Pereira Ribeiro
Márcio Cammarosano
Marcos Ehrhardt Jr.
Maria Sylvia Zanella Di Pietro
Ney José de Freitas
Oswaldo Othon de Pontes Saraiva Filho
Paulo Modesto
Romeu Felipe Bacellar Filho
Sérgio Guerra
Walber de Moura Agra

CONHECIMENTO JURÍDICO

Luís Cláudio Rodrigues Ferreira
Presidente e Editor

Coordenação editorial: Leonardo Eustáquio Siqueira Araújo
Aline Sobreira de Oliveira

Rua Paulo Ribeiro Bastos, 211 – Jardim Atlântico – CEP 31710-430
Belo Horizonte – Minas Gerais – Tel.: (31) 99412.0131
www.editoraforum.com.br – editorial@editoraforum.com.br

Técnica. Empenho. Zelo. Esses foram alguns dos cuidados aplicados na edição desta obra. No entanto, podem ocorrer erros de impressão, digitação ou mesmo restar alguma dúvida conceitual. Caso se constate algo assim, solicitamos a gentileza de nos comunicar através do *e-mail* editorial@editoraforum.com.br para que possamos esclarecer, no que couber. A sua contribuição é muito importante para mantermos a excelência editorial. A Editora Fórum agradece a sua contribuição.

Dados Internacionais de Catalogação na Publicação (CIP) de acordo com ISBD

C331p
    Carvalho, Humberto Lucchesi de
        Princípios de Direito Administrativo: evolução, releitura e perspectivas no mundo pós-pandêmico / Humberto Lucchesi de Carvalho, Roberto Miglio Sena. - Belo Horizonte : Fórum, 2023.
        210p. ; 14,5cm x 21,5cm.

        ISBN: 978-65-5518-486-0

        1. Direito. 2. Direito Público. 2. Direito Administrativo. 3. Direito Constitucional. 4. Princípios Jurídicos. 5. Princípios de Direito Administrativo. 6. Administração Pública. 7. Pandemia. I. Título.

2023-3197
                                                                       CDD 341
                                                                       CDU 342

Elaborado por Vagner Rodolfo da Silva - CRB-8/9410

Informação bibliográfica deste livro, conforme a NBR 6023:2018 da Associação Brasileira de Normas Técnicas (ABNT):

CARVALHO, Humberto Lucchesi de; SENA, Roberto Miglio. *Princípios de Direito Administrativo*: evolução, releitura e perspectivas no mundo pós-pandêmico. Belo Horizonte: Fórum, 2023. 210p. ISBN 978-65-5518-486-0.

Aos nossos familiares e amigos, fiéis companheiros de caminhada.

Resistiré

Erguido frente a todo

Me volveré de hierro para endurecer la piel

Y aunque los vientos de la vida soplen fuerte

Soy como el junco que se dobla

Pero siempre sigue en pie

SUMÁRIO

INTRODUÇÃO
Humberto Lucchesi de Carvalho, Roberto Miglio Sena 11

CAPÍTULO 1
TEORIA GERAL DOS PRINCÍPIOS JURÍDICOS
(Roberto Sena) 17
1.1   Os princípios em Dworkin 25
1.2   Os princípios em Alexy 29
1.3   Os princípios na doutrina brasileira 33

CAPÍTULO 2
VETORES E POSTULADOS DO ORDENAMENTO JURÍDICO BRASILEIRO
(Humberto Lucchesi) 41
2.1   A necessidade da leitura constitucional do Direito Administrativo 47
2.2   Isonomia 55
2.3   Segurança jurídica 63
2.4   Proporcionalidade e razoabilidade 71
2.5   Princípio republicano e elementos fundantes do Estado Democrático de Direito 83
2.6   Dignidade da pessoa humana 88
2.7   Os novos vetores da LINDB trazidos pela Lei nº 13.655/2018 98

CAPÍTULO 3
A IMPORTÂNCIA CENTRAL DOS PRINCÍPIOS ADMINISTRATIVOS CONSTITUCIONAIS
(Roberto Sena) 111
3.1   Legalidade e juridicidade 112
3.2   Impessoalidade 124

3.3	Moralidade	130
3.4	Publicidade	138
3.5	Eficiência	147

CAPÍTULO 4
O PAPEL CONFORMADOR DOS PRINCÍPIOS INFRACONSTITUCIONAIS
(Humberto Lucchesi) 155

4.1	Supremacia do interesse público	155
4.2	Indisponibilidade do interesse público	163
4.3	Autotutela	165
4.4	Autoexecutoriedade	168
4.5	Motivação	178
4.6	Continuidade	184
4.7	Precisamos de novos princípios? A famigerada proposta da PEC nº 32/2020	188

CONCLUSÃO 191

REFERÊNCIAS 197

INTRODUÇÃO

HUMBERTO LUCCHESI DE CARVALHO
ROBERTO MIGLIO SENA

Inúmeras são as obras que tratam dos princípios jurídicos, tanto de autores brasileiros quanto de autores estrangeiros. Para cada princípio, facilmente se encontram centenas de livros, artigos, periódicos, teses etc. De igual forma, a teoria do Direito e a filosofia do Direito evoluíram para estruturar uma verdadeira teoria geral acerca dos princípios jurídicos, sua força normativa, o balizamento entre princípios e regras, sua importância nos atuais ordenamentos, entre outros aspectos. Nesse ponto, obras clássicas de juristas da grandeza de Ronald Dworkin, Robert Alexy, entre outros tantos,[1] discutem qual o papel dos princípios jurídicos para o Direito, aprofundam e expandem um cipoal de questões.

Em meio a este oceano vasto de conhecimento, a indagação primeva para escrever um livro sobre princípios de Direito Administrativo é: o que mais há para ser dito? O que estes singelos autores teriam a acrescentar a uma base tão ampla de conhecimento?

A partir deste questionamento retórico é que surgiu o mote para a obra que ora se introduz: o presente livro objetivará cumprir duas tarefas precípuas: i) compilar as principais contribuições doutrinarias e jurisprudenciais acerca dos princípios de Direito Administrativo e ii) apresentar uma releitura e um novo olhar para estes, à luz da evolução da sociedade e do Direito, bem como dos paradigmas e desafios que o século XXI nos apresenta.

A mais atualizada doutrina administrativista pátria, abalizada por expoentes como Gustavo Binebojm e Marçal Justen Filho, igualmente sedimentada por referências marcantes como Bandeira de Mello, Carlos Ari Sundfeld, entre tantos outros, há muito advoga pela releitura do Direito Administrativo, dentro de uma

---

[1] Citem-se, ainda, Herbert Hart, Joseph Raz, MacCormick, Riccardo Guastini, Humberto Ávila, Celso Antônio Bandeira de Mello, entre outros.

conformação e abordagem constitucional cada vez mais marcantes. Essa perspectiva, embora reconheça as prerrogativas públicas e os princípios que a sustentam, defere ao indivíduo, ao sujeito de direitos, um papel de destaque e equânime consideração.

Como consequência, passou a se verificar, de forma cada vez mais usual, uma limitação ao agir estatal calcado na defesa e nas prerrogativas inalienáveis dos indivíduos. Em síntese: um Estado que tudo pode, que é soberano, sem limites, remonta a tempos medievais, e não ao atual panorama que conduz ao Estado Democrático de Direito. Desde a Revolução Francesa, tem-se observado um movimento sem volta, relegando ao passado o Estado Absoluto ou o Estado de Polícia, tão marcantes nos últimos séculos. Consolida-se, aqui e acolá, o modelo de Estado Democrático de Direito, o qual, longe de se encontrar perfeito e acabado, demanda constante busca por um equilíbrio entre forças muitas vezes antagônicas, entre a esfera privada e a pública, entre a liberdade e a igualdade, entre os princípios colidentes etc.

As democracias ocidentais clamam exatamente por essa aproximação entre interesses públicos e privados, o que acaba por mitigar o alcance de muitos dos princípios de Direito Administrativo, invariavelmente calcados no império estatal. Com o passar dos anos de vigência da Constituição de 1988, é notável que os "poderes de império", a "supremacia" e as "prerrogativas" que acompanham o poder estatal vêm se conformando aos direitos e garantias fundamentais, também de força normativa constitucional.

Um dos marcos teóricos do presente estudo está exatamente no reconhecimento da força normativa dos princípios jurídicos, construção doutrinária e filosófica que veio se desenvolvendo nos últimos séculos. Vale pontuar: princípios não são meras ideias abstratas, não são simples "cartas de boas intenções" de conteúdo programático e idealista. Ao contrário, possuem densidade normativa que lhes confere aplicabilidade imediata, via de regra, sendo uma espécie de norma jurídica indispensável ao bom funcionamento do ordenamento jurídico. Não se desconhece que, em comparação com as regras, os princípios possuem maior grau de abstração. Ainda assim, devem ser vistos como ferramentas indispensáveis ao aplicador do Direito, na busca pela solução dos problemas mais cotidianos até os mais complexos.

A colisão entre princípios de igual grandeza, entre direitos individuais e prerrogativas públicas, entre a delimitação e o alcance dos deveres de lado a lado, tem marcado a tônica dos *hard cases*[2] que envolvem a Administração Pública. Ao longo da obra, abordaremos alguns casos paradigmáticos que envolvem o conflito entre princípios administrativos e interesses particulares.

Com a eclosão da pandemia de Covid-19,[3] a qual já vai completando três anos de contínua transformação em nossa teia social, essa discussão volta a se aquecer. O perpétuo conflito entre coletividade e individualidade ganha novos contornos. Questões práticas ligadas à saúde pública, ao direito de não se vacinar, ao papel do Estado no combate à pandemia, ao isolamento social e à liberdade de ir e vir, ao uso obrigatório de máscaras encontram-se na pauta do dia.

E, havendo conflito, o Direito é convocado para apresentar uma resposta. Para tanto, o raciocínio por princípios mostra-se indispensável. Mas tal tarefa não é das mais simples. Não há "receita de bolo", precedente ou caminho pré-definido: "Em caso

---

[2] Essa expressão é utilizada com recorrência em Dworkin, para indicar os casos complexos, em contraposição aos casos simples. Um caso simples seria aquele em que a solução decorre da aplicação direta de uma regra, por exemplo: "O condutor que trafegar na rodovia acima de 60km/h deverá ser multado em R$100,00 (cem reais)". Caso um condutor seja flagrado trafegando na rodovia a 80km/h, a solução deste ilícito se resolve tão somente com a aplicação da regra anteriormente transcrita, impondo-se ao agente a multa prevista. Diferentemente, os *hard cases* não possuem uma resposta apriorística e já estabelecida na norma, fazendo-se necessário um juízo de ponderação e argumentação jurídica para encontrar a solução, muitas vezes, entre princípios colidentes. Os *hard cases* também são marcados pela variedade e complexidade de interesses em jogo, tornando ainda mais árdua e complexa a tarefa do aplicador do direito. Um exemplo recente de *hard case*, e que será mais bem abordado ao longo da obra, diz respeito à obrigatoriedade (ou não) da vacinação contra a Covid-19. De um lado, encontram-se princípios ligados à liberdade individual, direito ao próprio corpo e autonomia da vontade; de outro, princípios ligados à supremacia do interesse público, à saúde pública e à proteção da coletividade, que somente se efetiva mediante uma imunização ampla da população. Qual deve prevalecer? Para a solução desta e de outras questões complexas que estão na pauta do dia, o raciocínio por princípios, bem como a análise crítica e a releitura destes se fazem indispensáveis.

[3] "A Covid-19 é uma infecção respiratória aguda causada pelo coronavírus SARS-CoV-2, potencialmente grave, de elevada transmissibilidade e de distribuição global. O SARS-CoV-2 é um betacoronavírus descoberto em amostras de lavado broncoalveolar obtidas de pacientes com pneumonia de causa desconhecida na cidade de Wuhan, província de Hubei, China, em dezembro de 2019. Pertence ao subgênero Sarbecovírus da família Coronaviridae e é o sétimo coronavírus conhecido a infectar seres humanos" (BRASIL. Ministério da Saúde. *O que é a Covid-19?* 8 abr. 2021. Disponível em: https://www.gov.br/saude/pt-br/coronavirus/o-que-e-o-coronavirus. Acesso em 07 jan. 2022).

de pandemia sem precedentes na história moderna, aplique duas doses de supremacia do interesse público e uma pitada de liberdade individual". Isso simplesmente não existe.

Avaliar como os princípios de Direito Administrativo podem ajudar a responder nossas atuais inquietudes passa também por refletir e ressignificá-los diante de novas demandas e anseios jamais vistos.

É certo e consabido que o Direito caminha lado a lado com os avanços e retrocessos da sociedade. E, sendo os princípios jurídicos um dos alicerces sobre o qual se desenvolve o Direito, é possível afirmar, de antemão, que jamais haverá uma teoria estática sobre princípios jurídicos.

O alcance e a limitação desses princípios, as colisões, as regras de peso e a ponderação são panoramas que se modificam com o passar do tempo, tal como se modificam as demandas, tal como se modificam as normas, tal como se modificam a criação e a aplicação do Direito. Assim sendo, imperioso trazer princípios seculares do Direito Público para o juízo crítico da contemporaneidade.

No intento de alcançar as finalidades expostas em linhas anteriores, esta obra se divide em quatro capítulos.

O primeiro capítulo trará os principais elementos da teoria geral dos princípios jurídicos, calcada nas lições de referências doutrinárias como Robert Alexy, Ronald Dworkin, Humberto Ávila, Canotilho, entre outras. Neste capítulo inaugural, objetivamos responder ao seguinte tema problema: para que servem os princípios jurídicos? E mais: qual papel os princípios jurídicos têm desempenhado para o bom (ou mal) funcionamento do ordenamento jurídico?

Afunilando a análise principiológica, o segundo capítulo lançará olhares para a realidade brasileira, nosso sistema constitucional posto, quais os seus principais vetores, postulados e alicerces, vez ou outra, chamados de "sobreprincípios" ou "suprapincípios". Assim, serão analisados temas caros, tais como isonomia, segurança jurídica, proporcionalidade, razoabilidade e princípio republicano, os quais servem de sustentação para uma miríade de outras normas.

O terceiro capítulo adentrará na especificidade dos princípios de Direito Administrativo de higidez constitucional, valendo menção: legalidade/juridicidade, impessoalidade, moralidade, publicidade e eficiência. Além de apresentar os principais conceitos doutrinários, este capítulo propõe discutir o alcance e a evolução desses princípios, trazendo à baila decisões paradigmáticas dos tribunais brasileiros, com especial enfoque sobre a temática envolvendo a pandemia de Covid-19 e tais princípios positivados na Constituição Federal.

O quarto capítulo tratará dos princípios de Direito Administrativo de hierarquia infraconstitucional, a exemplo da supremacia do interesse público, da indisponibilidade do interesse público, da autotutela, da autoexecutoriedade, da motivação e da continuidade, em abordagem análoga à realizada com os princípios do capítulo anterior. Ao final, tentaremos responder à seguinte questão: precisamos de novos princípios de Direito Administrativo? Tal análise se dará à luz da famigerada Proposta de Emenda Constitucional nº 32/2020, a qual intentou promover uma reforma administrativa e, entre outros pontos, propôs o acréscimo de novos princípios administrativos constitucionais.

Ao longo de toda a obra, o leitor encontrará também breve análise e ementário da jurisprudência dos principais tribunais brasileiros, a qual aprecia casos concretos que envolvem a aplicação de princípios de Direito Público ou o conflito destes com outros direitos fundamentais. Entender como os tribunais têm aplicado essas normas de viés, vez ou outra, tão abstrato servirá para ilustrar o alcance que vem sendo dado a esses princípios, as resoluções de conflitos e as colisões de direitos. Valendo sempre recordar que o Direito é muito mais do que os tribunais dizem que ele é e que a própria jurisprudência evolui e se modifica. Assim, será necessário o devido juízo crítico, a fim de entender a correção (ou não) desses posicionamentos jurisprudenciais.

Dada a atualidade do tema, deu-se especial enfoque sobre as decisões proferidas no contexto da pandemia de Covid-19, no qual questões polêmicas e sensíveis desbocaram no Poder Judiciário, a exemplo do pacto federativo e da competência de estados e municípios para gestão da crise sanitária, da compulsoriedade da vacinação e da possibilidade de aplicação de restrições, da autonomia para universidades e órgãos públicos exigirem o chamado passaporte vacinal, da legalidade das medidas restritivas de isolamento social, entre outros temas sensíveis e extremamente atuais.

Ao final, a obra espera cumprir um duplo desiderato: ao mesmo tempo servir como um manual de fácil consulta para o estudioso do Direito que deseja revisitar os conceitos e os principais aspectos dos princípios de Direito Administrativo e também como uma base crítica para a releitura e reavaliação desses mesmos princípios, sempre com olhar voltado ao futuro, diante dos novos desafios e questionamentos que o mundo nos apresenta, sendo o mais recente deles uma pandemia avassaladora que atingiu e modificou as estruturas sociais de forma indubitável, e que certamente demandará uma releitura e reflexão dos aplicadores e estudiosos do Direito acerca das balizas e delineamentos dos princípios de Direito Administrativo.

CAPÍTULO 1

TEORIA GERAL DOS PRINCÍPIOS JURÍDICOS

Não há como traçar balizas acerca de uma teoria dos princípios jurídicos sem antes passar pela teoria geral do Direito e pela filosofia do Direito, quando estes ramos se propõem a estudar a norma jurídica *in abstracto* e a teoria do ordenamento jurídico. E isso por uma razão singela: "norma jurídica" é gênero, de modo que os princípios, juntamente com as regras, são espécies de normas.

Aos doutrinadores da teoria geral do Direito[4] coube aprofundar o conceito de norma jurídica, de modo que vale trazer à tona a definição dada por Miguel Reale, segundo o qual "a norma jurídica, de qualquer espécie, representa uma estrutura proposicional enunciativa de uma forma de organização ou de conduta, que deve ser seguida de maneira objetiva e obrigatória".[5] Reale brinda-nos com uma visão contemporânea do Direito, inserindo a norma jurídica como elemento estruturante de sua teoria tridimensional,[6] juntamente com o "fato" e com o "valor".

---

[4] "Se uma teoria do direito deve fornecer uma base para o dever judicial, então os princípios que ela apresenta de maneira ordenada devem tentar justificar as regras estabelecidas. Para isso, é preciso identificar as preocupações e tradições morais da comunidade que, na opinião do jurista que defende tal teoria, sustentam efetivamente essas regras. Esse processo de justificação deve levar o jurista ao exame muito aprofundado da teoria moral e política (...)" (DWORKIN, Ronald M. *Levando os direitos a sério*. São Paulo: Martins Fontes, 2010. p. 106).

[5] REALE, Miguel. *Lições preliminares de Direito*. São Paulo: Saraiva, 2002. p. 95.

[6] Reale sintetiza a teoria tridimensional do Direito afirmando que: "a) onde quer que haja um fenômeno jurídico, há sempre e necessariamente, um fato subjacente (fato econômico, geográfico, demográfico, de ordem técnica etc.); um valor, que confere determinada significação a esse fato, inclinando ou determinando a ação dos homens no sentido de

Sérgio da Cunha bem observa que uma teoria geral das normas "precisa ter início com uma indagação sobre a sua justificação: não apenas a questão sobre porque a norma jurídica deve ser obedecida, mas a questão sobre porque qualquer norma jurídica é ou não adequada".[7]

O século XX foi marcado pelo embate entre positivistas e pós-positivistas, cada qual apresentando uma visão própria acerca do significado e do alcance da ciência jurídica. Cada teoria se preocupou em responder a esses critérios de adequação e validade de uma norma jurídica, a seu modo e com seus recortes metodológicos. Um dos pontos centrais, e que deságua diretamente na teoria dos princípios jurídicos, diz respeito à separação (ou não) entre Direito e Moral,[8] um dos principais traços distintivos entre positivistas e pós-positivistas.

A título introdutório, o positivismo,[9] então reinante na primeira metade do século XX, apegava-se a um viés extremamente formal acerca do conceito de norma jurídica. Como representação dessa corrente, Kelsen[10] enuncia que:

---

atingir ou preservar certa finalidade ou objetivo; e finalmente uma norma, que representa a relação ou medida que integra um daqueles elementos ao outro, o fato ao valor; b) tais elementos ou fatores (fato, valor e norma) não existem separados uns dos outros, mas coexistem numa unidade concreta; c) mais ainda, esses elementos ou fatores não só se exigem reciprocamente, como atuam como elos de um mesmo processo, de tal modo que a vida do Direito resulta da interação dinâmica e dialética dos três elementos que a integram" (REALE, Miguel. *Lições preliminares de Direito*. São Paulo: Saraiva, 2002. p. 65).

[7] CUNHA, Sérgio Sérvulo da. *Princípios constitucionais*. São Paulo: Saraiva, 2006. p. 72.

[8] Nos dizeres de Márcio Cammarosano, Direito e Moral não se confundem; "conquanto integrem um mesmo gênero – ordens normativas do comportamento humano – são espécies distintas, sem embargo da possibilidade da existência de mandamentos de igual teor em ambos os sistemas. E apenas as normas jurídicas é que são dotadas de coercibilidade" (CAMMAROSANO, Márcio. *O princípio constitucional da moralidade e o exercício da função administrativa*. Belo Horizonte: Editora Fórum, 2006. p. 113; p. 41).

[9] Vale destacar que positivismo não se confunde com Direito Positivo. O positivismo é a teoria que se propõe a estudar e a compreender o Direito Positivo, a analisar o Direito por aquilo que ele é (as normas) e não sobre o que ele deveria ser (teorias sobre justo, correto etc.). Nessa linha, Bobbio afirma que "por obra do positivismo jurídico ocorre a redução de todo o direito a direito positivo, e o direito natural é excluído da categoria do direito: o direito positivo é direito, o direito natural não é direito. (...) O positivismo jurídico é aquela doutrina segundo a qual não existe outro direito senão o positivo" (BOBBIO, Norberto. *O positivismo jurídico*: lições de filosofia do Direito. São Paulo: Ícone, 1995. p. 26).

[10] Embora tenha se tornado lugar comum a crítica atual ao positivismo, há que se reconhecer a importância do positivismo e de autores como Bentham, Kelsen, Hart, entre outros, para a teoria do Direito. Nesse sentido, José Cristóvam aponta Kelsen como o doutrinador "que buscou mais explicitamente a construção de um conceito autônomo do Direito, no

Uma norma jurídica não vale porque tem um determinado conteúdo, quer dizer, porque o seu conteúdo pode ser deduzido pela via de um raciocínio lógico do conteúdo de uma norma fundamental pressuposta, mas porque é criada por uma forma determinada (...). Por isso, e somente por isso, pertence ela à ordem jurídica cujas normas são criadas em conformidade com esta norma fundamental. Por isso, todo e qualquer conteúdo pode ser Direito. Não há qualquer conduta humana que, como tal, por força do seu conteúdo, esteja excluída de ser conteúdo de uma norma jurídica.[11]

O positivismo centrava a análise da conformidade da norma jurídica em um critério de autoridade/validade de sua inserção no ordenamento. Focado em seu aspecto formalista/hierárquico, a análise acerca da justeza ou equidade da norma ficava relegada a um segundo plano.[12] Nessa toada, "o positivismo tradicional concebe a norma jurídica como dado perfeito e acabado, posto pelo legislador à aplicação por parte de quem decide um caso concreto".[13]

Já Bobbio dispõe que norma jurídica é "aquela norma cuja execução é garantida por uma sanção externa e institucionalizada".[14] Em sua teoria do ordenamento jurídico, Norberto Bobbio avança para reconhecer que, embora busque unidade e coerência sistêmica,

---

sentido de apresentar um modelo de ciência jurídica da qual fosse excluído tudo aquilo alheio ao seu objeto. A metodologia kelseniana consiste, pois, em descrever as normas jurídicas desvencilhadas do que o autor define como a irracionalidade do mundo dos valores, "purificadas de toda ideologia política e de todos os elementos da ciência natural" (CRISTÓVAM, José Sérgio da Silva. *Colisões entre princípios constitucionais*: razoabilidade, proporcionalidade e argumentação jurídica. Curitiba: Juruá, 2006. p. 47).

[11] KELSEN, Hans. *Teoria pura do Direito*. 6. ed. São Paulo: Martins Fontes, 1999. p. 139.

[12] Quanto a este ponto, José Eduardo Cardozo tece severas críticas, ao destacar que o "agnosticismo axiológico metodologicamente aplicado ao estudo do fenômeno jurídico foi o que talvez tenha permitido a muitos a percepção do equívoco de se estudar uma realidade 'impura' como se fosse um objeto idealizado 'puro' (...). O estudo de um direito positivo 'idealizado', marcado por um corte epistemológico que isola a norma do universo real não passa de uma reflexão distorcida do fenômeno jurídico, na medida em que seus estudos deveriam se limitar a observar uma purificada e estática fotografia do fenômeno normativo (...). Ao assim proceder, se estudaria o Direito como se fosse uma realidade "a-histórica", estática e que pudesse ser dissociada da política" (CARDOZO, José Eduardo Martins. A origem e o futuro do direito administrativo. *In*: WALD, Arnold *et al*. (Org.) *O Direito Administrativo na atualidade*: estudos em homenagem ao centenário de Helly Lopes Meirelles. São Paulo: Malheiros, 2017. p. 607-608).

[13] LIMA JÚNIOR, Cláudio Ricardo Silva. *Sobre o conceito de norma jurídica. Um diálogo com Friedrich Müller para uma teoria estruturante do Direito*. 11 jun. 2010. Disponível em: https://jus.com.br/artigos/15013/sobre-o-conceito-de-norma-juridica/1. Acesso em 28 jan. 2021.

[14] BOBBIO, Norberto. *Teoria do ordenamento jurídico*. Brasília: Universidade de Brasília, 1994. p. 27.

todo ordenamento jurídico possuirá lacunas e antinomias, trazendo então critérios técnicos para solução dessas questões. Ainda assim, um raciocínio meramente formalista ou tecnicista é incapaz de solucionar adequadamente os problemas que a complexidade da teia social nos apresenta,[15] muitas vezes colocando frente a frente normas de igual escalão e igualmente fundamentais.

Questões complexas como as que envolvem o embate entre liberdade e igualdade, entre privacidade e publicidade, entre autonomia individual e interesse público demandam uma justificação racional e argumentativa que transcende o mero formalismo positivista. E dizer, diante de um caso concreto em que dois princípios se encontram em rota de colisão, qual será a solução que melhor assegure a realização da justiça material não é tarefa fácil.

Assim, o positivismo mostra-se insuficiente para explicar e compreender os princípios em seu atual panorama, sendo mais adequadas as teorias que o sucederam e que, para além da questão formal da norma, inserem a moral e a justiça no centro de debate que envolve a aplicação, a interpretação e a integração do Direito. Neste capítulo abordaremos alguns dos expoentes dessa corrente, a exemplo dos renomados Ronald Dworkin e Robert Alexy, bem como os contributos da doutrina brasileira a essa discussão.

Quanto ao tema, Marcelo Harger bem observa que "os princípios são elementos centrais do ordenamento jurídico. São eles que atribuem unidade ao sistema".[16] O autor defende que todo sistema constitucional, por refletir tendências de uma sociedade

---

[15] Um dos casos mais icônicos de que se tem notícias diz respeito ao julgamento Riggs *vs.* Palmer, decidido por uma corte de Nova Iorque em 1889. Esse julgamento ganhou grande repercussão na medida em que os magistrados, a despeito de uma lei específica, decidiram a lide com base em princípios do Direito. No caso, a Sra. Riggs litigava contra seu sobrinho Elmer Parmer. Elmer havia sido escolhido como herdeiro testamentário de seu avô, porém, com medo de que o avô alterasse o testamento, acabou assassinando-o. Tendo em vista o assassinato cometido por Elmer, sua tia Riggs objetivou anular o testamento judicialmente. A corte americana acabou invalidando o testamento, embora não houvesse nenhuma lei estadual ou federal que tratasse a respeito. Na ocasião, os magistrados consignaram que é impossível ao legislador prever todas as situações da vida concreta, de modo que a razão de decidir se pautou no princípio geral no sentido de que "ninguém pode beneficiar-se de sua própria torpeza", princípio este que incidiria independentemente do que diziam as leis testamentárias dos EUA. Esse caso é citado por Dworkin em diversas passagens de sua obra para ilustrar a importância dos princípios para o Direito.

[16] HARGER, Marcelo. *Princípios constitucionais do processo administrativo*. Rio de Janeiro: Forense, 2001. p. 30.

plúrima e complexa, possuirá normas conflitantes entre si. E nessa toada "os princípios são os elementos que põem fim a esses conflitos e permitem a própria existência do ordenamento jurídico". Acresce Paulo Bonavides que os princípios "são o oxigênio das Constituições na época do pós-positivismo. É graças aos princípios que os sistemas constitucionais granjeiam a unidade de sentido e auferem a valoração de sua ordem normativa".[17]

Nessa esteira de raciocínio, são sempre lúcidos os ensinamentos de Celso Antônio Bandeira de Mello, segundo o qual:

> Princípio é, por definição, mandamento nuclear de um sistema, verdadeiro alicerce dele, disposição fundamental que se irradia sobre diferentes normas, compondo-lhes o espírito e servindo de critério para sua exata compreensão e inteligência exatamente por definir a lógica e racionalidade do sistema normativo, no que lhe confere a tônica e lhe dá sentido harmônico. É o conhecimento dos princípios que preside a intelecção das diferentes partes componentes do todo unitário que há por nome sistema jurídico positivo.[18]

Impende destacar que o próprio conceito do que seriam "princípios", bem como o alcance e a dimensão destes,[19] também evoluíram com o passar do tempo. Daí porque Pedro Lucena afirma existirem ao menos três fases distintas do conceito de "princípio", *in verbis*:

> Na primeira fase, princípios eram as bases, os alicerces fundamentais de uma disciplina jurídica (...).
> Em um segundo momento de sensível evolução, o conceito de princípio passa a ser entendido como enunciado do direito positivo estruturante do sistema normativo. Nesse contexto, princípio é dotado de elevada carga valorativa e faz parte do sistema normativo jurídico, é um vetor de interpretação, mas não tem estrutura normativa autônoma (...).

---

[17] BONAVIDES, Paulo. *Curso de Direito Constitucional*. São Paulo: Malheiros, 2004. p. 255-286.
[18] MELLO, Celso Antônio Bandeira de. *Curso De Direito Administrativo*. São Paulo: Malheiros, 1999. p. 629.
[19] Aproximando-se da teoria jusnaturalista, Marco Antônio Berberi afirma que princípio é o "motivo conceitual sobre o qual se funda uma dada teoria; o princípio está no lugar do antes, do anterior ao primeiro momento. Dá fundamento à ordem, num sentido amplo (e especificamente, no caso do Direito, à ordem jurídica). O que a ordem jurídica faz é tornar princípios, anteriores a ela, jurídicos". (BERBERI, Marco Antônio Lima. *Os princípios na teoria do Direito*. Rio de Janeiro: Renovar, 2003. p. 207).

Por fim, chegamos à terceira fase[20] do conceito de princípio. Influenciado pela doutrina de Dworkin e Alexy, princípio passa a ser entendido como um mandado de otimização, ou seja, algo a ser substanciado, efetivado, ou, se preferir, realizado na maior medida do possível.[21]

Doutra sorte, se é correto que tanto princípios quanto regras são espécies de normas jurídicas, vale ao leitor a compreensão acerca dos traços distintivos de um princípio e de uma regra. Afinal, ao ler um determinado enunciado normativo, seja ele da Constituição, seja ele de uma lei, como saber se estamos diante de um princípio ou de uma regra? E mais: qual a importância em dizer se determinado comando normativo terá natureza de princípio ou de regra? Quais os desdobramentos?

Humberto Ávila ajuda a clarear os traços distintivos entre princípios e regras, chamando atenção para as duas principais características que afastariam os princípios das regras, *in verbis*:

> Em primeiro lugar o conteúdo axiológico: os princípios, ao contrário das regras, possuiriam um conteúdo axiológico explícito e careceriam, por isso, de regras para a sua concretização. Em segundo lugar, há o modo de interação com outras normas: os princípios, ao contrário das regras, receberiam seu conteúdo de sentido somente por meio de um processo dialético de complementação e delimitação.[22]

A partir de tal diferenciação, é possível afirmar que os princípios jurídicos, via de regra, possuem um conteúdo mais abstrato e mais valorativo, o que, no entanto, não lhes retira a força normativa e a aplicabilidade imediata, via de regra. *Pari passu*, as regras são dotadas de maior objetividade e aplicabilidade imediata e, não raramente, servirão exatamente para dar concretude a algum princípio que as fundamente.

Ainda sobre a importância da distinção entre princípios e regras, Robert Alexy leciona que tal diferenciação

---

[20] Esta terceira fase, inclusive, é a que substancialmente engloba as teorias críticas ao positivismo, também chamadas de pós-positivistas.
[21] FERNANDES, Felipe Gonçalves (Org.). *Temas atuais de Direito Administrativo neoconstitucional*. São Paulo: Intelecto, 2016. p. 53.
[22] ÁVILA, Humberto. *Teoria dos princípios da definição à aplicação dos princípios jurídicos*. São Paulo: Malheiros, 2015. p. 56.

é a chave para a solução de problemas centrais da dogmática dos direitos fundamentais. Sem ela não pode haver nem uma teoria adequada sobre as restrições a direitos fundamentais, nem uma doutrina satisfatória sobre colisões, nem uma teoria suficiente sobre o papel dos direitos fundamentais no sistema jurídico.[23]

Aqui vale o destaque: embora possuam traços distintos que devam ser realçados, deve-se ter em mente que tanto os princípios quanto as regras cumprem papel fundamental para o funcionamento do ordenamento jurídico, numa dita relação de complementariedade, na busca por um ordenamento cada vez mais uniforme, coerente e coeso. Quanto ao tema, precisas são as lições Canotilho:

> Um modelo ou sistema constituído exclusivamente por regras conduzir-nos-ia a um sistema jurídico de limitada racionalidade prática. Exigiria uma disciplina legislativa exaustiva e completa – legalismo – do mundo e da vida, fixando em termos definitivos as premissas e os resultados das regras jurídicas. Conseguir-se-ia um sistema de segurança, mas não haveria qualquer espaço livre para a complementação e o desenvolvimento de um sistema, como o constitucional, que é necessariamente aberto (...). O modelo ou sistema baseado exclusivamente em princípios levar-nos-ia a consequências também inaceitáveis. A indeterminação, a inexistência de regras precisas, a coexistência de princípios conflitantes, só poderiam conduzir a um sistema falho de segurança jurídica e tendencialmente incapaz de reduzir a complexidade do próprio sistema.[24]

Não se está então a advogar pela defesa de um (princípio) em detrimento de outro (regras), mas sim pela enunciação de seus traços distintivos, a fim de delimitar o objeto a que se propõe o presente estudo.

Sendo certo que os princípios possuem traços distintivos em relação às regras, importa destacar que os princípios não formam, em si, um todo coeso e semelhante. Eles podem ser divididos de acordo com a abrangência de aplicação (princípios gerais do Direito, princípios civilistas, princípios de Direito Administrativo, de Direito Penal etc.), pelo grau hierárquico (postulados/sobreprincípios,

---

[23] ALEXY, Robert. *Teoria dos direitos fundamentais*. São Paulo: Malheiros, 2008. p. 85.
[24] CANOTILHO, José Joaquim Gomes. *Direito Constitucional*. Lisboa: Coimbra, 1993. p. 168-169.

princípios constitucionais, princípios infraconstitucionais), pela forma de materialização (princípios expressos e princípios implícitos),[25] entre inúmeras outras categorizações. Em meio à tamanha diversidade, não é difícil concluir que, muitas vezes, princípios distintos indicarão caminhos distintos para uma mesma questão jurídica: "O que é certo/justo a se fazer nesse caso?".

A mais atualizada doutrina acerca da teoria dos princípios tem destacado a importância da ponderação entre princípios,[26] para solução de situações cotidianas ou *hard cases* – os casos complexos[27] –, em que, normalmente, ocorre a colisão entre princípios de hierarquia semelhante. É o que Dworkin chama de "dimensão de peso", ao afirmar que em determinadas situações um princípio terá maior preponderância sobre outro. Na mesma linha, Alexy os nomeia como mandamentos de otimização, de modo que o aplicador do Direito deve buscar a observância dos princípios na maior medida do possível. Esses conceitos serão mais bem desenvolvidos nos tópicos seguintes.

Essa ideia de princípios ponderáveis não conduz, no entanto, a um "relativismo axiológico" em que "vale tudo" para defender esse ou aquele princípio que me agrade mais. Ao contrário, a ponderação

---

[25] Cabe a ressalva de que "o direito não é só o conteúdo imediato das disposições expressas; mas também o conteúdo virtual de normas não expressas, porém ínsitas ao sistema. (...) Os princípios implícitos são tão importantes quanto os explícitos; constituem como estes, verdadeiras normas jurídicas. Por isso, desconhecê-los é tão grave quanto desconsiderar quaisquer outros princípios" (ROTHENBURG, Walter Claudius. *Princípios constitucionais*. Porto Alegre: Sergio Antonio Fabris Editor, 1999. p. 54).

[26] O ordenamento jurídico brasileiro parece ter agasalhado tal tese, conforme se depreende do art. 489, §2º, do CPC, ao tratar do necessário juízo de ponderação a ser realizado pelo magistrado quando diante de normas conflitantes: "489 §2º No caso de colisão entre normas, o juiz deve justificar o objeto e os critérios gerais da ponderação efetuada, enunciando as razões que autorizam a interferência na norma afastada e as premissas fáticas que fundamentam a conclusão" (BRASIL. Lei nº 13.105, de 16 de março de 2015. Código de Processo Civil. *Diário Oficial da União*, Brasília, DF, 17 mar. 2015. Disponível em: http://www.planalto.gov.br/ccivil_03/_ato2015-2018/2015/lei/l13105.htm. Acesso em 02 abr. 2021).

[27] Há muito, Giorgio Del Vecchio já pontuava que "não há interferência entre homens, não há controvérsia possível, por mais complicada e imprevista que seja, que não admita e exija uma solução jurídica. Dúvidas e incertezas podem persistir por longo tempo no campo teórico: todos os ramos do saber e a própria jurisprudência, como ciência teórica, oferecem exemplos de questões discutidas por séculos, e, não obstante, sem solução, ou talvez insolúveis. Mas a pergunta *quid juriis*? – Qual é o limite do meu direito e do alheio? – é necessário, em qualquer caso concreto, dar-se resposta, certamente não infalível, mas praticamente definitiva" (DEL VECCHIO, Giorgio. *Princípios gerais do Direito*. Belo Horizonte: Editora Líder, 2003. p. 7).

de princípios não prescinde de robusta argumentação jurídica[28] que leve em conta todos os interesses contrapostos e, mediante justificação racional e fundamentada nas balizas normativas, justifique a preponderância deste ou daquele princípio diante do caso concreto.

Nos próximos tópicos iremos abordar os critérios científicos desenvolvidos por diversos autores para solucionar *hard cases* que envolvam conflitos entre normas, sejam elas princípios ou regras.

1.1 Os princípios em Dworkin

Um dos mais importantes autores a analisar a diferenciação entre princípios e regras foi Ronald Dworkin, famoso por empreender um "ataque geral ao positivismo"[29] ainda majoritário à época de seus primeiros escritos. Em 1967, Dworkin lançou artigo denominado *The Model of Rules*,[30] o qual, posteriormente, viria a compor a obra *Levando os direitos a sério*, um dos grandes clássicos da filosofia do Direito.

Ronald Dworkin formulou severas críticas ao formalismo positivista e à exaltação ao sistema de regras, sistema este rígido e estático, conforme tão bem ilustrado na difundida pirâmide normativa de Kelsen. No livro *Levando os direitos a sério*, Dworkin abertamente tece diversas críticas à teoria de Herbert Hart,[31] um

---

[28] Vale, no entanto, o registro do ex-ministro Eros Grau, para o qual a ponderação de princípios pode criar uma celeuma de absoluta insegurança e incerteza jurídica. Para ilustrar sua preocupação, Eros Grau cita o paradigmático caso Ellwanger julgado pelo STF (HC nº 82.424/RS) para evidenciar o quanto a ponderação pode comprometer a segurança jurídica. De acordo com Eros Grau (GRAU, Eros Roberto. *Por que tenho medo dos juízes*: a interpretação/aplicação do Direito e os princípios. São Paulo: Malheiros, 2013. p. 23), "os Ministros Marco Aurélio e Gilmar Mendes fizeram uso da regra da proporcionalidade para analisar a colisão da liberdade de expressão e da dignidade do povo judeu, alcançando decisões opostas: (i) Marco Aurélio – restrição à liberdade de expressão provocada pela condenação à publicação do livro antissemita não é uma medida adequada, necessária e razoável; logo, não constitui uma restrição possível permitida pela Constituição; (ii) Gilmar Mendes – a restrição à liberdade de expressão causada pela necessidade de se coibir a intolerância racial e de se preservar a dignidade humana é restrição adequada, necessária e proporcional, logo, permitida pela Constituição".

[29] DWORKIN, Ronald M. *Levando os direitos a sério*. São Paulo: Martins Fontes, 2010. p. 35.

[30] DOWRKIN, Ronald M. The Model of Rules. *University of Chicago Law Review*, v. 35, Issue 1, 1967. Disponível em: http://digitalcommons.law.yale.edu/cgi/viewcontent.cgi?article=4614&context=fss_papers. Acesso em 23 dez. 2021.

[31] "Quero lançar um ataque geral contra o positivismo e usarei a versão de Hart como alvo, quando um alvo específico se fizer necessário" (DWORKIN, Ronald M. *Levando os direitos a sério*. São Paulo: Martins Fontes, 2010. p. 35).

dos expoentes da teoria positivista no século XX. Para Dworkin, o positivismo falha na medida em que vislumbra o Direito tão somente como um modelo de regras, o que acaba negligenciando "importante dimensão do fenômeno jurídico, que consiste no papel relevante que os princípios desempenham no sistema jurídico, especialmente na solução dos casos difíceis (*hard cases*)".[32]

Em seu ataque ao positivismo, Dworkin reestabelece a relação entre Direito e Moral[33] como ínsita à ciência jurídica. E nesse mister os princípios exercem um papel fundamental, já que, para Dworkin, eles estão diretamente ligados à questão moral:

> Denomino princípio um padrão que deve ser observado, não porque vá promover ou assegurar uma situação econômica, política ou social considerada desejável, mas porque é uma exigência de justiça ou equidade ou alguma outra dimensão da moralidade.[34]

Dworkin desenvolve a distinção entre regras e princípios, para, ao final, argumentar em favor da prevalência e predominância dos últimos. Para o autor, as regras aplicam-se na maneira "tudo ou nada",[35] enquanto os princípios se aplicam na maior medida possível, de acordo com uma análise de peso (importância).[36] O autor americano complementa que:

> Os princípios entram em conflito e interagem uns com os outros, de modo que cada princípio relevante para um problema jurídico particular fornece uma razão em favor de uma determinada solução, mas não a estipula. O homem que deve decidir uma questão vê-se [,] portanto, diante da exigência de avaliar estes princípios conflitantes e antagônicos

---

[32] PEREIRA, Jane Reis Gonçalves; SILVA, Fernanda Duarte Lopes da. A estrutura normativa das normas constitucionais: notas sobre a distinção entre princípios e regras. In: PEIXINHO, Manoel Messias *et al.* (Org). *Os princípios da Constituição de 1988*. Rio de Janeiro: Lumen Juris, 2001. p. 08.

[33] Nesse sentido, Antônio Cavalcanti Maia e Cláudio Pereira de Souza Neto (SOUZA NETO, Cláudio Pereira de. Os princípios de Direito e as perspectivas de Perelman, Dworkin e Alexy. In: PEIXINHO, Manoel Messias (Org.). *Os princípios da Constituição de 1988*. Rio de Janeiro: Lumen juris, 2001. p. 57-68) esclarecem que "Dworkin sublinha a importância do papel dos princípios – como elemento possibilitador da articulação entre direito e moral, capaz de fundamentar uma crítica contundente à concepção hegemônica do positivismo analítico de Hart, a partir, fundamentalmente, dos chamados *hard cases*".

[34] DWORKIN, Ronald M. *Levando os direitos a sério*. São Paulo: Martins Fontes, 2010. p. 36.

[35] DWORKIN, Ronald M. *Levando os direitos a sério*. São Paulo: Martins Fontes, 2010. p. 39.

[36] DWORKIN, Ronald M. *Levando os direitos a sério*. São Paulo: Martins Fontes, 2010. p. 42.

que incidem sobre ela e chegar a um veredicto a partir desses princípios, em vez de identificar um dentre eles como "válido".[37]

Esmiuçando tal proposição, Dworkin esclarece que

não podemos dizer que uma regra é mais importante que outra enquanto parte do mesmo sistema de regras, de tal modo que se duas regras estão em conflito, uma suplanta a outra em virtude de sua importância maior. Se duas regras entram em conflito, uma delas não pode ser válida.[38]

Aqui, vale o destaque: tal enunciado não significa que regras não comportam exceções, cabendo ao enunciado da própria regra prevê-las, quando for o caso, ou, como estabelece o próprio Dworkin: "Uma regra que expressa uma exceção à outra regra não está em conflito com ela".[39]

Por outro lado, princípios contraditórios ou colidentes podem perfeitamente coexistir no ordenamento, cabendo ao aplicador do Direito avaliar qual será o princípio prevalente diante da situação de conflito que é colocada. Assim, diferentemente das regras, os princípios "possuem uma dimensão de peso ou importância. Quando princípios se intercruzam, aquele que vai resolver o conflito tem que levar em conta a força relativa de cada um".[40] Ou seja: diferentemente das regras, o conflito entre princípios não se resolve a partir da declaração de validade de um e invalidade do outro, ao contrário, num conflito de princípios, ambos continuarão válidos, de modo que o conflito se resolverá a partir do peso ou da importância de cada um deles diante do conflito que se apresenta.

Nessa toada, analisando a obra de Dworkin, Marciano Seabra de Godoi reitera que "os critérios de princípios não se resolvem pelo critério de validade, mas pelo critério de peso relativo de cada um, sendo que o julgamento segundo um princípio ou política é mais ou menos importante que outro é quase sempre uma questão aberta a controvérsias".[41]

---

[37] DWORKIN, Ronald M. *Levando os direitos a sério*. São Paulo: Martins Fontes, 2010. p. 114.
[38] DWORKIN, Ronald M. *Levando os direitos a sério*. São Paulo: Martins Fontes, 2010. p. 43.
[39] DWORKIN, Ronald M. *Levando os direitos a sério*. São Paulo: Martins Fontes, 2010. p. 117.
[40] DWORKIN, Ronald M. *Levando os direitos a sério*. São Paulo: Martins Fontes, 2010. p. 42.
[41] GODOI, Marciano Seabra de. *Justiça, igualdade e Direito Tributário*. São Paulo: Dialética, 1999. p. 117.

Assim sendo, pode-se afirmar, para a conceituação de Dworkin, que as regras possuem aplicação mais rígida, sendo válidas ou inválidas, conquanto a aplicação de um princípio demandará uma análise mais complexa, mediante justificação e argumentação sobre por que o princípio "x" possui maior relevância para a solução de um determinado caso do que o princípio "y". Quanto ao tema, discorre Antônio Maia:

> O pensamento de Dworkin se organiza justamente no sentido de reduzir, e, no limite, eliminar a discricionariedade judicial. O caminho escolhido por Dworkin é o de propugnar pela utilização dos princípios como critérios definidores das decisões judiciais, sobretudo nos casos difíceis (...).
> A função do magistrado é a de reconstruir racionalmente a ordem jurídica vigente, identificando os princípios fundamentais que lhe dão sentido.[42]

Em outros termos: Dworkin defende que "o peso dos princípios nos casos concretos é identificado a partir de processos de valoração que não envolvem procedimentos puramente formais, mas demandam considerações de natureza moral".[43]

Conforme destacado, a teoria desenvolvida por Dworkin representou grande avanço em relação ao formalismo e ao rigor positivista. Mais do que compreender se uma norma jurídica é válida, deve-se questionar se a sua aplicação ao caso concreto importará em atendimento ao ideário de justiça, de igualdade, de segurança jurídica e dos demais postulados, sem os quais torna-se impossível falar em Estado de Direito.

Assim, o raciocínio por princípios, a sua valoração, adequação e sopesamento serão indispensáveis para se alcançar os ideais maiores da justiça e do Direito. E em uma sociedade cada vez mais complexa e plural, em que os conflitos se somam e se emaranham numa complexa teia de relações e interesses, reavaliar os princípios

---

[42] MAIA, Antônio Cavalcanti; NETO, Cláudio Pereira de Souza. Os princípios de direito e as perspectivas de Perelman, Dworkin e Alexy. *In*: PEIXINHO, Manoel Messias (Org.). *Os princípios da Constituição de 1988*. Rio de Janeiro: Lumen Juris, 2001. p. 78.

[43] PEREIRA, Jane Reis Gonçalves; SILVA, Fernanda Duarte Lopes da. A estrutura normativa das normas constitucionais: notas sobre a distinção entre princípios e regras. *In*: PEIXINHO, Manoel Messias *et al.* (Org.) *Os princípios da Constituição de 1988*. Rio de Janeiro: Lumen Juris, 2001. p. 10.

de Direito Administrativo e descobrir como eles podem contribuir para solucionar nossos atuais descontentamentos são questões da ordem do dia, se almejamos uma sociedade mais justa, previsível e harmônica. Antes de adentrar nessas especificidades, vale tratar sobre outros expoentes acerca da teoria dos princípios.

1.2 Os princípios em Alexy

Robert Alexy foi um dos juristas que maior importância conferiu à necessidade de a aplicação dos direitos ser justificada argumentativamente, devendo ser realizado um juízo de ponderação, notadamente quando estivermos diante de conflito entre princípios jurídicos. O autor alemão bebe da vasta fonte de conhecimento produzida por Dworkin para então conferir novas nuances à sua teoria.

As duas teorias possuem diversos pontos de convergência, visto que tanto em Dworkin quanto em Alexy a distinção entre princípios e regras está marcada pelo fato de que o conflito entre princípios deve ser solucionado a partir de uma atividade de ponderação, ponderação esta que não invalida ou anula o princípio superado no conflito.

Para Alexy, os princípios trazem valores caros ao ordenamento jurídico e devem ser aplicados na maior medida do possível, mesmo nos casos de colisão entre princípios eventualmente antagônicos. Para o operador do Direito, o princípio deve funcionar como uma espécie de bússola, indicando qual caminho percorrer. Não obstante, a existência de múltiplos "caminhos" e possibilidades não necessariamente invalida a existência dos demais. Quanto ao tema, elucida Alexy:

> Princípios são normas que ordenam que algo seja realizado na maior medida possível dentro das possibilidades jurídicas e fáticas existentes. Princípios são, por conseguinte, mandamentos de otimização que são caracterizados por poderem ser satisfeitos em graus variados e pelo fato de que a medida devida de sua satisfação não depende somente das possibilidades fáticas, mas também das possibilidades jurídicas (...).
> Já as regras são normas que são sempre ou satisfeitas ou não satisfeitas (...). Regras contêm, portanto, determinações no âmbito daquilo que é

fática e juridicamente possível. Isso significa que a distinção entre regras e princípios é uma distinção qualitativa, e não uma distinção de grau.[44]

Tal raciocínio se aplica perfeitamente aos princípios que regem o Direito Administrativo: podem ser satisfeitos em maior ou menor grau, conforme as especificidades do caso concreto e as regras que regem determinada relação. Daí porque é plenamente possível falar que o princípio da impessoalidade coexiste com as hipóteses de dispensa de licitação; que o princípio da publicidade não se oblitera com o sigilo de dados; que a legalidade estrita se amolda aos juízos de conveniência e oportunidade, e assim por diante.

Esse movimento de compressão e elasticimento dos princípios a que se refere Alexy estará de certa forma vinculado às demais normas vigentes que com eles dialogam. Assim, em um regime autoritário, certamente o princípio da supremacia do interesse público adquirirá diferentes nuances e contornos em relação a este mesmo princípio, quando cotejado em um Estado Democrático de Direito que preza por outra gama de direitos e garantias fundamentais.

Alexy afirma ainda que os "conflitos entre regras ocorrem na dimensão da validade, enquanto as colisões entre princípios – visto que só princípios válidos podem colidir – ocorrem para além dessa dimensão, na dimensão do peso".[45] Este é um ponto diferencial entre a teoria de Alexy e a teoria desenvolvida por Dworkin: para Alexy, a diferenciação entre princípios não deve ter por base a teoria da "única resposta correta". Ao revés, Alexy defende que a diferenciação se dá na forma de colisão entre princípios e regras, sendo que princípios apenas se limitam reciprocamente quando colidem, sem declaração de invalidade de um pelo outro, enquanto regras colidentes se resolvem com a declaração de invalidade de uma delas ou abertura de uma exceção. O outro ponto específico da teoria de Alexy diz respeito ao tipo de obrigação que princípios e regras estabelecem: princípios instituiriam obrigações *prima facie*, enquanto regras instituiriam obrigações absolutas.[46]

---

[44] ALEXY, Robert. *Teoria dos direitos fundamentais*. São Paulo: Malheiros, 2008. p. 90-91.
[45] ALEXY, Robert. *Teoria dos direitos fundamentais*. São Paulo: Malheiros, 2008. p. 94.
[46] ÁVILA, Humberto. *Teoria dos princípios da definição à aplicação dos princípios jurídicos*. São Paulo: Malheiros, 2015. p. 59.

Ao definir os princípios como mandamentos de otimização,[47] Alexy determina que eles podem ser cumpridos em diferentes graus. Diferentemente do raciocínio de Dworkin, em que um princípio prevalecerá sobre o outro, mediante sua maior importância/peso para aquele caso, em Alexy, os dois princípios podem e devem ser atendidos, um em menor e outro em maior grau. Nesse sentido, Alexy defende que "a medida permitida de não satisfação ou afetação de um dos princípios depende do grau de importância da satisfação do outro".[48]

Vale destacar que a teoria de Alexy também preleciona que, em uma colisão de princípios, ambos continuam válidos, conquanto, numa colisão de regras, ou uma delas será declarada inválida, ou a própria norma abrirá uma situação de exceção. Nesse sentido, Jane Pereira bem observa que "a convivência de princípios é conflitual, ao passo que a convivência de regras é antinômica. Isto significa que os princípios coexistem, enquanto regras antinômicas excluem-se".[49]

Ainda dentro de sua conceituação, Alexy divide os princípios em dois grupos: os princípios formais e os princípios materiais, sendo que os últimos ainda se subdividem em princípios materiais referentes a bens individuais e princípios materiais referentes a bens coletivos.[50]

Em comento sobre referida conceituação, Pedro Lucena esclarece que os princípios formais são os responsáveis por atribuir carga argumentativa, fornecendo razões para a obediência a outras

---

[47] Destaca-se que essa definição não é infalível ou alheia a críticas. Parte da doutrina chama a atenção para o fato de que "nem todos os princípios podem ser cumpridos em diferentes graus, sendo esta qualidade afeta apenas àqueles princípios definidos como diretrizes" (CRISTÓVAM, José Sérgio da Silva. *Colisões entre princípios constitucionais*: razoabilidade, proporcionalidade e argumentação jurídica. Curitiba: Juruá, 2006. p. 88). Um exemplo de princípio que não admitiria otimizações seria o devido processo legal: ou se atende ou não se atende ao devido processo legal, não sendo admissível um "meio processo legal" ou um "processo legal com temperamentos".
[48] PEREIRA, Jane Reis Gonçalves; SILVA, Fernanda Duarte Lopes da. A estrutura normativa das normas constitucionais: notas sobre a distinção entre princípios e regras. *In*: PEIXINHO, Manoel Messias *et al.* (Org). *Os princípios da Constituição de 1988*. Rio de Janeiro: Lumen Juris, 2001. p. 11.
[49] PEREIRA, Jane Reis Gonçalves; SILVA, Fernanda Duarte Lopes da. A estrutura normativa das normas constitucionais: notas sobre a distinção entre princípios e regras. *In*: PEIXINHO, Manoel Messias *et al.* (Org). *Os princípios da Constituição de 1988*. Rio de Janeiro: Lumen Juris, 2001. p. 18.
[50] ALEXY, Robert. *El concepto y la validez del Derecho*. Barcelona: Gedisa, 1994. p. 181.

normas, a exemplo do princípio pluralista e da separação de poderes. Já os princípios referentes a bens individuais estariam ligados à esfera jurídica do indivíduo, a exemplo dos princípios que tutelam a vida, a privacidade, a honra etc. Por derradeiro, os princípios materiais coletivos seriam aqueles que versam sobre direitos coletivos, tais como a proteção ao meio ambiente, ao consumo, à segurança pública etc.[51]

Outro ponto de destaque em Alexy é que os princípios não são autorreguláveis. Assim, ao desenvolver sua clássica "teoria da argumentação jurídica", o autor propõe um sistema de três níveis: "(...) os níveis das regras e dos princípios devem, certamente, ser complementados com um terceiro, a saber, com uma teoria da argumentação jurídica, que diz como, sobre a base de ambos os níveis, é possível uma decisão racionalmente fundamentada".[52]

Disso denota que Alexy não se preocupa somente com a questão das regras e princípios, mas também com os procedimentos para que esses conflitos sejam argumentativamente e juridicamente superados.

Em comparativo sobre as teses desenvolvidas por Dworkin e Alexy, o jurista mineiro Marciano Seabra de Godoi avalia que as ideias fundamentais de Alexy sobre a distinção regra *versus* princípio "são as mesmas de Dworkin, mas o jurista alemão confere maior formalização às suas concepções sobre tal distinção (...). Alexy frisa em seu trabalho que a caracterização dos princípios como mandatos de otimização é o que diferencia de forma mais clara sua teoria da de Dworkin".[53]

Nessa linha, Marcelo Cattoni esclarece que, para Alexy, a norma perde a característica de código binário para se transformar em um código gradual, ao passo que a adequabilidade cede espaço para uma aplicação ponderada (balanceada) dos princípios tidos como comandos otimizáveis.[54]

---

[51] FERNANDES, Felipe Gonçalves (Org.). *Temas atuais de Direito Administrativo neoconstitucional*. São Paulo: Intelecto, 2016. p. 56.
[52] ALEXY, Robert. Sistema jurídico y razón práctica. In: ALEXY, Robert. *El concepto y la validez del Derecho y otros ensayos*. Barcelona: Gedisa, 1994. p. 20.
[53] GODOI, Marciano Seabra de. *Justiça, igualdade e Direito Tributário*. São Paulo: Dialética, 1999. p. 118.
[54] OLIVEIRA, Marcelo Andrade Cattoni de. *Direito Constitucional*. Belo Horizonte: Mandamentos, 2002. p. 88-90.

1.3 Os princípios na doutrina brasileira

Com a promulgação da Constituição Federal de 1988 e a instituição do Estado Democrático de Direito, a temática referente aos princípios jurídicos, sua importância e compreensão ganha ainda mais corpo na doutrina nacional. Não por acaso, Carlos Ari Sundfeld afirma que "o cientista, para conhecer o sistema jurídico, precisa identificar quais princípios o ordenam. Sem isso, jamais poderá trabalhar com o Direito".[55]

De fato, hoje seria absolutamente irreal pensar numa compreensão do ordenamento jurídico brasileiro de forma apartada dos princípios que lhe dão densidade e forma.[56] Nesse sentido, Miguel Reale ilustra bem a importância dos princípios jurídicos enquanto um sustentáculo de todo ordenamento jurídico, *in verbis*:

> Um edifício tem sempre suas vigas mestras, suas colunas primeiras, que são o ponto de referência, e, ao mesmo tempo, elementos que dão unidade ao todo. Uma ciência é como um grande edifício que possui também colunas mestras. A tais elementos básicos, que servem de apoio lógico ao edifício científico, é que chamamos de princípios, havendo entre eles diferenças de destinação e de índices, na estrutura geral do conhecimento humano.[57]

Também Geraldo Ataliba defende a importância estrutural dos princípios jurídicos para a conformação do ordenamento jurídico. O ilustre autor pontua que os princípios

> são linhas mestras, os grandes nortes, as diretrizes magnas do sistema jurídico. Apontam os rumos a serem seguidos por toda a sociedade e obrigatoriamente perseguidos pelos órgãos de governo (poderes constituídos). Expressam a substância última do querer popular, seus objetivos e desígnios, as linhas mestras da legislação, da administração e da jurisdição.[58]

---

[55] SUNDFELD, Carlos Ari. *Fundamentos de Direito Público*. 3. ed. São Paulo: Malheiros, 1997. p. 133.

[56] Paulo Nader vislumbra o Direito como princípios e derivações de princípios: "Estas se apresentarão em distintas normas e aqueles se estendem amplamente, dando fisionomia e índole aos sistemas. O direito à vida é princípio; a norma criminalizadora do aborto é derivação. O elo entre os princípios e as derivações é o que existe entre a abstração e a concretude" (NADER, Paulo. *Filosofia do Direito*. Rio de Janeiro: Forense, 1996. p. 82).

[57] REALE, Miguel. *Filosofia do Direito*. São Paulo: Saraiva, 1994. p. 61.

[58] ATALIBA, Geraldo. *República e Constituição*. São Paulo: Malheiros, 2007. p. 34.

Dando contributo a tal teoria, Sérgio Sérvulo da Cunha discorre que os princípios jurídicos teriam seis funções[59] precípuas:

> a) gerar normas (função monogenética); b) orientar a interpretação (função hermenêutica); c) inibir a eficácia de norma que os contrarie (função inibitória); d) suprir a falta de norma (função supletiva); e) regular o sistema (função de regulação do sistema); f) projetar o texto sobre a sociedade (função de projeção).[60]

Em paralelo, Carlos Ari Sundfeld discorre sobre duas funções primordiais dos princípios para aplicação do Direito: a adequada interpretação das regras e o preenchimento das lacunas. Detalhando a influência que os princípios exercem sobre as regras, Sundfeld afirma que:

> a) é incorreta a interpretação de regra, quando dela derivar contradição, explícita ou implícita com os princípios;
> b) quando a regra admitir logicamente mais de uma interpretação, prevalece a que melhor se afinar com os princípios;
> c) quando a regra tiver sido redigida de modo tal que resulte mais extensa ou mais restrita que o princípio, justifica-se a interpretação extensiva ou restritiva, respectivamente, para calibrar o alcance da regra com o do princípio.[61]

Sundfeld defende, ainda, a função integrativa dos princípios jurídicos, visto que, na ausência de regra, a solução construída pelo aplicador do Direito deve tomar por base os princípios e, ao mesmo tempo, concretizá-los, tal como previsto no art. 4º da Lei de Introdução às Normas do Direito Brasileiro (LINDB). Sobre a importância da LINDB enquanto vetor e alicerce do ordenamento jurídico e balizador do próprio papel dos princípios, remetemos o leitor a item mais adiante.

---

[59] Também Daniel Sarmento reconhece que "os princípios representam o fio-condutor da hermenêutica jurídica, dirigindo o trabalho do intérprete em consonância com os valores e interesses por eles abrigados" (SARMENTO, Daniel. *A ponderação de interesses na Constituição Federal*. Rio de Janeiro: Lumen Juris, 2002. p. 55). E acrescenta, citando Canotilho, o papel dos princípios no desenvolvimento, integração e complementação do direito. Por derradeiro, Sarmento argumenta que os princípios também cumprem uma função argumentativa.
[60] CUNHA, Sérgio Sérvulo da. *Princípios constitucionais*. São Paulo: Saraiva, 2006. p. 191.
[61] SUNDFELD, Carlos Ari. *Fundamentos de Direito Público*. 5. ed. São Paulo: Malheiros, 2012. p. 148.

Em complemento à teoria de Sundfeld, que bem enuncia o papel dos princípios enquanto balizador interpretativo das regras e elemento integrador das lacunas do Direito, deve ser chamada a atenção também para o papel que os princípios exercem na argumentação jurídica. Com os *hard cases*, tão citados por Dworkin, este papel ganha ainda mais evidência: princípios jurídicos servem como papel de justificação do discurso jurídico e como *ratio decidendi* para a atividade judicial.

Já Luís Roberto Barroso, ao considerar o grau de importância e abrangência dos princípios, classifica-os em três níveis, *in verbis*:

> Princípios fundamentais que contêm as decisões políticas estruturais do estado: o republicano, o federativo, o do Estado democrático de direito, da separação de poderes, o presidencialista e o da livre iniciativa.
> Princípios constitucionais gerais, que são desdobramentos menos abstratos dos princípios fundamentais, equivalendo aos princípios-garantia de Canotilho:[62] o da legalidade, da isonomia, da autonomia estadual e municipal, do acesso ao judiciário, da irretroatividade, do juiz natural, do devido processo legal;
> Princípios setoriais ou especiais que presidem um específico conjunto de normas afetas a um determinado tema, capítulo ou título da Constituição (...) como por exemplo os relativos à Administração Pública (...).[63]

Noutra frente, Juarez Freitas dialoga com a teoria de Alexy para traçar as balizas de sua teoria interpretativa, informando para tanto que: i) os princípios são, ao mesmo tempo, a base, o ápice do sistema;[64] ii) as melhores interpretações são aquelas que sacrificam o mínimo para preservar o máximo de direitos fundamentais; iii) a interpretação sistemática constitucional deve buscar a maior otimização possível dos objetivos fundamentais expostos na Constituição;

---

[62] Para Canotilho, "os princípios-garantia são aqueles dotados de maior densidade normativa (e menor grau de vagueza), de onde uma particular força normativa os aproxima das regras, permitindo o estabelecimento direto de garantias para os cidadãos, como o da legalidade estrita em matéria criminal, o da inocência, o do juiz natural" (CANOTILHO, José Joaquim Gomes. *Direito Constitucional*. Lisboa: Coimbra, 1993. p. 170).

[63] BARROSO, Luís Roberto. Princípios constitucionais brasileiros (ou de como o papel aceita tudo). *Revista Jurídica Themis*, Curitiba, n. 7, p. 17-39, 1991. p. 26.

[64] "Na hierarquização prudencial dos princípios e objetivos fundamentais e das normas estritas (no sentido de regras), deve-se fazer com que os princípios e objetivos fundamentais ocupem o lugar de destaque, ao mesmo tempo situando-os na base e no ápice do sistema, vale dizer, tomando-os, na prática, como fundamento e cúpula do ordenamento" (FREITAS, Juarez. *A interpretação sistemática do Direito*. São Paulo: Malheiros, 2010. p. 193).

iv) a interpretação normativa deve partir de uma fundamentação racional, objetiva e impessoal; v) a interpretação não pode desprezar o texto (Direito Positivo), mas deve ir além dele.[65]

Também Mônia Leal vislumbra os princípios jurídicos como base e ápice do ordenamento, ao afirmar que "os princípios representam não só uma tarefa a realizar, mas também são um dado, um ponto de referência e de partida obrigatório para a operacionalização de todo o sistema, principalmente por estarem positivados, isto é, estarem nele inseridos".[66]

Na doutrina nacional, merece destaque a obra redigida por Humberto Ávila. O autor "parte das classificações elaboradas por Dworkin e Alexy para tentar dar-lhes novos contornos".[67]

De modo geral, Humberto Ávila busca demonstrar que, em alguns casos, também haveria a possibilidade de ponderação de regras,[68] de modo que a questão da validade/invalidade seria uma característica contingente e não necessária dessa espécie normativa.[69] De igual forma, Ávila afirma que alguns princípios não são objeto de ponderação e aplicação em maior ou menor grau. Cita como exemplo o princípio do devido processo legal, o qual deve sempre ser observado.[70]

Para Humberto Ávila, dizer que a diferença entre princípios e regras estaria no fato de que princípios não prescrevem um comportamento de forma direta seria um raciocínio simplista. Para o autor, tanto princípios quanto regras prescrevem comportamentos a serem seguidos. A diferença estaria no tipo de prescrição: "Enquanto as regras são normas imediatamente comportamentais e mediatamente finalísticas, os princípios são normas imediatamente finalísticas e mediatamente comportamentais".[71]

---

[65] FREITAS, Juarez. *A interpretação sistemática do Direito*. São Paulo: Malheiros, 2010. p. 193 e ss.
[66] LEAL, Mônia Clarissa Hennig. *A Constituição como princípio*: os limites da jurisdição constitucional brasileira. Barueri: Manole, 2003. p. 57.
[67] ÁVILA, Humberto. *Teoria dos princípios da definição à aplicação dos princípios jurídicos*. São Paulo: Malheiros, 2015. p. 66 e ss.
[68] ÁVILA, Humberto. *Teoria dos princípios da definição à aplicação dos princípios jurídicos*. São Paulo: Malheiros, 2015. p. 74.
[69] ÁVILA, Humberto. *Teoria dos princípios da definição à aplicação dos princípios jurídicos*. São Paulo: Malheiros, 2015. p. 76.
[70] ÁVILA, Humberto. *Teoria dos princípios da definição à aplicação dos princípios jurídicos*. São Paulo: Malheiros, 2015. p. 153.
[71] ÁVILA, Humberto. *Teoria dos princípios da definição à aplicação dos princípios jurídicos*. São Paulo: Malheiros, 2015. p. 29.

O autor enfatiza também a importância da interpretação na distinção entre princípios e regras,[72] bem como a questão axiológica das normas, na medida em que o jurista deve sempre buscar, argumentativamente, por qual motivo (valor) uma determinada norma seria um princípio e não uma regra.[73]

Nesse diapasão, impende ter em vista os elementos característicos dos princípios e no que esses tipos de normas se diferenciam das regras jurídicas para o jurista brasileiro. Quanto ao tema, Humberto Ávila esclarece que:

> As regras são normas imediatamente descritivas, primariamente retrospectivas e com pretensão de decidibilidade e abrangência, para cuja aplicação se exige a avaliação da correspondência, sempre centrada na finalidade que lhes dá suporte ou nos princípios que lhes são axiologicamente sobrejacentes, entre a construção conceitual da descrição normativa e a construção conceitual dos fatos.
>
> Os princípios são normas imediatamente finalísticas, primariamente prospectivas e com pretensão de complementariedade e de parcialidade, para cuja aplicação se demanda uma avaliação da correlação entre o estado de coisas a ser promovido e os efeitos decorrentes da conduta havida como necessária à sua promoção.[74]

Mais à frente, Ávila detalha esses conceitos ao aduzir que regras se diferenciam dos princípios a) pela natureza da descrição normativa: regras descrevem objetos determináveis, princípios descrevem um estado ideal de coisas; b) pela natureza da justificação: regras exigem correspondência entre a descrição normativa e os atos ou fatos ocorridos, enquanto os princípios exigem análise de correlação entre os efeitos da conduta e o estado de coisas a ser promovido; c) pela natureza da contribuição para solução do problema: regras têm pretensão de decidibilidade, princípios têm pretensão de complementariedade, já que servem de razões a serem conjugadas com outras para a solução de um problema.[75]

---

[72] ÁVILA, Humberto. *Teoria dos princípios da definição à aplicação dos princípios jurídicos*. São Paulo: Malheiros, 2015. p. 76.

[73] ÁVILA, Humberto. *Teoria dos princípios da definição à aplicação dos princípios jurídicos*. São Paulo: Malheiros, 2015. p. 63.

[74] ÁVILA, Humberto. *Teoria dos princípios da definição à aplicação dos princípios jurídicos*. São Paulo: Malheiros, 2015. p. 107.

[75] ÁVILA, Humberto. *Teoria dos princípios da definição à aplicação dos princípios jurídicos*. São Paulo: Malheiros, 2015. p. 107.

Por derradeiro, indo além da dicotomia regra *vs.* princípio desenvolvida por Dworkin e Alexy, Ávila estabelece um padrão pluridimensional dos enunciados normativos, dos quais, a depender do enfoque dado, pode-se extrair tanto uma regra quanto um princípio.[76] No que diz respeito ao tema, Vigo também enuncia que

> um mesmo *standard* pode funcionar como regra ou como princípio; por consequência, não existe nenhuma característica que identifique a priori ou em si mesmas as regras dos princípios, mas sim que uma mesma disposição pode ser usada, no momento da interpretação, como regra ou como princípio.[77]

Mais que isso, Ávila anota ser indispensável o convívio entre princípios e regras, de modo que uns não sobreviveriam sem os outros: "Um sistema só de princípios seria demasiado flexível, pela ausência de guias claros de comportamento, ocasionando problemas de coordenação, conhecimento, custos e controle de poder".[78] Por outro lado, "um sistema só de regras, aplicadas de modo formalista, seria demasiado rígido, pela ausência de válvulas de abertura para o amoldamento das soluções às particularidades dos casos concretos".[79]

Na linha da doutrina de Humberto Ávila, pode-se afirmar que os princípios atuam como vetores, como norteadores das relações jurídicas, ferramentas de sopesamento e resolução de conflitos de disposições legais. Pela limitação do Direito em dispor sobre a infinitude de possibilidades de ações e relações humanas, não raro os princípios assumem um papel integrativo, solucionando situações até então desconhecidas ou não normatizadas pelo legislador.

Ou, mesmo quando expressos, dois princípios podem indicar caminhos antagônicos para um mesmo problema. Isso inclusive é de se esperar de uma Constituição tal como a brasileira, que possui nela introjetada valores muitas vezes colidentes, os quais, dada a sua própria natureza, possuem uma inclinação a antagonizar.

---

[76] ÁVILA, Humberto. *Teoria dos princípios da definição à aplicação dos princípios jurídicos*. São Paulo: Malheiros, 2015. p. 94.
[77] VIGO, Rodolfo. *Los principios jurídicos*. Buenos Aires: Depalma, 2000. p. 06.
[78] VIGO, Rodolfo. *Los principios jurídicos*. Buenos Aires: Depalma, 2000. p. 147.
[79] VIGO, Rodolfo. *Los principios jurídicos*. Buenos Aires: Depalma, 2000. p. 148.

Conhecer os preceitos para diferenciação e resolução desses conflitos é fundamental para quando formos adentrar na especificidade dos princípios de Direito Administrativo. Antes, no entanto, importa delimitar que os princípios objeto deste estudo, além de alicerçados numa teoria geral dos princípios, existem e coexistem dentro de um determinado ordenamento posto, o qual é dotado de suas nuances e alicerces. Conhecer um pouco desses aspectos será fundamental para a apropriada compreensão da especificidade dos princípios que serão analisados.

Paulo Bonavides sintetiza, com maestria, a atual percepção dos princípios jurídicos no cenário pós-positivista:

> A teoria dos princípios chega à presente fase do pós positivismo com os seguintes resultados já consolidados: a passagem dos princípios da especulação metafísica e abstrata para o campo concreto e positivo do Direito, com baixíssimo teor de densidade normativa; a transição crucial da ordem jusprivatista (sua antiga inserção nos Códigos) para a órbita juspublicista (seu ingresso nas Constituições); a suspensão da distinção clássica entre princípios e normas; o deslocamento dos princípios da esfera da jusfilosofia para o domínio da ciência jurídica; a proclamação de sua normatividade; a perda de seu caráter de normas programáticas; o reconhecimento definitivo de sua positividade e concretude por obra sobretudo das Constituições; a distinção entre regras e princípios como espécies diversificadas do gênero norma, e, finalmente, por expressão máxima de todo esse desdobramento doutrinário, o mais significativo de seus efeitos: a total hegemonia e preeminência dos princípios.[80]

Carlos Ari Sundfeld bem observa que não nos debruçamos sobre o Direito com fins lúdicos, mas essencialmente práticos. Pretendemos "determinar que normas se aplicam a quais situações de vida. E os princípios são verdadeiras normas jurídicas; logo, devem ser tomados em consideração para a solução de problemas jurídicos concretos".[81]

De fato, vivemos na era de ouro dos princípios jurídicos. Mas, ao contrário do que possa parecer, essa prevalência dos princípios não tornou a tarefa do jurista mais fácil ou simples. Ao contrário:

---

[80] BONAVIDES, Paulo. *Curso de Direito Constitucional*. São Paulo: Malheiros, 1996. p. 265.
[81] SUNDFELD, Carlos Ari. *Fundamentos de Direito Público*. 5. ed. São Paulo: Malheiros, 2012. p. 145.

raciocinar por princípios exige muito mais do aplicador do Direito, visto que, diversamente da aplicação pura e simples de uma regra que se basta em seu próprio comando normativo, a aplicação de um princípio demanda um conhecimento vasto e aprofundado de todo o ordenamento jurídico.

Se é verdade que o Direito não se aplica em tiras, também é igualmente verdade que princípios não se aplicam de forma isolada ou apartada do todo. Nesse sentido, conhecer os princípios mais amplos, também chamados de vetores ou postulados do ordenamento e como estes se inserem no movimento constitucionalista, será indispensável para balizar de que forma os princípios de Direito Administrativo se inserem e se intercambiam nessa complexa e intricada teia de normas.

CAPÍTULO 2

VETORES E POSTULADOS DO ORDENAMENTO JURÍDICO BRASILEIRO

Desde a Proclamação da República, o Brasil possuiu sete cartas constitucionais, seis promulgadas (ou outorgadas)[82] nos anos de 1891, 1934, 1937, 1946, 1967, 1969, e a atual e vigente Constituição, promulgada no ano de 1988.

A própria Constituição de 1891 já fazia referência a "princípios", inclusive os de Direito Público, ao dispor, em seu art. 63, que "cada Estado reger-se-ha pela Constituição e pelas leis que adoptar, respeitados os principios constitucionaes da União". Nossa primeira Carta Magna indicava, inclusive, a possibilidade de princípios gerais ou implícitos ao ordenamento, conforme disposição do então vigente art. 78: "A especificação das garantias e direitos expressos na Constituição não exclue outras garantias e direitos não enumerados, mas resultantes da fórma de governo que ella estabelece e dos principios que consigna".[83]

---

[82] "Promulgadas são aquelas Constituições que se originam de uma Assembleia Constituinte formada por representantes do povo, eleitos para o fim de elaborar e estabelecer a Carta Constitucional. São exemplos de Constituições promulgadas as de 1891, 1934, 1946 e 1988. Já as Constituições outorgadas são aquelas que decorrem diretamente da vontade do governante (rei, imperador, ditador etc.). São exemplos de Constituições outorgadas as Cartas de 1824, 1937, 1967 e 1969" (SILVA, José Afonso da. *Curso de Direito Constitucional Positivo*. São Paulo: Malheiros, 2005. p. 41).

[83] BRASIL. Constituição de 1891. Constituição da República dos Estados Unidos do Brasil, de 24 de fevereiro de 1891. *Diário do Congresso Nacional*, Brasília, DF: Presidência da República, 24 fev. 1891. Disponível em: https://www2.camara.leg.br/legin/fed/consti/1824-1899/constituicao-35081-24-fevereiro-1891-532699-publicacaooriginal-15017-pl.html. Acesso em 15 fev. 2021.

Outro diploma histórico do ordenamento pátrio e que merece destaque quanto à temática dos princípios jurídicos diz respeito ao Código Civil de 1916, também conhecido como Código Beviláqua, que vigorou por quase 100 anos e reconheceu os princípios como uma das fontes do Direito: "Art. 7º – Aplicam-se nos casos omissos as disposições concernentes aos casos análogos, e, não as havendo, os princípios gerais de direito".

Cada um desses documentos refletiu a realidade e história da sociedade e poder político vigente à época, tendo perpassado o positivismo de Comte; os arroubos autoritários de Vargas; o sopro liberal de Baleeiro e Milton Campos; os textos meramente formais e despidos de efetividade durante o regime militar, até chegarmos à vigente Constituição Cidadã, promulgada em 1988.

São documentos históricos e que refletem realidades e conjunturas muito próprias. No entanto, há um ponto em comum entre todos esses diplomas constitucionais: todos eles, em maior ou menor grau, versaram sobre a organização administrativa do Estado brasileiro[84] e, para tanto, dispuseram sobre regras e princípios aplicáveis às relações que envolvem o Estado, em nítida diferenciação das normas civilistas criadas para regularem relações privadas, as relações entre os indivíduos.[85]

Nesse sentido, Geraldo Ataliba reforça que "o sistema constitucional brasileiro vem guardando, desde 1891, linhas básicas, invariavelmente reiteradas ao longo de nossos pronunciamentos constituintes".[86]

---

[84] Note-se que, para Hely Lopes Meirelles, há uma clara relação entre princípios e regulação da atividade estatal como nexo ínsito ao conceito de Direito Administrativo: "O conceito de Direito Administrativo Brasileiro, para nós, sintetiza-se no conjunto harmônico de princípios jurídicos que regem os órgãos, os agentes e as atividades públicas tendentes a realizar concreta, direta e imediatamente, os fins desejados pelo Estado" (MEIRELLES, Hely Lopes. *Direito Administrativo brasileiro*. São Paulo: Malheiros, 1990. p. 29).

[85] Nesse sentido, Fernando Correia bem assevera que "o Direito Administrativo se caracteriza como um sistema de normas jurídicas, distintas das do direito privado, uma vez que se trata de um corpo de normas de direito público, cujos princípios, conceitos e institutos se afastam do direito privado. As especificidades das normas de D.A. em relação às do direito privado manifestam-se ora no reconhecimento à Administração Pública de prerrogativas sem equivalentes nas relações jurídico-privadas, ora na imposição à sua liberdade de ação mais restrita (...)" (CORREIA, Fernando Alves. *Alguns conceitos de Direito Administrativo*. Almedina: Coimbra, 1998. p. 25).

[86] ATALIBA, Geraldo. *República e Constituição*. São Paulo: Malheiros, 2007. p. 36.

É claro que desde a Proclamação da República se fala em "Estado brasileiro".[87] Mas é igualmente evidente que a configuração das nossas instituições (jurídicas, políticas, econômicas etc.) está em constante mutação. A República do "café com leite" guarda severas distinções com o Estado de Exceção do regime militar, que, por sua vez possui substanciais diferenças com o Estado democrático de Direito inaugurado pela Constituição de 1988. Isso quer dizer que nossas instituições, a interpretação e o alcance que se dão a elas, vão evoluindo à medida que evolui a sociedade. Quanto ao tema, vale o destaque preciso de Marcelo Harger, *in verbis*:

> O Direito Público, desde sua origem, apresenta um duplo aspecto. De um lado visa à manutenção da autoridade do poder público. De outro, procura garantir o respeito às liberdades dos cidadãos por parte desse mesmo poder.
> No decorrer de sua evolução, esses dois aspectos variaram, havendo predomínio ora de um, ora de outro aspecto.[88]

Atualmente, é possível notar que o ordenamento constitucional não se resume ao somatório de todos os dispositivos inscritos no texto da Constituição. Mais que isso: a Constituição representa um sistema aberto, em que devem se refletir os valores fundamentais partilhados por determinada comunidade.[89]

De igual forma, também a interpretação do Direito, o abstrato conceito de justiça e o binômio lícito/ilícito evoluíram com o passar do tempo. Não é de se surpreender que princípios centenários, tais como o da supremacia do interesse público, venham sendo ressignificados. Nesse sentido, Agustín Gordillo assevera que "a constante modificação do direito vigente obriga a uma permanente

---

[87] Celso Antônio Bandeira de Mello leciona que "o Direito Administrativo nasce com o Estado de Direito. Nada semelhante àquilo que chamamos de Direito Administrativo existia no período histórico que precede a submissão do Estado à ordem jurídica. Antes disso, nas relações entre o Poder, encarnado na pessoa do soberano, e os membros da sociedade – então súditos e não cidadãos – vigoravam ideias que bem se sintetizam em certas máximas (...): o que agrada ao príncipe tem vigor de lei". (MELLO, Celso Antônio Bandeira de. *Curso de Direito Administrativo*. São Paulo: Malheiros, 2003. p. 40).

[88] HARGER, Marcelo. *Princípios constitucionais do processo administrativo*. Rio de Janeiro: Forense, 2001. p. 1.

[89] SARMENTO, Daniel. *A ponderação de interesses na Constituição Federal*. Rio de Janeiro: Lumen Juris, 2002. p. 53.

análise das construções e princípios elaborados, para controlar se eles ainda são válidos e vigentes à luz das novas normas, ou se, pelo contrário, deve tomar conhecimento de uma nova realidade".[90]

A grande questão que se apresenta é: em qual direção estamos indo?

Não há dúvidas de que existe uma relação dialética entre os princípios jurídicos e o ordenamento jurídico vigente: "Não só os princípios são essenciais para a ordem jurídica, como também a sua positivação, o seu reconhecimento por essa mesma ordem é essencial ao pleno desenvolvimento dos princípios".[91]

Conforme será desenvolvido neste capítulo, há muito a doutrina administrativista evoluiu para defender que os princípios de Direito Público devem adequar-se ao constitucionalismo moderno, sendo indispensável um juízo de ponderação/otimização de mandamentos no que diz respeito às prerrogativas públicas e aos demais direitos fundamentais, notadamente uma conformação entre interesse público e direitos individuais. Mais que isso, a atual Carta Magna inova ao positivar, em higidez constitucional, os princípios que irão reger a Administração Pública, conforme verifica-se nos arts. 37 e seguintes da CR/88.

Ainda, é preciso ter em mente a existência de princípios gerais que atuam como verdadeiros vetores, postulados em que se alicerça todo o ordenamento jurídico e, por conseguinte, donde se alimentam os princípios específicos de Direito Administrativo. Nos próximos tópicos, passaremos à análise desses princípios gerais[92] e, igualmente, de suma importância. A estes, Humberto Ávila dá o nome de "sobreprincípios", os quais, em sua visão, cumprem uma função rearticuladora,[93] na medida em que permitem e confluem na interação dos demais princípios e elementos que compõem o ideal

---

[90] GORDILLO, Agustín. *Princípios gerais de Direito Público*. São Paulo: Editora Revista dos Tribunais, 1977. p. 13
[91] LEAL, Mônia Clarissa Hennig. *A Constituição como princípio*: os limites da jurisdição constitucional brasileira. Barueri: Manole, 2003. p. 57.
[92] Também comumente chamados de vetores ou postulados jurídicos. Para além da diferenciação terminológica, importa ter em mente o amplo grau de abstração e generalidade dos princípios gerais, os quais irradiam para todo o sistema.
[93] ÁVILA, Humberto. *Teoria dos princípios da definição à aplicação dos princípios jurídicos*. São Paulo: Malheiros, 2015. p. 163.

de coisas a ser buscado em ordenamento que preze por coerência e uniformidade.

O ordenamento jurídico brasileiro admite, em diversas ocasiões, a existência e a normatividade dos princípios gerais do Direito, a exemplo do art. 4º da Lei de Introdução às Normas do Direito Brasileiro (LINDB), que assim estabelece: "Art. 4º Quando a lei for omissa, o juiz decidirá o caso de acordo com a analogia, os costumes e os princípios gerais de direito".[94]

Também o Código de Defesa do Consumidor (Lei nº 8.078/90) reconhece a importância dos princípios gerais ao dispor que:

> Art. 7º Os direitos previstos neste código não excluem outros decorrentes de tratados ou convenções internacionais de que o Brasil seja signatário, da legislação interna ordinária, de regulamentos expedidos pelas autoridades administrativas competentes, bem como dos que derivem dos princípios gerais do direito, analogia, costumes e eqüidade.[95]

Na mesma linha, dispõe a Lei de Arbitragem (Lei nº 9.307/96):

> Art. 2º A arbitragem poderá ser de direito ou de eqüidade, a critério das partes.
> §1º Poderão as partes escolher, livremente, as regras de direito que serão aplicadas na arbitragem, desde que não haja violação aos bons costumes e à ordem pública.
> §2º Poderão, também, as partes convencionar que a arbitragem se realize com base nos princípios gerais de direito, nos usos e costumes e nas regras internacionais de comércio.[96]

Assim, embora distribuídos em normas esparsas do ordenamento brasileiro, há que se reconhecer a normatividade dos

---

[94] BRASIL. Decreto-Lei nº 4.657, de 4 de setembro de 1942. Lei de Introdução às Normas do Direito Brasileiro. (Redação dada pela Lei nº 12.376, de 2010). *Diário Oficial da União*: Brasília, DF, 9 set. 1942, retificado em 08 out. 1942, e retificado em 17 jun. 1943. Disponível em: https://www.planalto.gov.br/ccivil_03/decreto-lei/del4657compilado.htm. Acesso em 19 abr. 2022.

[95] BRASIL. Lei nº 8.078, de 11 de setembro de 1990. Dispõe sobre a proteção do consumidor e dá outras providências. *Diário Oficial da União*: Brasília, DF, 12 set. 1990, retificado em 10 jan. 2007. Disponível em: https://www.planalto.gov.br/ccivil_03/leis/l8078compilado.htm. Acesso em 26 ago. 2021.

[96] BRASIL. Lei nº 9.307, de 23 de setembro de 1996. Dispõe sobre a arbitragem. *Diário Oficial da União*: Brasília, DF, 24 set. 1996. Disponível em: https://www.planalto.gov.br/ccivil_03/leis/l9307.htm. Acesso em 13 abr. 2021.

princípios gerais do Direito enquanto critérios de aplicação e solução de conflitos.

Nota-se, ademais, que os princípios gerais do Direito atendem a duas funções principais: dão sustentáculo ao ordenamento jurídico, lançando luzes para todos os ramos do conhecimento jurídico e, ao mesmo tempo, cumprem uma função integrativa, na medida em que suprem as lacunas inerentes a qualquer sistema jurídico.[97]

A questão ganhou outros temperos com os novos artigos da Lei de Introdução às Normas do Direito Brasileiro (LINDB), introduzidos pela Lei nº 13.655/2018. Ponderação, juridicidade e consequencialismo jurídico são temas atualmente em voga e que demandarão uma releitura do Direito Administrativo[98] não somente para os juízes, mas sobretudo para os administradores e gestores públicos e, em último grau, para os agentes públicos e administrados, que habitualmente lidam com as especificidades do regime de Direito Público.

No entanto, ainda persiste a visão de um Direito Administrativo apartado dos outros espectros da ciência jurídica. Tal como se a Administração gravitasse em ordem superior de ideias, intocável e inatingível diante dos interesses dos "meros mortais". Nesse sentido, Marçal destaca que "o conteúdo e as interpretações do Direito Administrativo permanecem vinculados e referidos a uma realidade sociopolítica que há muito deixou de existir. O instrumental do Direito Administrativo é, na sua essência, o mesmo de um século atrás".[99]

Toda essa principiologia clássica reforça a visão de uma Administração Pública extremamente engessada, vinculada estritamente aos ditames na lei. Aliás, não se desconhece a relevância

---

[97] Quanto ao tema, Del Vecchio bem observa que "é manifestamente impossível à mente humana prever e regular por meio de normas adequadas, todos os inúmeros casos futuros. O legislador indicou as fontes que o juiz deve recorrer quando uma controvérsia não se possa resolver com uma precisa disposição de lei. Em primeiro lugar, indica a analogia, e, depois, quando também esta não socorra, os princípios gerais do direito" (DEL VECCHIO, Giorgio. *Princípios gerais do Direito*. Belo Horizonte: Editora Líder, 2003. p. 8).

[98] Juarez Freitas bem conceitua o Direito Administrativo como "o sistema de princípios, regras e valores que regem as relações internas e externas da Administração Pública ou de quem delegadamente lhe faça as vezes" (FREITAS, Juarez. *O controle dos atos administrativos e os princípios fundamentais*. São Paulo: Malheiros, 2004. p. 88).

[99] JUSTEN FILHO, Marçal. O Direito Administrativo de espetáculo. *In*: ARAGÃO, Alexandre Santos de; MARQUES NETO, Floriano de Azevedo (Coord.). *Direito Administrativo e seus novos paradigmas*. Belo Horizonte: Fórum, 2008. p. 83.

de uma atuação calcada em padrões objetivos, exatamente como ferramenta de proteção contra o aparelhamento da máquina pública, contra subjetivismos, perseguições e favorecimentos de qualquer espécie.

Não se olvide, no entanto, que o Direito é essencialmente deontológico e prospectivo, de modo que a norma jurídica pode, não raro, perder-se em elevado espectro de abstração e generalidade, insuficientes para dizer o que será a justiça no caso concreto.

Daí exsurge a relevância dos métodos de integração e interpretação do Direito, a importância fundamental em trazer a abstração idealista no campo do "dever-ser" para a realidade complexa e contraditória da vida humana.

Assim, tanto as regras quanto os princípios precisam ser interpretados a todo momento. E é nesse aspecto que a Constituição e a LINDB trazem valorosa contribuição para as normas de Direito Administrativo.

2.1 A necessidade da leitura constitucional do Direito Administrativo

Quando se fala na necessidade de leitura constitucional do Direito Administrativo, não se está a referir tão somente à atual e vigente Constituição Federal de 1988, mas sim a todo um movimento histórico que guarda raízes na Revolução Francesa, verdadeiro marco para as modernas democracias ocidentais.[100]

Tendo em vista os ideais de "Liberdade, Igualdade e Fraternidade", há uma virada de chave nas relações entre o Estado soberano e os seus administrados.[101] A partir de então, há um claro

---

[100] Nesse sentido, Norberto Bobbio enuncia que "foi a Revolução Francesa que constituiu, por cerca de dois séculos, o modelo ideal para todos os que combateram pela própria emancipação e pela libertação do próprio povo. Foram os princípios de 1789 que constituíram, no bem como no mal, um ponto de referência obrigatório para os amigos e para os inimigos da liberdade, princípios evocados pelos primeiros e execrados pelos segundos" (BOBBIO, Norberto. *Era dos direitos*. Rio de Janeiro: Elsevier, 2004. p. 85).

[101] "A Declaração francesa dos Direitos do Homem e do Cidadão (1789) vincula a obrigatoriedade da lei à sua constante comparação com a finalidade de toda instituição política (preâmbulo) e afirma ser a lei a expressão da vontade geral (art. 6º), que só proíbe as ações prejudiciais à sociedade (art. 5º) e que deve estabelecer penas estrita e evidentemente

movimento constitucionalista que passa pela organização do Estado, paralela e conjuntamente ao reconhecimento de direitos e garantias fundamentais dos cidadãos.[102]

Mais do que uma mera submissão à lei maior, passa a haver um permanente intercâmbio entre esses ramos do Direito, o que não é exclusivo do Direito Administrativo,[103] valendo também para o Direito Civil, para o Direito Penal, para o Direito processual etc. As normas devem dialogar entre si, servindo a Constituição como um parâmetro de interpretação e aplicação do Direito.

Quanto ao tema, Gordillo enuncia que "já não se dirá que o Estado pode fazer o que lhe aprouver, que nenhuma lei o obriga, mas, pelo contrário, que existe uma série de direitos inalienáveis que deve respeitar, que não pode desconhecer por que são superiores e preexistentes a ele".[104]

Diogo Moreira Neto pontua que o novo constitucionalismo possui duas características fundamentais: a limitação dos poderes

---

necessárias (art. 8º). A constituição francesa de 1793 reafirma esses enunciados em sua declaração de direitos, entre outras razões, para que o legislador tenha sempre perante os olhos o objeto de sua missão (preâmbulo), e sublinha que a lei só pode ordenar o que for justo e útil à sociedade (art. 4º)" (CUNHA, Sérgio Sérvulo da. *Princípios constitucionais*. São Paulo: Saraiva, 2006. p. 73).

[102] "Tal concepção vem sendo rotulada como neoconstitucionalismo e impõe aos juristas a tarefa de revisitar os conceitos de suas disciplinas, para submetê-los a uma releitura a partir da ótica constitucional. Trata-se de realizar uma verdadeira filtragem constitucional do direito, de modo a reinterpretar os seus institutos (...)" (BINENBOJM, Gustavo. *Uma teoria do Direito Administrativo*: direitos fundamentais, democracia e constitucionalização. Rio de Janeiro: Renovar, 2006. p. 65).

[103] A esse respeito, o próprio Direito Administrativo é considerado um ramo "recente" do Direito. Conforme defendido por parte considerável da doutrina, "a história do direito administrativo está umbilicalmente vinculada ao nascimento normativo e ao desenvolvimento teórico do denominado Estado de Direito", o que somente veio a ocorrer já no final do século XVII (CARDOZO, José Eduardo Martins. A origem e o futuro do direito administrativo. *In*: WALD, Arnold *et al*. (Org.) *O Direito Administrativo na atualidade*: estudos em homenagem ao centenário de Helly Lopes Meirelles. São Paulo: Malheiros, 2017. p. 607-608). Vale aqui a ressalva feita por Gustavo Binenbojm, segundo o qual o Estado de Direito "representou antes uma forma de reprodução e sobrevivência das práticas administrativas do Antigo Regime que a sua superação. A juridicização embrionária da Administração Pública não logrou subordiná-la ao direito; ao revés, serviu-lhe apenas de revestimento e aparato retórico para sua perpetuação fora da esfera de controle dos cidadãos" (BINENBOJM, Gustavo. Da supremacia do interesse público ao dever de proporcionalidade: um novo paradigma para o Direito Administrativo. *In*: SARMENTO, Daniel (Org.). *Interesses públicos* versus *interesses privados*: desconstruindo o princípio da supremacia do interesse público. Rio de Janeiro: Lumen Juris, 2005. p. 120).

[104] GORDILLO, Agustín. *Princípios gerais de Direito Público*. São Paulo: Editora Revista dos Tribunais, 1977. p. 29.

do Estado e a proteção dos direitos fundamentais.[105] Nessa linha, Thiago Lins esclarece que:

> Este movimento, denominado por alguns autores de neoconstitucionalismo, manifesta-se através de fenômenos distintos, quais sejam: (i) o reconhecimento da eficácia normativa dos princípios e a sua consequente valorização na aplicação do Direito, (ii) o desenvolvimento de métodos jurídicos mais flexíveis, com o enfraquecimento de metódicas formalistas, (iii) o papel central da Constituição como pauta normativa que parametriza todo o ordenamento infraconstitucional, (iv) a reaproximação entre o Direito e a moral, (v) o reforço do papel do Poder Judiciário face aos demais Poderes da República (...).[106]

Conforme já destacado, os princípios jurídicos são muito mais do que meras normas programáticas ou "cartas de boas intenções". São sim, a bem da verdade, vetores dotados de eficácia normativa,[107] de modo que não há que se falar em efetividade de um ordenamento que não dê concretude aos princípios que o compõem. E a consolidação do novo constitucionalismo anda lado a lado com a normatividade dos princípios jurídicos.

Em último grau, tais normas guardam justificação nos próprios anseios da coletividade. Esses anseios são projetados no Constituinte originário, que, por sua vez, traça não somente um sistema de normas abstratas, mas sobretudo um caminho, um projeto de sociedade que se almeja seguir.[108]

---

[105] MOREIRA NETO, Diogo de Figueiredo. *Quatro paradigmas do Direito Administrativo pós-moderno*. Belo Horizonte: Editora Fórum, 2008. p. 71.

[106] MONTEIRO, Thiago Lins. Um contributo para o estudo da ponderação de interesses no direito administrativo. *In*: BATISTA JÚNIOR, Onofre Alves; CASTRO, Sérgio Pessoa de Paula (Coord.). *Tendências e perspectivas do Direito Administrativo*: uma visão da escola mineira. Belo Horizonte: Editora Fórum, 2012. p. 309.

[107] "A juridicidade dos princípios passa por três fases distintas: a jusnaturalista, a positivista e a pós-positivista. Na fase jusnaturalista, os princípios possuíam apenas dimensão ético-valorativa, sem qualquer normatividade. Em seguida, na fase positivista, os princípios ingressam nos códigos como fonte normativa subsidiária. A partir das últimas décadas do século XX, com o surgimento da fase pós-positivista, as Constituições passam a acentuar a hegemonia axiológica dos princípios, convertidos em pedestal normativo sobre o qual se assenta todo o edifício jurídico dos novos sistemas constitucionais" (OLIVEIRA, Rafael Carvalho Rezende. *A constitucionalização do direito administrativo*: o princípio da juridicidade, a releitura da legalidade administrativa e a legitimidade das agências reguladoras. Rio de Janeiro: Lumen Juris, 2010. p. 20).

[108] "A Constituição estabelece um sistema político geral que é justo o bastante para que o consideremos consolidado por razões de equidade. Os cidadãos se beneficiam do fato de viverem em uma sociedade cujas instituições são ordenadas e governadas de acordo

Abordando a questão da legitimidade constitucional, Geraldo Ataliba bem observa que,

> sistematicamente considerados a partir do princípio republicano, surgem a representatividade, o consentimento dos cidadãos, a segurança dos direitos, a exclusão do arbítrio, a legalidade, a relação de administração, a previsibilidade da ação estatal e a lealdade informadora da ação pública como expressões de princípios básicos lastreadores necessários e modeladores de todas as manifestações estatais. Todos eles se contêm em preceitos variados do Texto Supremo, que os revelam, expressam, delimitam e lhes dão substância.[109]

Por certo, a Constituição Brasileira enuncia em seu art. 1º, parágrafo único, que "todo o poder emana do povo, que o exerce por meio de representantes eleitos ou diretamente, nos termos desta Constituição".[110] Em paralelo, o Direito Administrativo encontra-se imbuído de atos expressivos de poder, a exemplo do poder normativo, poder hierárquico, poder disciplinar, poder de polícia, poder regulamentar etc. Assim sendo, chega-se à seguinte conclusão: a) se o Direito Administrativo versa sobre o exercício de poderes e prerrogativas públicas b) e se todo o poder emana do povo, devendo ser exercido "nos termos da Constituição", logo, é imperioso concluir que c) as normas de Direito Administrativo florescem a partir do texto constitucional, que lhes dará validade e sentido.

Agustín Gordillo enuncia que "já não basta que a Administração esteja submetida à lei, mas é também necessário que a lei esteja submetida à Constituição, que haja uma ordem jurídica superior ao próprio legislador, (...) passando à representação da soberania do povo na Constituição".[111]

---

com esse sistema, e devem também assumir seus encargos, pelo menos até que um novo sistema entre em vigor, quer por meio de uma emenda distinta, quer através de uma revolução geral" (DWORKIN, Ronald M. *Levando os direitos a sério*. São Paulo: Martins Fontes, 2010. p. 166).

[109] ATALIBA, Geraldo. *República e Constituição*. São Paulo: Malheiros, 2007. p. 180.

[110] BRASIL. Constituição de 1988. Constituição da República Federativa do Brasil de 1988. *Diário Oficial da União*, Brasília, DF: Presidência da República, 5 out. 1988. Disponível em: http://www.planalto.gov.br/ccivil_03/constituicao/constituicao.htm. Acesso em 15 fev. 2021.

[111] GORDILLO, Agustín. *Princípios gerais de Direito Público*. São Paulo: Editora Revista dos Tribunais, 1977. p. 65.

Gustavo Binenbojm apresenta análise cirúrgica sobre os efeitos dessa constitucionalização do Direito Administrativo, *in verbis*:

> O processo de constitucionalização do direito administrativo deve ser entendido como uma postura de releitura e redefinição de institutos e conceitos da velha dogmática da disciplina sob a ótica do sistema de princípios da Constituição, de molde a erigir novos paradigmas dotados não apenas de maior consistência teórica, mas comprometidos com o sistema democrático, com a busca da eficiência como mola propulsora do desenvolvimento e, sobretudo, com o respeito, proteção e promoção dos direitos fundamentais. O fenômeno da constitucionalização do direito administrativo não pode, todavia, ser confundido com a mera incorporação do direito ordinário ao texto da Constituição.[112]

Este "direito administrativo constitucionalizado"[113] apresenta algumas tendências e paradigmas que foram bem elucidados por Luís Barroso: a redefinição da ideia de supremacia do interesse público e a ascensão dos direitos fundamentais; a superação do conceito de legalidade e a consagração da vinculação direta à Constituição e ao conceito de juridicidade; a possibilidade de controle judicial da discricionariedade a partir dos princípios constitucionais.[114]

Em efeitos práticos, a supremacia e a indisponibilidade do interesse público passam então a ser cotejadas com os direitos e garantias individuais,[115] a autoexecutoriedade passa a ser compreendida como

---

[112] BINENBOJM, Gustavo. *Temas de Direito Administrativo e Constitucional*: artigos e pareceres. Rio de Janeiro: Renovar, 2008. p. 60.

[113] Paulo Ferreira da Cunha discorre sobre o desenvolvimento do Direito Público, apontando "o progresso significativo e a mudança de paradigma por parte do Direito Constitucional, com fenômenos teóricos que passam pela nova hermenêutica, centrada na Constituição, e no chamado neoconstitucionalismo. São desafios a que nenhum jurista pode ficar indiferente. Proliferam as publicações. E os vários ramos do Direito se constitucionalizam cada vez mais: até o Direito Administrativo. Estamos hoje no domínio de um paradigma novo: de constituição pluralista, aberta e principiológica, de um Estado Constitucional em que o elemento cultura passa a intervir mais fortemente". (CUNHA, Paulo Ferreira da. *Breve tratado da (in)justiça*. São Paulo: Quartier Latin, 2009. p. 125-126).

[114] BARROSO, Luís Roberto. Neoconstitucionalismo e constitucionalização do direito: o triunfo tardio do Direito Constitucional no Brasil. *Revista de Direito Administrativo*, Rio de Janeiro, v. 240. abr./jun. 2005. p. 31-33.

[115] "As relações de prevalência entre interesses privados e interesses públicos não comportam determinação a priori e em caráter abstrato, senão que devem ser buscadas no sistema constitucional e nas leis constitucionais, dentro do jogo de ponderações proporcionais envolvendo direitos fundamentais e metas coletivas da sociedade" (BINENBOJM, Gustavo. *Uma teoria do Direito Administrativo*: direitos fundamentais, democracia e constitucionalização. Rio de Janeiro: Renovar, 2006. p. 109).

medida excepcional e carente de justificação,[116] a autotutela vincula-se diretamente à segurança jurídica e à proteção da confiança legítima dos administrados.

Essa releitura do Direito Administrativo a partir do Estado Democrático de Direito conduz à "passagem de uma Administração impositiva para uma Administração cidadã".[117] Da imposição, passamos à regulação; da imperatividade passamos à consensualidade; da proibição passamos à prestação de serviços indispensáveis para a concretização desses valores constitucionalmente erigidos; da legalidade estrita passamos à juridicidade.

Quanto a este último ponto, Gustavo Binenbojm explica que, com o movimento constitucionalista, ocorre a superação do dogma da onipotência da lei administrativa, que se insere numa lógica de conformação sistêmica. É a partir de então que se desenvolve o conceito de juridicidade administrativa, de modo que:

> A ideia de juridicidade administrativa traduz-se, assim, na vinculação da Administração Pública ao ordenamento jurídico como um todo, a partir do sistema de princípios e regras delineado na Constituição. A juridicidade administrativa poderá, portanto: (i) decorrer diretamente da normativa constitucional; (ii) assumir a feição de uma vinculação estrita à lei (formal ou material); ou (iii) abrir-se à disciplina regulamentar (presidencial ou setorial), autônoma ou de execução, conforme os espaços normativos (e sua peculiar disciplina) estabelecidos constitucionalmente.[118]

O Estado deixa de ser o centro sob o qual gravitam todos os demais direitos e interesses, relegando tal protagonismo para a Constituição, seus princípios gerais, seus objetivos, seus direitos e garantias individuais, todos eles a conformar uma complexa estrutura que su-

---

[116] Nesse sentido, "a atuação da Administração – leia-se, com intervenção física sobre o administrado – é prerrogativa que deve ser encarada de forma excepcional, em conformidade com o regime constitucional do Estado Democrático de Direito" (BOMFIM, Nina Laporte; FIDALGO, Carolina Barros. Releitura da auto-executoriedade como prerrogativa da Administração Pública. *In*: ARAGÃO, Alexandre Santos de; MARQUES NETO, Floriano de Azevedo (Coord.). *Direito Administrativo e seus novos paradigmas*. Belo Horizonte: Editora Fórum, 2008. p. 278).

[117] OLIVEIRA, Rafael Carvalho Rezende. *A constitucionalização do direito administrativo*: o princípio da juridicidade, a releitura da legalidade administrativa e a legitimidade das agências reguladoras. Rio de Janeiro: Lumen Juris, 2010. p. 33.

[118] BINENBOJM, Gustavo. *Uma teoria do Direito Administrativo*: direitos fundamentais, democracia e constitucionalização. Rio de Janeiro: Renovar, 2006. p. 137.

planta em muito o mero legalismo. O Direito Administrativo deve ser visto e compatibilizado com essa noção mais ampla, com a adequação à juridicidade, aos demais princípios e valores, ao postulado máximo da dignidade da pessoa humana, ao Estado Democrático de Direito. Maria Sylvia Di Pietro aponta as principais transformações, verificadas inclusive no Brasil, ocorridas pós-movimento constitucionalista:

> (i) Desenvolvimento do devido processo legal, com a criação de leis de processo administrativo;
> (ii) Democratização da Administração Pública, com a adoção do princípio da transparência, que abrange exigência de motivação, o direito de acesso à informação, o direito à informação sobre dados de interesse pessoal e à sua retificação, o direito de defesa e contraditório, com todos os recursos a ele inerentes;
> (iii) A aproximação do regime jurídico privado;
> (iv) Constitucionalização do direito administrativo, com elevação dos princípios da Administração Pública para o nível constitucional, dando nova amplitude ao princípio da legalidade e ao controle judicial dos atos administrativos;
> (v) Reconhecimento da centralidade da pessoa humana, com maior peso dos direitos individuais em detrimento das prerrogativas da Administração Pública.[119]

Binenbojm acrescenta que "toda a discussão sobre o que é, para o que serve e qual a origem da autoridade do Estado e do direito converge, na atualidade, para as relações entre a teoria dos direitos fundamentais e a teoria democrática".[120]

Ou, conforme leciona Barroso, "trata-se de reconhecer que o protagonista do direito – inclusive do Direito Administrativo – é o ser humano. (...) O Estado é um meio de realizar os projetos e os valores do conjunto de seres humanos, mas também porque o Estado é uma estrutura composta por pessoas e dirigida por pessoas".[121]

---

[119] DI PIETRO, Maria Sylvia Zanella. O Direito Administrativo da crise. *In*: WALD, Arnold *et al.* (Org.). *O Direito Administrativo na atualidade*: estudos em homenagem ao centenário de Helly Lopes Meirelles. São Paulo: Malheiros, 2017. p. 891.

[120] BINENBOJM, Gustavo. *Uma teoria do Direito Administrativo*: direitos fundamentais, democracia e constitucionalização. Rio de Janeiro: Renovar, 2006. p. 49.

[121] BARROSO, Luís Roberto. A constitucionalização do direito e suas repercussões no âmbito administrativo. *In.*: ARAGÃO, Alexandre Santos de; MARQUES NETO, Floriano de Azevedo (coords.). *Direito administrativo e seus novos paradigmas*. Belo Horizonte: Fórum, 2008. p. 78.

Não se olvida que novas realidades trazem novos desafios. No caso da leitura constitucional do Direito Administrativo, duas grandes questões de pertinência ao presente estudo merecem destaque: (i) a ponderação entre direitos e interesses aparentemente conflitantes; (ii) o problema da efetividade das normas constitucionais.

Os riscos de, por um lado, tornar toda essa leitura ampliativa do Direito como inefetiva, desprovida de aplicação prática, ou, por outro, relegar ao gestor de ocasião a forma de valorar interesses e direitos que, vez ou outra, entram em rota de colisão, são dois dos maiores desafios para o aplicador do Direito contemporâneo.

Porém, antes de adentrarmos nessa análise constitucionalista dos princípios de Direito Administrativo, impõe observar que a própria Constituição (e o ordenamento num todo) nos apresenta princípios gerais do Direito – alguns explícitos, outros não – que são igualmente dotados de poder normativo e que intercambiam com o alcance e a aplicação dos princípios de Direito Público. Disso, pululam constructos hermenêuticos e de justificação jurídica fundamentais para a unidade e coerência do ordenamento, visto que esses princípios gerais são verdadeiras balizas para todo o agir estatal. Quanto ao tema, discorre Humberto Theodoro Júnior:

> Esses princípios gerais, que também podemos chamar de princípios informativos, já foram causa de muita polêmica, na busca de sua definição e mesmo da determinação de seu conteúdo e limites. Hoje, parece que a doutrina mais atualizada chegou a um consenso, senão total, pelo menos dominante, de que os princípios gerais do direito resultam, por meio de sucessivas abstrações, do conjunto das próprias normas singulares existentes e se revelam como aquelas regras gerais e fundamentais em que as próprias normas particulares teriam tomado inspiração.[122]

Nessa mesma linha, Geraldo Ataliba afirma que o sistema jurídico é dotado de harmonia interna, a qual se concretiza na medida em que

> algumas normas descansam em outras, as quais, por sua vez, repousam em princípios que, de seu lado, se assentam em outros princípios

---

[122] THEODORO JÚNIOR, Humberto. Princípios gerais do Direito Processual Civil. *Revista de Processo*, n. 23, jul./set. 1981. p. 175-176.

mais importantes. Dessa hierarquia decorre que os princípios maiores fixam as diretrizes gerais do sistema e subordinam os princípios menores.[123]

Daí é que podemos falar que a supremacia do interesse público deve observar a proporcionalidade e a razoabilidade, que a autotutela deve lançar olhares para a segurança jurídica, que a isonomia irradia uma gama de significados ao princípio da impessoalidade, que a legalidade deve andar de mãos dadas com o consequencialismo previsto na LINDB, entre outras inúmeras conexões absolutamente indispensáveis para uma percepção sistêmica do ordenamento jurídico.

Nos próximos tópicos serão abordados alguns dos princípios gerais que maior poder de influência exerce sobre os princípios específicos de Direito Administrativo, trazendo, assim, os seus respectivos conceitos e alcances. Para além da nomenclatura cambiante entre "princípios gerais", "postulados", "sobreprincípios" etc., o que importa ao presente estudo é compreender como essas normas, dotadas de ainda maior grau de generalidade, contribuem para a concretização do ideário da leitura constitucional dos princípios de Direito Administrativo e para a constante busca pela uniformidade e coerência sistêmica.

2.2 Isonomia

O princípio da isonomia, também comumente chamado de princípio da igualdade, carrega em si forte carga histórica e valorativa. Quando o tema da isonomia é posto em pauta, impossível não recordar o *Bill Of Rights*, ou o ideário da Revolução Francesa: "Liberdade, Igualdade e Fraternidade". Ainda mais encrustada nos pilares da história, é axioma geral a célebre frase de Aristóteles, segundo o qual a isonomia pressupõe tratar os iguais igualmente e os desiguais desigualmente, na medida de sua desigualdade.[124]

---

[123] ATALIBA, Geraldo. *República e Constituição*. São Paulo: Malheiros, 2007. p. 33
[124] Esta ideia permeia todo o ordenamento jurídico: desde a gradação de penalidades de acordo com a gravidade da infração, a progressividade de alíquotas tributárias, até os direitos sociais e a proteção de direitos de minorias, entre inúmeras outras questões.

A Declaração dos Direitos do Homem e do Cidadão (1789) é um desses documentos históricos que bem enuncia o princípio da igualdade, ao dispor:

> Art. 1º Os homens nascem e são livres e iguais em direitos. As distinções sociais só podem fundamentar-se na utilidade comum.
> (...)
> Art. 6º A lei é a expressão da vontade geral. Todos os cidadãos têm o direito de concorrer, pessoalmente ou através de mandatários, para a sua formação. Ela deve ser a mesma para todos, seja para proteger, seja para punir. Todos os cidadãos são iguais a seus olhos e igualmente admissíveis a todas as dignidades, lugares e empregos públicos, segundo a sua capacidade e sem outra distinção que não seja a das suas virtudes e dos seus talentos.[125]

Com o passar do tempo, a sociedade vai se tornando mais complexa, as demandas sociais crescentes, a pluralidade e a variedade de crenças, opiniões, culturas e demandas tornam o tema da isonomia um grande desafio. Como atender a todas as demandas sociais? Como governar democraticamente em prol dos interesses da maioria, mas respeitando e incluindo os direitos e interesses das minorias? Qual a importância de políticas afirmativas e a reparação de desigualdades históricas? Todos esses questionamentos são absolutamente contemporâneos e passam exatamente pela análise acurada do princípio da isonomia.

Quanto ao tema, Paulo Ferreira da Cunha observa que "um dos meios de concretizar a igualdade, além de medidas políticas e de justiça social, é o Direito. E, ao existir um princípio jurídico da igualdade (e não apenas um valor), não serão de esquecer algumas questões quanto a este domínio".[126]

Não por acaso, o princípio da isonomia está umbilicalmente ligado ao ideal de justiça. É difícil pensar uma sociedade que seja

---

[125] NOVO, Benigno Núñez. *A Declaração dos Direitos do Homem e do Cidadão de 1789*: análise sobre a Declaração dos Direitos do Homem e do Cidadão de 1789. 2022. Disponível em: https://meuartigo.brasilescola.uol.com.br/direito/a-declaracao-dos-direitos-homem-e-do-cidadao-de-1789.htm#:~:text=A%20Declara%C3%A7%C3%A3o%20dos%20Direitos%20do%20Homem%20e%20do%20Cidad%C3%A3o%20(em,seres%20humanos%22)%20como%20universais. Acesso em 02 abr. 2022.

[126] CUNHA, Paulo Ferreira da. *Nova teoria do Estado*: Estado, república e Constituição. São Paulo: Malheiros, 2013. p. 290.

anti-isonômica e que seja considerada justa. Isso porque a justiça pressupõe tratamento e reconhecimento iguais àqueles que se encontram numa mesma posição.

Nessa toada, Marco Antônio Berberi observa que o princípio da igualdade se apresenta "como o critério central de qualquer sociedade verdadeiramente livre. Igualdade não quer dizer uniformidade, como afirma o neoliberalismo, mas, ao contrário, a única e autêntica diversidade".[127]

Não há dúvidas também que o conceito de isonomia evoluiu historicamente, sendo ponto comum afirmar que partimos de uma igualdade formal, afeta aos Estados liberais, para a construção do conceito de igualdade material, típico das Constituições garantistas e dos Estados de Bem-Estar-Social, que eclodiram ao longo do século XX. Quanto ao tema, Paulo Ferreira da Cunha correlaciona a isonomia com a ideia de justiça social, *in verbis*:

> A justiça dos juristas do século XXI não pode encolher os ombros à falta de carinho pela virtude nos homens, nem pode endossar para a política todos os desempregos, todos os despedimentos, todos os doentes sem médico, todos os frios sem cobertor, todas as orfandades sem uma mão. O Direito enquistar-se-ia numa lógica fria sem nome se deixasse de ser social, se ignorasse a importância das virtudes nos homens.
> Poderá até ser um retrocesso epistemológico. Mas é este preferível a um retrocesso civilizacional, por indiferença dos juristas aos dramas agudíssimos do nosso tempo: miséria material e miséria moral.[128]

Atualmente, o princípio da isonomia abrange toda a ordem constitucional: vincula não só os particulares, mas também a Administração Pública, tanto no âmbito do Legislativo, quanto no âmbito do Executivo e do Judiciário. O princípio da igualdade vem bem insculpido no *caput* do art. 5º da CR/88, que assim estabelece:

> Art. 5º Todos são iguais perante a lei, sem distinção de qualquer natureza, garantindo-se aos brasileiros e aos estrangeiros residentes no País a inviolabilidade do direito à vida, à liberdade, à igualdade, à segurança e à propriedade, nos termos seguintes:

---

[127] BERBERI, Marco Antônio Lima. *Os princípios na teoria do Direito*. Rio de Janeiro: Renovar, 2003. p. 199.
[128] CUNHA, Paulo Ferreira da. *Breve tratado da (in)justiça*. São Paulo: Quartier Latin, 2009. p. 149.

I – homens e mulheres são iguais em direitos e obrigações, nos termos desta Constituição (...).[129]

Mas não é só. Por todo o texto constitucional percebemos a influência da forte carga valorativa ínsita ao princípio da igualdade, da previsão no preâmbulo aos objetivos da República, no art. 3º, ao dispor que deve se buscar "erradicar a pobreza, a marginalização e reduzir as desigualdades sociais e regionais; e promover o bem de todos, sem preconceitos de origem, raça, sexo, cor, idade e quaisquer outras formas de discriminação". Perpassa as relações internacionais (art. 4º), ao dispor sobre a "igualdade entre os Estados"; os princípios tributários da isonomia tributária (art. 150, II), da progressividade e da uniformidade geográfica (art. 151, I); a ordem econômica fundada no objetivo de "redução das desigualdades regionais e sociais" (art. 170, VII); os serviços públicos de acesso universal, tais como a educação básica e a saúde,[130] entre inúmeros outros dispositivos.

Em meio a esse arcabouço normativo, é natural que surja a distinção entre igualdade formal e igualdade material. Enquanto a igualdade formal diz respeito à igualdade perante a lei, uma igualdade de direitos e deveres, a igualdade material vai mais além, alcançando a ideia de justiça concreta, decorrente do processo de interpretação e aplicação da lei; isto é: não basta que as normas prevejam uma situação isonômica (igualdade formal) se a realidade de sua aplicação se traduzir em injustiças, arbitrariedades e subjetivismos. Há que se buscar, portanto, a igualdade material, que, em último caso, traduz-se na verdadeira concretude da justiça no caso concreto.

José Afonso da Silva apresenta distinção entre os conceitos de igualdade na lei (material) e igualdade perante a lei (formal). Para o eminente constitucionalista:

> A igualdade perante a lei corresponde à obrigação de aplicar as normas jurídicas gerais aos casos concretos, na conformidade com o que

---

[129] BRASIL. Constituição de 1988. Constituição da República Federativa do Brasil de 1988. *Diário Oficial da União*, Brasília, DF: Presidência da República, 5 out. 1988. Disponível em: http://www.planalto.gov.br/ccivil_03/constituicao/constituicao.htm. Acesso em 15 fev. 2021.
[130] BRASIL. Constituição de 1988. Constituição da República Federativa do Brasil de 1988. *Diário Oficial da União*, Brasília, DF: Presidência da República, 5 out. 1988. Disponível em: http://www.planalto.gov.br/ccivil_03/constituicao/constituicao.htm. Acesso em 15 fev. 2021.

eles estabelecem, mesmo se delas resultar uma discriminação, o que caracteriza a isonomia puramente formal, enquanto a igualdade na lei exige que, nas normas jurídicas, não haja distinções que não sejam autorizadas pela própria constituição. Enfim, segundo a doutrina, a igualdade perante a lei seria uma exigência feita a todos aqueles que aplicam as normas jurídicas gerais aos casos concretos, ao passo que a igualdade na lei seria uma exigência dirigida tanto àqueles que criam as normas jurídicas gerais como àqueles que as aplicam aos casos concretos.[131]

Chaim Perelman é um dos notáveis autores que associou a ideia de justiça à de igualdade, destacando o caráter polissêmico dessas terminologias. Para ilustrar tal assertiva, Perelman apresenta seis definições acerca da noção de justiça: a) igualdade absoluta (a cada qual a mesma coisa); b) igualdade distributiva (a cada qual segundo seus méritos); c) igualdade comutativa (a cada qual segundo suas obras ou resultados); d) igualdade de caridade (a cada qual segundo suas necessidades); e) igualdade aristocrática (a cada qual segundo sua posição); f) igualdade formal (a cada qual segundo o que a lei lhe atribui).[132] São conceitos não excludentes, e que comumente coexistem como critério de análise, a fim de se chegar à solução justa para um determinado caso concreto.

Assim, para Perelman, a justiça se fará presente ao tratarmos de forma igual os sujeitos que se adequam a um mesmo critério ou categoria. É dizer: se adotarmos a concepção de igualdade formal, justo será aquele que tratar de forma igual os indivíduos que se encontram na mesma disposição legal. Por outro lado, se adotarmos a concepção de igualdade conforme as necessidades, a justiça será concretizada na medida em que tratar de forma igual indivíduos que compactuam da mesma necessidade. O autor sintetiza tal raciocínio da seguinte forma:

> Seja qual for o desacordo deles sobre outros pontos, todos estão, pois, de acordo sobre o fato de que ser justo é tratar da mesma forma os seres que são iguais em certo ponto de vista, que possuem uma mesma característica, a única que se deva levar em conta na administração da

---

[131] SILVA, José Afonso da. *Curso de Direito Constitucional Positivo*. São Paulo: Malheiros, 2005. p. 217.
[132] PERELMAN, Chaïm. *Ética e Direito*. São Paulo: Martins Fontes, 1996.

justiça. Qualifiquemos essa característica de essencial. Se a posse de uma característica qualquer sempre permite agrupar os seres numa classe ou categoria, definida pelo fato de seus membros possuírem a característica em questão, os seres que têm em comum uma característica essencial farão parte de uma mesma categoria, a mesma categoria essencial.[133]

Dada a dimensão de tal princípio e a forma como irradia nos mais diversos institutos e direitos previstos em nosso ordenamento, parece acertado o raciocínio de Humberto Ávila ao vislumbrar a igualdade como mais do que uma regra e mais do que um princípio. De acordo com o autor, a igualdade representa um postulado, verdadeiro alicerce de todo o ordenamento, conforme se verifica:

> A igualdade pode funcionar como regra, prevendo a proibição de tratamento discriminatório; como princípio, instituindo um estado igualitário como fim a ser promovido; e como postulado, estruturando a aplicação do Direito em função de elementos (critério de diferenciação e finalidade da distinção) e da relação entre eles (congruência do critério em razão do fim).[134]

Na doutrina pátria, quem melhor trabalhou o critério de diferenciação como elemento constitutivo do princípio da igualdade foi Celso Antônio Bandeira de Mello. O eminente administrativista reconhece a premissa aristotélica segundo a qual a igualdade consiste em tratar igualmente os iguais e desigualmente os desiguais, para então apresentar o questionamento fundante de sua obra: quem são os iguais e quem são os desiguais?[135]

Visando instituir um critério científico para responder a tal questionamento, Celso Antônio desenvolve o conceito de *discrímen*: existem discriminações juridicamente intoleráveis e existem discriminações que são fundamentais para a concretização da igualdade.

Para verificar se um determinado *discrímen* homenageia ou vilipendia a igualdade, Celso Antônio bem observa que deve

---

[133] PERELMAN, Chaïm. *Ética e Direito*. São Paulo: Martins Fontes, 1996. p. 18-19.
[134] ÁVILA, Humberto. *Teoria dos princípios da definição à aplicação dos princípios jurídicos*. São Paulo: Malheiros, 2015. p. 192.
[135] MELLO, Celso Antônio Bandeira de. *O conteúdo jurídico do princípio da igualdade*. São Paulo: Malheiros, 2021. p. 11.

se investigar, "de um lado, aquilo que é adotado como critério discriminatório; e de outro lado, verificar se há justificativa racional, isto é, fundamento lógico, para à vista do traço desigualador escolhido atribuir o tratamento jurídico a partir da desigualdade proclamada".[136] Por fim, deve ser observado "se a correlação ou fundamento racional abstratamente existente é, *in concreto*, afinado com os valores prestigiados no sistema normativo constitucional. É dizer: se guarda ou não harmonia com eles".[137]

Assim, Celso Antônio concluiu que, para uma desigualação legal atender ao princípio da isonomia, devem concorrer quatro elementos:

> a) que a desequiparação não atinja de modo atual e absoluto um só indivíduo;
> b) que as situações ou pessoas desequiparadas pela regra de direito sejam efetivamente distintas entre si, vale dizer, possuam características, traços, nelas residentes, diferençados;
> c) que exista, em abstrato, uma correlação lógica entre os fatores diferenciais existentes e a distinção de regime jurídico em função deles, estabelecida pela norma jurídica;
> d) que, *in concreto*, o vínculo de correlação supra-referido seja pertinente em função dos interesses constitucionalmente protegidos,[138] isto é, resulte em diferenciação de tratamento jurídico fundada em razão valiosa – ao lume do texto constitucional – para o bem público.[139]

Sob o enfoque normativo, a Constituição de 1988 consagrou um modelo de Estado de Bem-Estar Social, o qual, além de assegurar

---

[136] MELLO, Celso Antônio Bandeira de. *O conteúdo jurídico do princípio da igualdade*. São Paulo: Malheiros, 2021. p. 20.

[137] MELLO, Celso Antônio Bandeira de. *O conteúdo jurídico do princípio da igualdade*. São Paulo: Malheiros, 2021. p. 21.

[138] Isto quer dizer que o nexo lógico entre o objeto de desigualação e a finalidade pretendida deve alcançar um bem, uma virtude agasalhada pelo ordenamento, e não um desvalor. Até por isso, não é possível avaliar um *discrímen in abstracto*, sem sopesar as razões e finalidades almejadas. Por exemplo: não se pode dizer que uma desigualação entre ricos e pobres seja, *a piori*, justa. Deve se indagar: para quê? Daí, por exemplo, uma desigualação como a que promove as cotas socioeconômicas para facilitar o acesso dos menos abastados à universidade pública se mostrar absolutamente justificável, pois prestigia um valor constitucionalmente assegurado do acesso à educação. Por outro lado, uma desigualação entre ricos e pobres para definir pesos diferenciados ao sufrágio universal seria tida por indevida e arbitrária, pois iria exatamente na contramão dos princípios democráticos que elegem o igual peso de voto por pessoa.

[139] MELLO, Celso Antônio Bandeira de. *O conteúdo jurídico do princípio da igualdade*. São Paulo: Malheiros, 2021. p. 41.

liberdades individuais, compromete-se com a concretização de direitos sociais e com políticas públicas que proporcionem a redução de desigualdades e uma concreção da igualdade material.

Esse modelo de Estado Intervencionista promove uma série de políticas redistributivas visando a reduzir as disparidades criadas pelo modelo liberal. Conforme leciona Onofre Alves Batista Júnior, "o Estado Distribuidor funciona como um 'intermediário', uma vez que deve tributar o excedente de riqueza de alguns, para prestar serviços a outros que deles necessitam, nos limites e à luz do princípio maior da dignidade da pessoa humana", de modo que "o Estado Tributário seria a projeção financeira do Estado de Direito".[140]

Discorrendo a respeito, o estudioso português Eduardo Rodrigues afirma que:

> O Estado-Providência lançou âncoras nos domínios da educação, da saúde, da habitação, dos transportes, dos equipamentos desportivos, culturais e acção social, do emprego, da economia (em sectores considerados estratégicos e não só) entre muitos outros. Muitas dessas áreas, sendo áreas absolutamente relevantes para a promoção do bem-estar social, seriam financeiramente insustentáveis numa lógica lucrativa, cabendo ao Estado e à sua capacidade redistributiva uma acção promotora.[141]

Em se tratando da caótica situação da pandemia, certo é que algumas medidas estatais prestigiam o princípio da igualdade em sua acepção material. A primeira delas foi franquear a vacinação de forma gratuita a todos, independentemente de condição econômica, residência, posicionamento político, crença ou congênere.

A segunda delas foi o papel central exercido pelo Sistema Único de Saúde – o SUS –, sem o qual milhões de brasileiros ficariam excluídos de atendimento médico, por não possuírem os recursos financeiros necessários para tanto.

---

[140] BATISTA JÚNIOR, Onofre Alves. O Estado Democrático de Direito Pós-Providência brasileiro em busca da eficiência pública e de uma administração pública mais democrática. *Revista Brasileira de Estudos Políticos*, v. 98, p. 119-158, 2009. p. 125.

[141] RODRIGUES, Eduardo Vítor. O Estado-Providência e os processos de exclusão social: considerações teóricas e estatísticas em torno do caso português. *Revista da Faculdade de Letras*: Sociologia, v. 10, 2000. p. 191.

2.3 Segurança jurídica

Sem fugir ao conteúdo jurídico da presente obra, é possível afirmar que a segurança é um valor inerente ao ser humano. Desde os nossos ancestrais tribais à constituição das primeiras famílias, historiadores vêm afirmando que o agrupamento humano nos primórdios civilizatórios esteve diretamente ligado a uma maior segurança e chance de sobrevivência no mundo selvagem. E, assim, o ser humano foi caminhando lado a lado a com a ideia de segurança (ou a falta dela) ao longo dos séculos: a constituição das famílias, as instituições, a própria Igreja, a formação dos Estados Nacionais sempre carregaram o ideal de segurança para o ser humano, em seus mais diversos arranjos e agrupamentos.

Também a falta de segurança é notável nas mais diversas passagens históricas: os cenários de guerra, catástrofes ambientais, epidemias e pandemias, crises econômicas são fatores de insegurança e que despertam em nós temores sobre o presente e sobre o futuro, dificultam a previsibilidade e a planificação da vida humana, tão buscadas nos dias de hoje.

Nesse contexto, não é de se surpreender que a segurança jurídica seja assunto vetusto em nosso ordenamento jurídico. Segundo J. J. Gomes Canotilho, "o homem necessita de segurança jurídica para conduzir, planificar e conformar autônoma e responsavelmente a sua vida. Por isso, desde cedo se consideravam os princípios da segurança jurídica e proteção à confiança como elementos constitutivos do Estado de Direito".[142] Ressoa tal pensamento em Celso Antônio Bandeira de Mello, para quem a segurança jurídica constitui a "essência do próprio Estado Democrático de Direito".[143]

Dada a sua importância, a segurança jurídica está presente tanto em tratados internacionais quanto nas Constituições, assim como nas normas infralegais.

---

[142] CANOTILHO, José Joaquim Gomes. *Direito Constitucional e Teoria da Constituição*. Coimbra: Almedina, 2000. p. 256.

[143] MELLO, Celso Antônio Bandeira de. *Curso de Direito Administrativo*. São Paulo: Malheiros, 2003. p. 112

Encontra-se reconhecida na Declaração Universal dos Direitos Humanos, que em seu art. 22 enuncia:

> Artigo 22 – Todo ser humano, como membro da sociedade, tem direito à segurança social, à realização pelo esforço nacional, pela cooperação internacional e de acordo com a organização e recursos de cada Estado, dos direitos econômicos, sociais e culturais indispensáveis à sua dignidade e ao livre desenvolvimento da sua personalidade.[144]

Já o art. 5º, XXXVI, da CR/88[145] estabelece a proteção ao ato jurídico perfeito, ao direito adquirido e à coisa julgada como expressões da segurança jurídica.

Nessa linha, a LINDB enuncia, em seu art. 6º, que "a Lei em vigor terá efeito imediato e geral, respeitados o ato jurídico perfeito, o direito adquirido e a coisa julgada".[146] A seguir, conceitua cada um desses institutos, verdadeiros prismas da segurança jurídica:

> §1º Reputa-se ato jurídico perfeito o já consumado segundo a lei vigente ao tempo em que se efetuou.
> §2º Consideram-se adquiridos assim os direitos que o seu titular, ou alguém por êle, possa exercer, como aquêles cujo começo do exercício tenha têrmo pré-fixo, ou condição pré-estabelecida inalterável, a arbítrio de outrem.
> §3º Chama-se coisa julgada ou caso julgado a decisão judicial de que já não caiba recurso.

A sociedade modifica-se e evolui (ou involui) a todo momento. A segurança jurídica realiza-se na medida em que tais mudanças inerentes ao tempo não afetem situações já constituídas. Há uma

---

[144] UNICEF. *Declaração Universal dos Direitos Humanos*. Adotada e proclamada pela Assembleia Geral das Nações Unidas (resolução 217 A III) em 10 de dezembro 1948. Disponível em: https://www.unicef.org/brazil/declaracao-universal-dos-direitos-humanos. Acesso em 02 abr. 2021.

[145] BRASIL. Constituição de 1988. Constituição da República Federativa do Brasil de 1988. *Diário Oficial da União*, Brasília, DF: Presidência da República, 5 out. 1988. Disponível em: http://www.planalto.gov.br/ccivil_03/constituicao/constituicao.htm. Acesso em 15 fev. 2021.

[146] BRASIL. Decreto-Lei nº 4.657, de 4 de setembro de 1942. Lei de Introdução às Normas do Direito Brasileiro. (Redação dada pela Lei nº 12.376, de 2010). *Diário Oficial da União*: Brasília, DF, 9 set. 1942, retificado em 08 out. 1942, e retificado em 17 jun. 1943. Disponível em: https://www.planalto.gov.br/ccivil_03/decreto-lei/del4657compilado.htm. Acesso em 19 abr. 2022.

clara preocupação do legislador em evitar um anacronismo jurídico, ou seja, que fatos e situações do passado sejam normatizados ou afetados por entendimentos do futuro. Lícito e ilícito são conceitos temporais, e seria impossível o agir humano sem saber quais as atuais regras do jogo. Nessa toada, a LINDB mais uma vez prestigia a segurança jurídica ao dispor que:

> Art. 23. A decisão administrativa, controladora ou judicial que estabelecer interpretação ou orientação nova sobre norma de conteúdo indeterminado, impondo novo dever ou novo condicionamento de direito, deverá prever regime de transição quando indispensável para que o novo dever ou condicionamento de direito seja cumprido de modo proporcional, equânime e eficiente e sem prejuízo aos interesses gerais.
> Art. 24. A revisão, nas esferas administrativa, controladora ou judicial, quanto à validade de ato, contrato, ajuste, processo ou norma administrativa cuja produção já se houver completado levará em conta as orientações gerais da época, sendo vedado que, com base em mudança posterior de orientação geral, se declarem inválidas situações plenamente constituídas.[147]

Noutro norte, a Lei nº 9.784/99, ao disciplinar o processo administrativo em âmbito federal, estabelece a segurança jurídica como um dos princípios a serem seguidos pela Administração Pública:

> Art. 2º A Administração Pública obedecerá, dentre outros, aos princípios da legalidade, finalidade, motivação, razoabilidade, proporcionalidade, moralidade, ampla defesa, contraditório, segurança jurídica, interesse público e eficiência.[148]

Também a atividade judicial deve reverenciar a segurança jurídica. O controle concentrado de constitucionalidade[149] prevê a

---

[147] BRASIL. Decreto-Lei nº 4.657, de 4 de setembro de 1942. Lei de Introdução às Normas do Direito Brasileiro. (Redação dada pela Lei nº 12.376, de 2010). *Diário Oficial da União*: Brasília, DF, 9 set. 1942, retificado em 08 out. 1942, e retificado em 17 jun. 1943. Disponível em: https://www.planalto.gov.br/ccivil_03/decreto-lei/del4657compilado.htm. Acesso em 19 abr. 2022.

[148] BRASIL. Lei nº 9.784, Lei nº 9.784, de 29 de janeiro de 1999. Regula o processo administrativo no âmbito da Administração Pública Federal. *Diário Oficial da União*: Brasília, DF, 01 fev. 1999, retificado em 11 mar. 1999. Disponível em: http://www.planalto.gov.br/ccivil_03/leis/l9784.htm. Acesso em 15 fev. 2021.

[149] Vale destacar que a declaração de inconstitucionalidade possui efeitos *ex tunc*, via de regra. Porém, além da possibilidade de modulação, deve-se prestigiar também os atos praticados com base na lei declarada inconstitucional e que não sejam mais possíveis de revisão.

possibilidade de modulação de efeitos da decisão judicial justamente para se respeitar a segurança jurídica. Nesse sentido, confira-se o art. 27 da Lei nº 9.868/1999 e o art. 11 da Lei nº 9.882/1999:

> Art. 27. Ao declarar a inconstitucionalidade de lei ou ato normativo, e tendo em vista razões de segurança jurídica ou de excepcional interesse social, poderá o Supremo Tribunal Federal, por maioria de dois terços de seus membros, restringir os efeitos daquela declaração ou decidir que ela só tenha eficácia a partir de seu trânsito em julgado ou de outro momento que venha a ser fixado.[150]

> Art. 11. Ao declarar a inconstitucionalidade de lei ou ato normativo, no processo de argüição de descumprimento de preceito fundamental, e tendo em vista razões de segurança jurídica ou de excepcional interesse social, poderá o Supremo Tribunal Federal, por maioria de dois terços de seus membros, restringir os efeitos daquela declaração ou decidir que ela só tenha eficácia a partir de seu trânsito em julgado ou de outro momento que venha a ser fixado.[151]

No campo processual, a segurança jurídica revela-se, por exemplo, na estruturação de uma teoria de precedentes judiciais, que busca conferir previsibilidade ao entendimento jurisprudencial, partindo da premissa de que situações idênticas merecem soluções idênticas. Nesse sentido, o art. 926 do CPC consagra a segurança jurídica ao dispor que:

> Art. 926. Os tribunais devem uniformizar sua jurisprudência e mantê-la estável, íntegra e coerente.
> Art. 927. Os juízes e os tribunais observarão:
> I – As decisões do Supremo Tribunal Federal em controle concentrado de constitucionalidade;
> II – Os enunciados de súmula vinculante;
> III – Os acórdãos em incidente de assunção de competência ou de resolução de demandas repetitivas e em julgamento de recursos extraordinário e especial repetitivos;

---

[150] BRASIL. Lei nº 9.868, de 10 de novembro de 1999. Dispõe sobre o processo e julgamento da ação direta de inconstitucionalidade e da ação declaratória de constitucionalidade perante o Supremo Tribunal Federal. *Diário Oficial da União*: Brasília, DF, 11 nov. 1999. Disponível em: https://www.planalto.gov.br/ccivil_03/leis/l9868.htm. 02/04/2021. Acesso em 15 fev. 2021.

[151] BRASIL. Lei nº 9.882, de 3 de dezembro de 1999. Dispõe sobre o processo e julgamento da argüição de descumprimento de preceito fundamental, nos termos do §1º do art. 102 da Constituição Federal. *Diário Oficial da União*: Brasília, DF, 06 dez. 1999. Disponível em: https://www.planalto.gov.br/ccivil_03/leis/l9882.htm. Acesso em 02 abr. 2021.

IV – Os enunciados das súmulas do Supremo Tribunal Federal em matéria constitucional e do Superior Tribunal de Justiça em matéria infraconstitucional;
V – A orientação do plenário ou do órgão especial aos quais estiverem vinculados.[152]

De igual forma, os institutos processuais da preclusão,[153] decadência,[154] prescrição[155] e coisa julgada[156] atendem ao ideal da segurança jurídica, na medida em que permitem que o transcurso do tempo estabilize as situações jurídicas constituídas.

De tudo isso, é fácil concluir que a segurança jurídica, além de ser um dos alicerces estruturantes de nosso ordenamento jurídico, encontra ressonância em normas dos mais diversos ramos da ciência jurídica. Mas, afinal, o que quer dizer esse conceito tão difundido e que, ao mesmo tempo, pode significar tanta coisa?

Em linhas gerais, José Afonso da Silva discorre sobre o conceito de segurança jurídica, *in verbis*:

> A segurança jurídica consiste no "conjunto de condições que tornam possível às pessoas o conhecimento antecipado e reflexivo das

---

[152] BRASIL. Lei nº 13.105, de 16 de março de 2015. Código de Processo Civil. *Diário Oficial da União*, Brasília, DF, 17 mar. 2015. Disponível em: http://www.planalto.gov.br/ccivil_03/_ato2015-2018/2015/lei/l13105.htm. Acesso em 02 abr. 2021.

[153] Vide art. 278, 293 e 507 do CPC (BRASIL. Lei nº 13.105, de 16 de março de 2015. Código de Processo Civil. *Diário Oficial da União*, Brasília, DF, 17 mar. 2015. Disponível em: http://www.planalto.gov.br/ccivil_03/_ato2015-2018/2015/lei/l13105.htm. Acesso em 02 abr. 2021).

[154] Vide arts. 207 a 211 do Código Civil (BRASIL. Lei nº 10.406, de 10 de janeiro de 2002. Institui o Código Civil. *Diário Oficial da União*: Brasília, DF, 11 jan. 2002. Disponível em: https://www.planalto.gov.br/ccivil_03/leis/2002/l10406compilada.htm. Acesso em 02 abr. 2021); vide art. 54 da Lei nº 9.784/99 (BRASIL. Lei nº 9.784, Lei nº 9.784, de 29 de janeiro de 1999. Regula o processo administrativo no âmbito da Administração Pública Federal. *Diário Oficial da União*: Brasília, DF, 01 fev. 1999, retificado em 11 mar. 1999. Disponível em: http://www.planalto.gov.br/ccivil_03/leis/l9784.htm. Acesso em 15 fev. 2021).

[155] Vide arts. 189 a 206 do Código Civil (BRASIL. Lei nº 10.406, de 10 de janeiro de 2002. Institui o Código Civil. *Diário Oficial da União*: Brasília, DF, 11 jan. 2002. Disponível em: https://www.planalto.gov.br/ccivil_03/leis/2002/l10406compilada.htm. Acesso em 02 abr. 2021).

[156] Vide art. 5º, XXXVI, da CR/88 (BRASIL. Constituição de 1988. Constituição da República Federativa do Brasil de 1988. *Diário Oficial da União*, Brasília, DF: Presidência da República, 5 out. 1988. Disponível em: http://www.planalto.gov.br/ccivil_03/constituicao/constituicao.htm. Acesso em 15 fev. 2021); 337, 502 a 508, 966, IV, do CPC (BRASIL. Lei nº 13.105, de 16 de março de 2015. Código de Processo Civil. *Diário Oficial da União*, Brasília, DF, 17 mar. 2015. Disponível em: http://www.planalto.gov.br/ccivil_03/_ato2015-2018/2015/lei/l13105.htm. Acesso em 02 abr. 2021).

consequências diretas de seus atos e de seus fatos à luz da liberdade reconhecida". Uma importante condição da segurança jurídica está na relativa certeza que os indivíduos têm de que as relações realizadas sob o império de uma norma devem perdurar ainda quando tal norma seja substituída.[157]

Almiro Couto e Silva apresenta uma visão dúplice da segurança jurídica. Por um lado, sua natureza objetiva; por outro, o viés subjetivo. A natureza objetiva da segurança jurídica é "aquela que envolve a questão dos limites à retroatividade dos atos de Estado até mesmo quando estes se qualifiquem como atos legislativos. Diz respeito, portanto, à proteção do direito adquirido, ao ato jurídico perfeito e à coisa julgada".[158] Já a natureza subjetiva da segurança jurídica está ligada à ideia de "proteção à confiança das pessoas no pertinente aos atos, procedimentos e condutas do Estado, nos mais diferentes aspectos de sua atuação".[159]

Em relação a esse "aspecto subjetivo" da segurança jurídica, parte considerável da doutrina[160] tem denominado como "princípio da proteção à confiança legítima",[161] sendo um princípio autônomo em relação à segurança jurídica. Pelo princípio da confiança legítima esperam-se dois tipos de efeitos em relação ao agir estatal:

> a) efeitos negativos ou de abstenção: o Poder Público deve se abster de adotar atos administrativos restritivos ou ablativos (ex.: limitação do poder de autotutela administrativa; impossibilidade de fixação de sanção administrativa etc.);
> b) positivos: o Poder Público tem o dever de editar atos administrativos benéficos que reconheçam ou ampliem os direitos dos administrados (e: dever de nomeação em concurso público aos aprovados dentro do número de vagas previstos no edital; dever de conceder autorização

---

[157] SILVA, José Afonso da. *Curso de Direito Constitucional Positivo*. São Paulo: Malheiros, 2005. p. 436.
[158] COUTO E SILVA, Almiro do Couto. *Conceitos fundamentais do Direito no Estado Constitucional*. São Paulo: Malheiros, 2015. p. 46.
[159] COUTO E SILVA, Almiro do Couto. *Conceitos fundamentais do Direito no Estado Constitucional*. São Paulo: Malheiros, 2015. p. 47.
[160] Vide: ÁVILA, Humberto. *Segurança jurídica*: entre permanência, mudança e realização no Direito Tributário. 1. ed. São Paulo: Malheiros, 2012.
[161] Juarez Freitas estabelece que a proteção à confiança é um dos princípios que mais carece de efetividade e efeitos duradouros no país, como forma de atrair investimentos produtivos e viabilizar sadias parcerias público-privadas no longo prazo. (FREITAS, Juarez. *O controle dos atos administrativos e os princípios fundamentais*. São Paulo: Malheiros, 2004. p. 60).

para exercício de determinadas atividades quando o beneficiário se encontra na mesma situação fático-jurídica dos demais autorizatários; responsabilidade civil decorrente dos atos editados por agente público de fato putativo; dever de pagamento dos valores decorrentes de contratos administrativos verbais etc.), bem como o dever de ressarcir os administrados que tiveram a confiança violada (ex.: revogação de permissão de uso qualificada ou condicionada, antes do prazo estipulado, acarreta direito à indenização).[162]

Já Éderson Garin Porto apresenta uma fórmula capaz de se verificar o nível de legitimidade conferida à confiança como parâmetro de aplicação da norma, por meio da equação $EL = SFN \times T$,[163] sendo EL a Expectativa Legítima, SFN a situação de fato normatizada e T o tempo transcorrido. Assim, quanto mais tutelada pelo Estado for uma determinada situação de fato, e quanto maior o tempo transcorrido, maior será a expectativa legítima criada nos particulares e administrados. E o referido autor conclui: "Configura-se uma expectativa legítima quando o particular encontra-se em determinada situação de fato tutelada pela ordem constitucional com anuência do Estado por considerável período de tempo".[164]

Para os fins do presente estudo, abordaremos o princípio de proteção à confiança legítima como um desdobramento do princípio da segurança jurídica.[165] Longe de querer retirar-lhe a relevância,

---

[162] OLIVEIRA, Rafael Carvalho Rezende. O princípio da confiança legítima no Direito Administrativo brasileiro. *Boletim de Direito Administrativo (BDA)*, v. 26, n. 5, p. 531-548, mai. 2010. Disponível em: www.professorrafaeloliveira.com.br. Acesso em 13 mar. 2022.

[163] PORTO, Éderson Garin. O princípio da proteção da confiança e a boa-fé objetiva no Direito Público. *Revista da AJURIS*, n. 102, jun. 2006. p. 137-138.

[164] PORTO, Éderson Garin. O princípio da proteção da confiança e a boa-fé objetiva no Direito Público. *Revista da AJURIS*, n. 102, jun. 2006. p. 137-138.

[165] Nesse sentido, o STF, em julgamento de relatoria do ministro Gilmar Mendes, assim já decidiu: "EMENTA: Mandado de Segurança. 2. Acórdão do Tribunal de Contas da União. Prestação de Contas da Empresa Brasileira de Infraestrutura Aeroportuária – INFRAERO. Emprego Público. Regularização de admissões. 3. Contratações realizadas em conformidade com a legislação vigente à época. Admissões realizadas por processo seletivo sem concurso público, validadas por decisão administrativa e acórdão anterior do TCU. 4. Transcurso de mais de dez anos desde a concessão da liminar no mandado de segurança. 5. *Obrigatoriedade da observância do princípio da segurança jurídica enquanto subprincípio do Estado de Direito. Necessidade de estabilidade das situações criadas administrativamente. 6. Princípio da confiança como elemento do princípio da segurança jurídica*. Presença de um componente de ética jurídica e sua aplicação nas relações jurídicas de direito público. 7. Concurso de circunstâncias específicas e excepcionais que revelam: a boa-fé dos impetrantes; a realização de processo seletivo rigoroso; a observância do regulamento da Infraero, vigente à época da realização do processo seletivo; a existência de controvérsia, à época das contratações, quanto à exigência,

estamos apenas a dizer que, enquanto o termo segurança jurídica é dotado de maior abstração, a proteção à confiança é dotada de maior concretude, tendo, inclusive, balizado diversas decisões judiciais e servido como mandamento de otimização, notadamente quando confrontado com o princípio da legalidade.

Vale sempre a magistral lição de Geraldo Ataliba, segundo o qual:

> O Direito é, por excelência, acima de tudo, instrumento de segurança. Ele é que assegura a governantes e governados os recíprocos direitos e deveres, tornando viável a vida social. Quanto mais segura uma sociedade, tanto mais civilizada. Seguras estão as pessoas que têm certeza de que o Direito é objetivamente um e que os comportamentos do Estado ou dos demais cidadão dele não discreparão.[166]

Não raro, a segurança jurídica apresenta-se como um contrapeso aos demais princípios jurídicos, como o princípio da legalidade, ou até mesmo a uma ou outra acepção de justiça. Por isso que, embora o "mais justo" no senso comum seja que o infrator da norma seja penalizado por sua conduta, a segurança jurídica clama que, após certo transcorrer de tempo, fulmine-se a pretensão punitiva estatal. É a ilustração do que se disse anteriormente sobre institutos, tal como a prescrição, que servem à segurança jurídica na medida em que permitem que o transcurso do tempo estabilize as situações jurídicas constituídas.

Por outro lado, Almiro do Couto e Silva bem observa que o atendimento à segurança jurídica será exatamente a conformação da justiça material ao caso concreto. No exemplo supracitado, seria dizer que a justiça se configura exatamente na medida em que, após certo transcurso de tempo do ato ilícito, não poderá mais o indivíduo ser punido, sob pena de permanecer eternamente em um limbo jurídico. O ilustre autor detalha que:

> Do modo como a nossa face se modifica e se transforma com o passar dos anos, o tempo e a experiência histórica também alteram, no quadro da

---

nos termos do art. 37 da Constituição, de concurso público no âmbito das empresas públicas e sociedades de economia mista. 8. Circunstâncias que, aliadas ao longo período de tempo transcorrido, afastam a alegada nulidade das contratações dos impetrantes. 9. Mandado de Segurança deferido. (...)" (BRASIL. Supremo Tribunal Federal (Tribunal Pleno). Mandado de Segurança nº 22.357. Relator: Min. Gilmar Mendes, 27 de maio de 2004. *Dje*: Brasília, DF, 5 nov. 2004. Grifos nossos).

[166] ATALIBA, Geraldo. *República e Constituição*. São Paulo: Malheiros, 2007. p. 184.

condição humana, a face da justiça. Na verdade, quando se diz que em determinadas circunstâncias a segurança jurídica deve preponderar sobre a justiça, o que se está afirmando, a rigor, é que o princípio da segurança jurídica passou a exprimir, naquele caso, diante das peculiaridades da situação concreta, a justiça material. Segurança jurídica não é, aí, algo que se contraponha à justiça; é ela a própria justiça.[167]

2.4 Proporcionalidade e razoabilidade

Proporcionalidade e razoabilidade exercem um papel fundamental na aplicação do direito, sendo conceitos que se ligam diretamente aos ideais de justiça substantiva e equidade. No âmbito do Direito Público, tais *standards* serviram para recolocar a Administração (e, de um modo geral, os poderes públicos) num plano menos sobranceiro e incontestado relativamente ao cidadão.[168]

Embora existam aqueles que, por um lado, enxerguem a proporcionalidade e a razoabilidade como supraprincípios ou como postulados (a exemplo de Humberto Ávila), existem autores também que negam a natureza de princípio a tais institutos, a exemplo do ex-ministro Eros Grau, para o qual "proporcionalidade e razoabilidade não consubstanciam princípios, mas sim pautas normativas de aplicação do direito".[169]

Outros tantos consideram razoabilidade e proporcionalidade como dois lados de uma mesma moeda, ou como conceitos inarredáveis e inseparáveis. Afinal, é possível ser razoável sem ser proporcional? Ou, no inverso, é possível ser proporcional sem ser razoável? Tais imprecisões terminológicas e o amplo espectro de adjacências entre razoabilidade e proporcionalidade colocam em xeque a natureza e a conceituação de tais institutos. Exatamente por isso, escolhemos trabalhá-los num mesmo capítulo, já advertindo que, embora analisados de forma conjunta, razoabilidade e proporcionalidade possuem, sim, seus traços específicos e característicos.

---

[167] COUTO E SILVA, Almiro. Princípios da legalidade da administração pública e da segurança jurídica no estado de Direito contemporâneo. *Revista Direito Público*, v. 84, out./dez. 1987. p. 55.

[168] CRISTÓVAM, José Sérgio da Silva. *Colisões entre princípios constitucionais*: razoabilidade, proporcionalidade e argumentação jurídica. Curitiba: Juruá, 2006. p. 212.

[169] GRAU, Eros Roberto. *Por que tenho medo dos juízes*: a interpretação/aplicação do Direito e os princípios. São Paulo: Malheiros, 2013. p. 133.

Para Humberto Ávila, há uma notável distinção entre razoabilidade e proporcionalidade,[170] *in verbis*:

> O postulado da proporcionalidade exige que o Poder Legislativo e o Poder Executivo escolham, para a realização de seus fins, meios adequados, necessários e proporcionais. Um meio é adequado se promove o fim. Um meio é necessário se, dentre todos os meios adequados a promover um fim, for o menos restritivo a direitos fundamentais. Um meio é proporcional, em sentido estrito, se as vantagens que promove supera as desvantagens que provoca. A aplicação da proporcionalidade exige a relação de causalidade entre meio e fim (...).
> Já a razoabilidade não faz referência a uma relação de causalidade entre um meio e um fim. (...) A razoabilidade como dever de harmonização do geral com o individual (dever de equidade) atua como instrumento para determinar que as circunstâncias de fato devem ser consideradas com a presunção de estarem dentro da normalidade, ou para expressar que a aplicabilidade da regra geral depende do enquadramento do caso concreto.[171]

Para fins metodológicos, esta obra se perfila ao entendimento de que tanto proporcionalidade quanto razoabilidade possuem, sim, a natureza de princípios, com todas as características e nuances já detalhadas no capítulo que tratou de conceituar e apontar os traços definidores dos princípios. Aliás, proporcionalidade e razoabilidade são princípios que orientam princípios, são verdadeiros alicerces sobre os quais se apoiam uma miríade de princípios específicos.

Nessa linha, filiamo-nos à posição defendida por Angélica Petian ao explicar que, "para parte da doutrina, razoabilidade e proporcionalidade são rótulos diversos para o mesmo conteúdo. Para nós, embora haja uma inexorável relação de imbricação, estes têm conteúdos que permitem apartá-los".[172]

O princípio da proporcionalidade também é considerado um princípio geral do Direito de caráter implícito, mas igualmente

---

[170] Na seara jurisprudencial, essa distinção também tem sido acolhida pelo Supremo Tribunal Federal, conforme bem destacado pelo próprio Humberto Ávila: "A proporcionalidade em sentido amplo se distingue da razoabilidade, em função de sua origem e estrutura de aplicação" (BRASIL. Supremo Tribunal Federal (Tribunal Pleno). Habeas Corpus nº 122.694. Relator: Min. Dias Toffoli, 10 de dezembro de 2014. *Dje*: Brasília, DF, 19 fev. 2015. p. 29).

[171] ÁVILA, Humberto. *Teoria dos princípios da definição à aplicação dos princípios jurídicos*. São Paulo: Malheiros, 2015. p. 201-202.

[172] PETIAN, Angélica. *Regime jurídico dos processos administrativos ampliativos e restritivos de Direito*. São Paulo: Malheiros, 2002. p. 132.

fundamental para o funcionamento de todo o ordenamento.[173] Embora não expresso no texto constitucional, vários dispositivos da Carta Maior não prescindem de sua aplicação, a exemplo do art. 37, art. 5º, art. 7º e art. 84, IV, da CR/88.[174]

A proporcionalidade é facilmente verificável no Direito Sancionatório, de modo que a sanção deve ser proporcional ao ilícito cometido; também no Direito Regulatório, no poder de polícia[175] e, em maior ou menor grau, em toda aplicação do Direito, devendo haver um juízo proporcional entre o fato juridicamente relevante e o comando prescritivo da norma que valora aquele determinado fato.

Vale a advertência de que, embora a proporcionalidade seja facilmente identificável no âmbito do Direito Privado ou no aspecto sancionatório da lei, sua aplicação deve ser considerada como de âmbito geral, visto que trata de "uma relação jurídica entre os atos jurídicos e seus efeitos, de modo que a proporção é uma correspondência, quantitativa e recíproca, entre dois ou mais termos ou elementos".[176]

Assim, a título de ilustração, podemos notar que a proporcionalidade permeia a criação de um tributo, a fixação de pensão alimentícia, ao cotejar o binômio necessidade *versus* possibilidade, as regras de um procedimento licitatório, o coeficiente de construção urbanística das grandes metrópoles, a definição das áreas de proteção ambiental, as verbas rescisórias devidas, a depender do tipo de rescisão do contrato de trabalho, a normatização dos prazos processuais e da marcha processual, o Direito Sancionatório, entre inúmeros outros exemplos.

---

[173] Vale a ressalva de que parte da doutrina, a exemplo do ilustre Celso Antônio Bandeira de Mello, não considera a proporcionalidade um princípio autônomo, mas sim uma "faceta do princípio da razoabilidade". Embora esta discussão seja muito mais teórica do que prática, abordando sobre o prisma de "conter/estar contido", para o presente estudo, analisaremos proporcionalidade e razoabilidade como princípios distintos, que, a bem da verdade, embora sejam caminhos dotados de suas especificidades, acabam levando a um mesmo lugar. (MELLO, Celso Antônio Bandeira de. *Curso de Direito Administrativo*. São Paulo: Malheiros, 2003. p. 101)

[174] BRASIL. Constituição de 1988. Constituição da República Federativa do Brasil de 1988. *Diário Oficial da União*, Brasília, DF: Presidência da República, 5 out. 1988. Disponível em: http://www.planalto.gov.br/ccivil_03/constituicao/constituicao.htm. Acesso em 15 fev. 2021.

[175] Cammarosano conceitua o poder de polícia como aquele exercício que "compreende a edição de leis condicionadoras de liberdade e da propriedade, delineando-lhes a configuração jurídica" (DAL POZZO, Augusto; CAMMAROSANO, Márcio (Coord.). *As implicações da covid-19 no Direito Administrativo*. São Paulo: Thomson Reuters Brasil, 2020. p. 126).

[176] CUNHA, Sérgio Sérvulo da. *Princípios constitucionais*. São Paulo: Saraiva, 2006. p. 195.

Em termos mais amplos, a proporcionalidade permeia o próprio conceito de justiça. Há mais de 2.000 anos, Aristóteles escreveu, em sua *Ética à Nicômaco*, que "o justo é uma das espécies do gênero proporcional (...) e o proporcional é um meio-termo, de modo que a injustiça é excesso e falta, no sentido de que ela leva ao excesso e à falta".[177] Hodiernamente, o ilustre Paulo Bonavides associa o princípio da proporcionalidade ao próprio Estado Democrático de Direito e ao princípio da igualdade, não podendo existir um na ausência de outro.[178]

Daniela Saraiva Santos observa que o princípio da proporcionalidade tem origem no Direito Penal, a partir dos estudos de Beccaria, que defendia que as sanções criminais deveriam ser proporcionais à gravidade dos delitos praticados. A autora chama a atenção, no entanto, para o fato de que é no âmbito do Direito Administrativo que a proporcionalidade ganha corpo, na medida em que "assume o caráter de medida para limitações administrativas da liberdade individual.[179]

Nesse sentido, Celso Antônio bem observa que "as competências administrativas só podem ser validamente exercidas na extensão e intensidade proporcionais ao que seja realmente demandado para cumprimento da finalidade de interesse público a que estão atreladas".[180] É comum, inclusive, afirmar que, no Direito Administrativo, a proporcionalidade atua como uma garantia dos cidadãos contra os excessos do poder público,[181] sendo uma ferramenta para combate a arbitrariedades, desmandos e perseguições muitas vezes agasalhadas sob o manto do quase sagrado "mérito administrativo".

---

[177] ARISTÓTELES. *Ética à Nicômaco*. São Paulo: Nova Cultural, 1996. p. 193.

[178] BONAVIDES, Paulo. *Curso de Direito Constitucional*. São Paulo: Malheiros, 1998. p. 396.

[179] SANTOS, Daniela Lacerda Saraiva. O princípio da proporcionalidade. *In*: PEIXINHO, Manoel Messias *et al.* (Org.). *Os princípios da Constituição de 1988*. Rio de Janeiro: Lumen Juris, 2001. p. 361.

[180] MELLO, Celso Antônio Bandeira de. *Curso de Direito Administrativo*. São Paulo: Malheiros, 2003. p. 101.

[181] Nesse sentido, confira-se a Ementa da ADI nº 1.407/DF: "O princípio da proporcionalidade – que extrai a sua justificação dogmática de diversas cláusulas constitucionais, notadamente daquela que veicula a garantia do substantive *due process of law* – acha-se vocacionado a inibir e a neutralizar os abusos do Poder Público no exercício de suas funções, qualificando-se como parâmetro de aferição da própria constitucionalidade material dos atos estatais (...)" (BRASIL. Supremo Tribunal Federal (Tribunal Pleno). Ação Direta de Inconstitucionalidade nº 1.407 MC. Relator: Min. Celso de Mello, 7 de março de 1996. *Dje*: Brasília, DF, 24 nov. 2000).

Tomando por base a jurisprudência do Tribunal Constitucional alemão, a doutrina passou a destrinchar o postulado da proporcionalidade em três elementos estruturantes: a adequação dos meios, a exigibilidade/necessidade e a proporcionalidade em sentido estrito.

Ao lançar olhares para a adequação dos meios, o aplicador do Direito deve questionar se a medida adotada constitui o meio mais adequado para o encontro ao interesse e à finalidade pública. Ou, nos dizeres de Sarmento, a adequação trata "da aferição da idoneidade do ato para a consecução da finalidade perseguida pelo Estado".[182]

Já a necessidade nos leva a indagar se a medida adotada é aquela que, enquanto se mostre indispensável ao fim colimado, também é a que menos danos ou prejuízos traz aos sujeitos de direito envolvidos.

Heinrich Scholler observa uma relação de prejudicialidade entre necessidade e adequação. De acordo com o autor alemão, "as medidas adequadas nem sempre serão necessárias, ao passo que os meios necessários serão sempre adequados".[183]

Por fim, a proporcionalidade, em sentido estrito, estaria ligada a uma relação da espécie "custo-benefício", devendo o aplicador do Direito analisar se, embora adequadas e necessárias, a medida adotada não implicará restrições excessivas a outros direitos fundamentais ou princípios. Deve haver, portanto, uma proporção entre os valores preservados, por um lado, e os valores restringidos, por outro. Nesse sentido, Juarez Freitas observa que haverá violação à proporcionalidade quando, "tendo dois valores legítimos a sopesar, o administrador dá prioridade em detrimento ou sacrifício exagerado a outro".[184]

A proporcionalidade desmembra-se, portanto, neste tríplice conteúdo: adequação, necessidade, proporcionalidade em sentido estrito. É, ao mesmo tempo, um princípio geral do direito e uma

---

[182] SARMENTO, Daniel. *A ponderação de interesses na Constituição Federal*. Rio de Janeiro: Lumen Juris, 2002. p. 87.
[183] CRISTÓVAM, José Sérgio da Silva. *Colisões entre princípios constitucionais*: razoabilidade, proporcionalidade e argumentação jurídica. Curitiba: Juruá, 2006. p. 218.
[184] FREITAS, Juarez. *O controle dos atos administrativos e os princípios fundamentais*. São Paulo: Malheiros, 2004. p. 39.

técnica de interpretação e ponderação de interesses. Acerca do seu viés finalístico, Lucas De Laurentiis destaca que a proporcionalidade nos serve como um instrumento jurídico de contenção do poder, "que por si só não cria direitos ou deveres, mas que preserva a noção de separação dos poderes e tem um objetivo específico para sua aplicação: a defesa dos titulares dos direitos fundamentais contra abusos e excessos do poder estatal".[185]

A respeito do papel exercido por essa tríade dimensão do princípio da proporcionalidade, Carlos Roberto Siqueira Castro enuncia que:

> O princípio da proporcionalidade apresenta-se como um valoroso instrumento de aferição do nível de congruência e de contradições internas dos atos regras ou dos atos executivos. Tal se dá, como antes afirmado, para o fim de se avaliar ponderadamente, na esteira do mister de ponderação de interesses, a gradação justa na alocação de sacrifícios e vantagens perpetrados pelos atos de positivação das regras de direito, a cargo dos editores normativos, ou de sua concreção, a cargo do variado conjunto de intérpretes e aplicadores das normas jurídicas.[186]

Sobre a razoabilidade, vale destacar que ela possui os mesmos fundamentos em que se origina o princípio da legalidade (art. 5º, II, 37 e 84 da CR/88) e da finalidade (art. 5º LXIX da CR/88). Parte da doutrina[187] afirma ainda que a razoabilidade encontra fundamento constitucional na disciplina normativa acerca do devido processo legal,[188] constante no art. 5º LIV da CR/88.[189]

---

[185] DE LAURENTIIS, Lucas Catib. A *proporcionalidade no Direito Constitucional*: origem, modelos e reconstrução dogmática. São Paulo: Malheiros, 2017. p. 260.

[186] CASTRO, Carlos Roberto Siqueira. *O devido processo legal e os princípios da razoabilidade e da proporcionalidade*. Rio de Janeiro: Forense, 2005. p. 235.

[187] "A matriz jurídico-filosófica da razoabilidade é a cláusula do *due process of law*, que se desenvolveu a partir do direito anglo-saxônico. Sua garantia, que em um primeiro momento restringiu-se a aspectos marcadamente processuais, evoluiu lenta e gradativamente para um âmbito substantivo, uma espécie de degrau evolutivo daquele" (CRISTÓVAM, José Sérgio da Silva. *Colisões entre princípios constitucionais*: razoabilidade, proporcionalidade e argumentação jurídica. Curitiba: Juruá, 2006. p. 197).

[188] Nesse sentido, confira-se: CASTRO, Carlos Roberto Siqueira. *O devido processo legal e os princípios da razoabilidade e da proporcionalidade*. Rio de Janeiro: Forense, 2005.

[189] BRASIL. Constituição de 1988. Constituição da República Federativa do Brasil de 1988. *Diário Oficial da União*, Brasília, DF: Presidência da República, 5 out. 1988. Disponível em: http://www.planalto.gov.br/ccivil_03/constituicao/constituicao.htm. Acesso em 15 fev. 2021.

José Roberto Pimenta Oliveira chama a atenção para o significado plurisemântico que o princípio da razoabilidade pode adquirir. Em suas diversas acepções, a razoabilidade pode ser vislumbrada como: a) vedação da arbitrariedade; b) exigência de justiça; c) exigência de bom senso e sensatez; d) dever de racionalidade; e) imposição da proporcionalidade; f) mandamento de ponderação; g) parâmetro de interpretação.[190]

A partir de uma abordagem histórica, o autor recorre a Recaséns Siches, que formulou proposições acerca da "lógica do razoável", características que, ainda que de forma indireta, preenchem de conteúdo o princípio da razoabilidade. Assim, Siches discorre que a lógica do razoável: i) é condicionada e circunscrita pela realidade social e histórica, da qual e para a qual são produzidas as regras;[191] ii) move-se por valorações ou pelo uso de critérios axiológicos;[192] iii) exige valorações concretas, depreendidas de uma determinada situação humana, considerando as possibilidade e limitações da realidade;[193] iv) que as valorações devem servir de pontos de apoio para a formulação de propósitos (metas) ou finalidades; v) que a formulação de propósitos ou estabelecimento das valorações deve estar condicionado pelas possibilidades advindas da realidade humana social concreta.[194]

Sendo certo que a razoabilidade é inconciliável com arbitrariedades, subjetivismos ou injustiças, é possível situá-la diretamente conectada com o amadurecimento do Estado Democrático de

---

[190] OLIVEIRA, José Roberto Pimenta. *Os princípios da razoabilidade e proporcionalidade no Direito Administrativo brasileiro*. São Paulo: Malheiros, 2006. p. 139-160.

[191] Certamente, a análise do que é ou não razoável é uma análise contextual. Medidas razoáveis em um contexto de pandemia global, tais como restrições de locomoção, seriam tidas por arbitrárias ou até mesmo preconceituosas em um contexto de normalidade.

[192] Razoabilidade e proporcionalidade são princípios dotados de alto grau de abstração. Ainda assim, vetorizam-se nos valores e demais princípios positivados pelo ordenamento.

[193] A proposição secular de Recaséns dialoga com a novel LINDB. Confira-se o art. 22: "Na interpretação de normas sobre gestão pública, *serão considerados os obstáculos e as dificuldades reais do gestor* e as exigências das políticas públicas a seu cargo, sem prejuízo dos direitos dos administrados" (BRASIL. Decreto-Lei nº 4.657, de 4 de setembro de 1942. Lei de Introdução às Normas do Direito Brasileiro. (Redação dada pela Lei nº 12.376, de 2010). *Diário Oficial da União*: Brasília, DF, 9 set. 1942, retificado em 08 out. 1942, e retificado em 17 jun. 1943. Disponível em: https://www.planalto.gov.br/ccivil_03/decreto-lei/del4657compilado.htm. Acesso em 19 abr. 2022. Grifos nossos).

[194] OLIVEIRA, José Roberto Pimenta. *Os princípios da razoabilidade e proporcionalidade no Direito Administrativo brasileiro*. São Paulo: Malheiros, 2006. p. 128.

Direito. O Estado Absolutista não era um Estado razoável. O Estado Autoritário ou Totalitário não é um Estado razoável. A razoabilidade é característica das sociedades democráticas e dos Estados regulados e legitimados pela soberania popular.[195]

Sobre a forma como dito princípio geral influi no campo do Direito Administrativo, Celso Antônio Bandeira de Mello bem observa que

> não serão apenas inconvenientes, mas também ilegítimas – e, portanto, jurisdicionalmente invalidáveis – as condutas desarrazoadas, bizarras, incoerentes ou praticadas com desconsideração às situações e circunstâncias que seriam atendidas por que tivesse atributos normais de prudência, sensatez e disposição de acatamento às finalidades da lei atributiva da discrição manejada.[196]

Na aplicação do Direito, em especial do Direito Administrativo, há uma correlação direta entre os motivos expostos, o ato praticado e a finalidade que se visa alcançar. Nessa tríade motivos – conteúdo – finalidade, a razoabilidade acaba funcionando como um elo entre esses três elementos, de modo que, faltando razoabilidade em qualquer parte dessa cadeia, o liame ver-se-á quebrado e estaremos diante de um ato nulo ou anulável. Lapidares as lições de Lúcia Valle Figueiredo, ao afirmar que a razoabilidade se traduz na "relação de congruência lógica entre o fato (o motivo) e a atuação concreta da Administração".[197] Assim, a razoabilidade atua, por exemplo, como um claro limitador da discricionariedade administrativa.

José Roberto Pimenta Oliveira lança luzes sobre o papel que a razoabilidade exerce como limitador do agir estatal, apresentando as seguintes notas conceituais congruentes:

---

[195] Nesse sentido, José Oliveira: "As exigências de razoabilidade e proporcionalidade da atuação administrativa constituem pautas principiológicas fundamentais de um legítimo proceder estatal em um Estado Democrático. Integram o direito positivo enquanto princípios jurídicos estruturadores do regime jurídico-administrativo, do qual recebem uma determinada compostura, a partir da qual delineiam todo o desenvolvimento da função administrativa" (OLIVEIRA, José Roberto Pimenta. *Os princípios da razoabilidade e proporcionalidade no Direito Administrativo brasileiro*. São Paulo: Malheiros, 2006. p. 542).

[196] MELLO, Celso Antônio Bandeira de. *Curso de Direito Administrativo*. São Paulo: Malheiros, 2003. p. 99

[197] FIGUEIREDO, Lúcia Valle. *Curso de Direito Administrativo*. São Paulo: Malheiros, 1994. p. 47.

Em primeiro lugar, a razoabilidade se insere dentro do controle da legitimidade do exercício de competências administrativas. (...) O princípio da razoabilidade é um dos instrumentos normativos de controle de legitimidade da atuação estatal (...).
Em segundo lugar, o exercício razoável de certa competência administrativa afeta a formulação de juízos de valor pela autoridade administrativa no cumprimento de sua função, nos termos da legalidade imperante (...).
Em terceiro lugar, a razoabilidade interfere, instrumentalmente, com o modo concreto de realização ótima do vetor principiológico do interesse público cristalizado na regra da competência.
Em quarto lugar, o controle de legitimidade engendrado pelo princípio da razoabilidade se perfaz em todos os domínios da função administrativa.[198]

Nessa toada, Angélica Petian pontua que "razoabilidade significa adequação do ato com as razões de ordem lógica que o justificam. A razoabilidade não é apenas um critério de interpretação, mas um princípio constitucional com densidade normativa".[199]

A jurisprudência do STF tem acolhido o princípio da razoabilidade como critério decisório, ainda que de maneira tímida.

Desde o RE nº 18.331/SP, julgado em 1951, o ministro Orozimbo Nonato já advertia sobre o poder de tributar não poder ser realizado de maneira desmedida, consignando que "o poder de tributar não pode chegar à desmedida do poder de destruir". Fez-se uma referência – ainda que indireta e implícita – a uma noção geral de proporcionalidade e razoabilidade: os aumentos de impostos devem ser razoáveis, a carga imposta deve ser proporcional à capacidade contributiva.[200]

Outra decisão da Corte Superior que aborda os princípios da razoabilidade e da proporcionalidade enquanto métrica de

---

[198] OLIVEIRA, José Roberto Pimenta. *Os princípios da razoabilidade e proporcionalidade no Direito Administrativo brasileiro*. São Paulo: Malheiros, 2006. p. 147-149.

[199] PETIAN, Angélica. *Regime jurídico dos processos administrativos ampliativos e restritivos de Direito*. São Paulo: Malheiros, 2002. p. 129.

[200] COSTA, Alexandre Araújo. Capítulo I: Antecedentes do princípio da razoabilidade na jurisprudência do STF. In: COSTA, Alexandre Araújo. *O princípio da razoabilidade na jurisprudência do STF*: o século XX. [S. l.]: [s. n.], 1999. Disponível em: https://www.arcos.org.br/livros/o-principio-da-razoabilidade-na-jurisprudencia-do-stf-o-seculo-xx/capitulo-i-antecedentes-do-principio-da-razoabilidade-na-jurisprudencia-do-stf/2-re-18331-julgado-em-2191951-rel-min-orozimbo-nonato. Acesso em 30 jan. 2021.

adequação entre meios e fins foi o julgamento da ADI nº 855, que assim dispôs:

> E M E N T A – Gás liquefeito de petróleo: lei estadual que determina a pesagem de botijões entregues ou recebidos para substituição a vista do consumidor, com pagamento imediato de eventual diferença a menor: argüição de inconstitucionalidade fundada nos arts. 22, IV e VI (energia e metrologia), 24 e PARS, 25, PAR. 2., 238, além de violação ao princípio de proporcionalidade e razoabilidade das leis restritivas de direitos: plausibilidade jurídica da argüição que aconselha a suspensão cautelar da lei impugnada, a fim de evitar danos irreparáveis à economia do setor, no caso de vir a declarar-se a inconstitucionalidade: liminar deferida (...).[201]

Algumas súmulas também guardam em seu cerne esse contrapeso entre meios e fins que decorre da ponderação via razoabilidade e proporcionalidade. A esse exemplo, citem-se as Súmulas nº 70 e 323 do STF, que assim pronunciam:

> Súmula 70: É inadmissível a interdição de estabelecimento como meio coercitivo para cobrança de tributo.
> (...)
> Súmula 323 – É inadmissível a apreensão de mercadorias como meio coercitivo para pagamento de tributos.[202]

No cenário da pandemia, os princípios da proporcionalidade e da razoabilidade foram evocados diversas vezes, como critério de ponderação, tanto por defensores quanto por críticos das medidas impositivas que vinham sendo adotadas pela Administração Pública.

Um desses exemplos diz respeito à determinação de isolamento social por parte das autoridades públicas. Vale destacar que, no Brasil, houve um brando isolamento social, se comparado com países da Europa,[203] nos quais o poder de polícia atuou de forma

---

[201] BRASIL. Supremo Tribunal Federal (Tribunal Pleno). Ação Direta de Inconstitucionalidade nº 855 MC. Relator: Min. Sepúlveda Pertence, 1 de julho de 1993. *Dje*: Brasília, DF, 1 out. 1993.
[202] BRASIL. Supremo Tribunal Federal. *Súmula do STF* (atualizado em 1º de dezembro de 2017). Brasília, DF: Poder Executivo, 2017. Disponível em: https://www.stf.jus.br/arquivo/cms/jurisprudenciaSumula/anexo/Enunciados_Sumulas_STF_1_a_736_Completo.pdf. Acesso em 06 ago. 2021.
[203] FERRAZ, Ricardo. Países da Europa adotam medidas restritivas após avanço de covid-19. *Veja*, 25 mar. 2021. Disponível em: https://veja.abril.com.br/mundo/paises-da-europa-adotam-medidas-restritivas-apos-avanco-de-covid-19/. Acesso em 30 mar. 2021.

muito mais restritiva em relação ao direito de ir e vir de seus cidadãos. No Brasil, a recomendação pelo isolamento constou na Lei nº 13.979/20 (art. 3º),[204] e foi sendo normatizada de acordo com cada uma das municipalidades.[205]

Ainda assim, as determinações de *lockdown* suscitaram controvérsias na doutrina, havendo manifestações díspares aqui e acolá.

Contrário a tal medida, cita-se Amarildo Costa, segundo o qual

> inserir populações inteiras – de cidades, bairros ou regiões – em regime obrigatório de isolamento ou quarentena, sob o argumento de que, não havendo como fazer testagens em toda a população, todos devem ser considerados suspeitos de contaminação, como ação acautelatória para reduzir os efeitos da pandemia, é medida que não compadece de razoabilidade e proporcionalidade, além de representar explícita extrapolação do balizamento legal.[206]

Em sentido diametralmente oposto, manifestou-se Marina Cortês, *in verbis*:

> O isolamento social é a prática mais valiosa no tocante à preservação da vida. Quanto menos a sociedade demandar os serviços de saúde, menor é o risco de frustração diante de um sistema indiferente e desumano, que numa cruel dicotomia, prioriza o capital e não as pessoas. (...).
> Resulta notadamente do não isolamento social a morte de centenas de milhares de pessoas cujas vidas poderiam ter sido poupadas por uma política estatal mais justa e eficaz. Sob esse aspecto, denota-se que a conotação mais liberal que atualmente tem assediado o Brasil, se afigura bastante antagônica, parecendo agudizar as desigualdades sociais.[207]

De fato, as técnicas de ponderação jurídica não são uma ciência exata que levará sempre à mesma resposta, tal como em

---

[204] BRASIL. Lei nº 13.979, de 6 de fevereiro de 2020. Dispõe sobre as medidas para enfrentamento da emergência de saúde pública de importância internacional decorrente do coronavírus responsável pelo surto de 2019. *Diário Oficial da União*: Brasília, DF, 07 fev. 2020. Disponível em: https://www.planalto.gov.br/ccivil_03/_ato2019-2022/2020/lei/l13979.htm. Acesso em 18 out. 2021.

[205] Em Belo Horizonte, por exemplo, cite-se o Decreto Municipal nº 17.523/2021.

[206] DIAS, Luciano Souto (Org.). *Repercussões da pandemia covid-19 no Direito Brasileiro*. São Paulo: JH Mizuno, 2020. p. 17.

[207] DIAS, Luciano Souto (Org.). *Repercussões da pandemia covid-19 no Direito Brasileiro*. São Paulo: JH Mizuno, 2020. p. 49-56.

uma fórmula matemática. É normal que, diante de *hard cases*, no qual temos o confronto entre princípios de igual higidez, ou entre direitos e garantias fundamentais, apareçam posições antagônicas. É o que ocorre, por exemplo, quando cotejamos direitos individuais, tal como o direito de ir e vir, com direitos coletivos, tais como a saúde pública e a preservação da vida.

Não obstante, a situação concreta deve sempre balizar a interpretação feita, já que o campo normativo do "dever-ser" não gravita dissociado do mundo real, da facticidade do "ser".

Nesse contexto, já passados mais de dois anos da pandemia, é possível afirmar que agiram acertadamente os governos (seja em nível nacional, seja internacional) que, cotejando esses direitos em colisão, optaram pelo isolamento social/*lockdown* como medida de preservação da saúde pública. Há, hoje, vasta doutrina médica e estatística que corrobora tal decisão (inclusive do próprio FMI, marcadamente defensor de políticas econômicas liberais).[208] O isolamento social retardou o contágio, postergando o esgotamento do sistema de saúde e "ganhando tempo" para o desenvolvimento de vacinas e aprimorando os tratamentos da doença, possibilitando que milhares de vidas fossem salvas.

O contra-argumento utilizado pelos críticos para considerar desproporcional o isolamento social também não se sustenta. Diversas pessoas argumentavam que, sob o pretexto de salvar vidas, não se poderia sacrificar a economia e "quebrar" empresas, consequência direta da paralisação decorrente do *lockdown*. Diversos países sucederam criando incentivos econômicos para

---

[208] Nesse sentido, confiram-se, a título de ilustração, Cf.: OMS reforça que medidas de isolamento social são a melhor alternativa contra o coronavírus. *G1*, 30 mar. 2020. Disponível em: https://g1.globo.com/jornal-nacional/noticia/2020/03/30/oms-reforca-que-medidas-de-isolamento-social-sao-a-melhor-alternativa-contra-o-coronavirus.ghtml. Acesso em 04 mai. 2021; Cf.: Estudo mostra eficiência do isolamento social contra o novo coronavírus. *UERJ*, 11 mai. 2020. Disponível em: https://www.uerj.br/noticia/11078/. Acesso em 07 jan. 2021); Cf.: Pesquisadores da UFPE comprovam eficácia do isolamento social no combate à transmissão do coronavírus. *UFPE*, 17 mar. 2021. Disponível em: https://www.ufpe.br/agencia/noticias/-/asset_publisher/dlhi8nsrz4hK/content/pesquisadores-da-ufpe-comprovam-eficacia-do-isolamento-social-no-combate-a-transmissao-do-coronavirus/40615. Acesso em 20 mar. 2021; BASÍLIO, Patrícia. Países que adotaram isolamento social rígido sofrem menos efeitos da crise global, diz FMI. *G1*, 8 out. 2020. Disponível em: https://g1.globo.com/economia/noticia/2020/10/08/paises-que-adotaram-isolamento-social-rigido-sofrem-menos-efeitos-da-crise-global-diz-fmi.ghtml. Acesso em 07 fev. 2021.

as empresas,[209] mitigando os inevitáveis prejuízos econômicos decorrentes de uma pandemia desta proporção. Ademais, estudos comprovam que os países que adotaram medidas mais rígidas de combate à Covid-19 tiveram recuperação econômica mais rápida.[210] É inegável que a atual crise econômica pela qual passa o Brasil foi agravada pela pandemia. Mas certamente não se resume a ela,[211] sendo fruto de políticas econômicas frustradas que antecedem – e ao que parece – sucederão o contexto pandêmico.

Por todo o exposto, conclui-se que a ponderação pela proporcionalidade e razoabilidade no contexto da pandemia deve guardar relação direta com as orientações da ciência e com a finalidade última da preservação da vida humana e da saúde pública.

2.5 Princípio republicano e elementos fundantes do Estado Democrático de Direito

O princípio republicano é um dos alicerces em que se estrutura o atual texto constitucional. Vale pontuar que o princípio republicano não foi erigido a cláusula pétrea expressa (art. 60, §4º, da CR/88),[212] de modo que a forma republicana de governo foi objeto de plebiscito realizado no ano de 1993 (art. 2º ADCT).

Nada obstante, fato é que o povo brasileiro optou pela forma republicana em detrimento da monarquia constitucional. Trata-se de questão cristalizada há décadas, sendo absolutamente soberana

---

[209] Cf.: Reino Unido anuncia novo pacote de ajuda de US$6,2 bilhões a empresas. *Valor Invest*, São Paulo, 5 jan. 2021. Disponível em: https://valorinveste.globo.com/mercados/internacional-e-commodities/noticia/2021/01/05/reino-unido-anuncia-novo-pacote-de-ajuda-de-us-62-bilhoes-a-empresas.ghtml. Acesso em 07 jan. 2021.

[210] FRAGA, Érica. PIB caiu menos em países que reagiram rápido à pandemia. *Folha de S. Paulo*, São Paulo, 13 mar. 2021. Disponível em: https://www1.folha.uol.com.br/mercado/2021/03/pib-caiu-menos-em-paises-que-reagiram-rapido-a-pandemia.shtml. Acesso em 14 mar. 2021.

[211] TEIXEIRA, Lucas Borges. Por que a alta inflação no Brasil não é culpa do isolamento social. *UOL*, 22 out. 2021. Disponível em: https://noticias.uol.com.br/confere/ultimas-noticias/2021/10/22/inflacao-brasil-alimentos-isolamento-social-lockdown.htm. Acesso em 23 out. 2021.

[212] BRASIL. Constituição de 1988. Constituição da República Federativa do Brasil de 1988. *Diário Oficial da União*, Brasília, DF: Presidência da República, 5 out. 1988. Disponível em: http://www.planalto.gov.br/ccivil_03/constituicao/constituicao.htm. Acesso em 15 fev. 2021.

a decisão do povo na matéria. Nesse sentido, parte considerável da doutrina considera que, atualmente, a forma republicana não pode ser suprimida sequer por emenda constitucional, tendo adquirido um status de cláusula pétrea implícita.

Adriano Pilatti afirma que "a decisão plebiscitária implica em incontestável estabelecimento de limite procedimental ao exercício do poder de reforma constitucional (...); nem mesmo o Congresso Nacional, por Emenda Constitucional poderá fazê-lo sem prévio e expresso consentimento popular".[213]

O princípio republicano encontra-se expressamente reconhecido como princípio constitucional.[214] Além disso, diversas normas constitucionais dão concretude ao princípio republicano: art. 1º (fundamentos da República Federativa); art. 3º (objetivos da República Federativa); art. 4º (princípios da República Federativa); art. 5º (direitos e garantias fundamentais); arts. 37 a 43 (organização da Administração Pública), entre inúmeros outros dispositivos. Tamanha a relevância do princípio republicano, que Walter Rothenburg chega a cogitá-lo como a "matriz comum de todos os demais princípios constitucionais fundamentais".[215]

Ainda que assim não o fosse, vale a ressalva de Marco Antônio Berberi ao consignar que o princípio republicano, "para além de poder ser extraído da Constituição, reside na sociedade e dela não pode ser subtraído por imposição de força; resultou de luta e, portanto, de conquista histórica da sociedade, o que não pode jamais ser olvidado".[216]

O conceito republicano evoluiu ao longo dos séculos, estando presente até hoje em grande parte dos Estados Democráticos de Direito, entre eles o Estado brasileiro. Insertos no princípio republicano

---

[213] PILATTI, Adriano. O princípio republicano na Constituição de 1988. In: PEIXINHO, Manoel Messias et al. (Org.). *Os princípios da Constituição de 1988*. Rio de Janeiro: Lumen Juris, 2001. p. 134.

[214] "Art. 34. A União não intervirá nos Estados nem no Distrito Federal, exceto para: (...) VII – assegurar a observância dos seguintes princípios constitucionais: a) forma republicana, sistema representativo e regime democrático (...)" (BRASIL. Constituição de 1988. Constituição da República Federativa do Brasil de 1988. *Diário Oficial da União*, Brasília, DF: Presidência da República, 5 out. 1988. Disponível em: http://www.planalto.gov.br/ccivil_03/constituicao/constituicao.htm. Acesso em 15 fev. 2021).

[215] ROTHENBURG, Walter Claudius. *Princípios constitucionais*. Porto Alegre: Sergio Antonio Fabris Editor, 1999. p. 70.

[216] BERBERI, Marco Antônio Lima. *Os princípios na teoria do Direito*. Rio de Janeiro: Renovar, 2003. p. 121.

encontram-se os ideais da Revolução Francesa: Liberdade,[217] Igualdade[218] e Fraternidade, cada um destes a merecer um compêndio próprio e que foge ao objeto do presente estudo. A fim de compreender a relevância de tal princípio, vale destacar os seus elementos estruturantes, conforme magistral lição de Adriano Pilatti:

> A República caracteriza-se por um feixe de atributos mínimos que constituem a riqueza de sua transposição como princípio fundamental positivado:
> – Afirmação radical de uma concepção igualitária de bem público, cujo titular e destinatário é o povo (...);
> – Rigorosa distinção entre o patrimônio público (que pertence coletivamente à multidão cidadã e não pode sofrer apropriação particular por quem quer que seja) e o patrimônio privado dos governantes, distinção esta que deve nortear a atuação de todos os agentes estatais, sobretudo quando traduzida em atos de gestão da coisa pública (...);
> – Eletividade dos governantes, (...) temporariedade de seus mandatos e consequente periodicidade das eleições;
> – Possibilidade de responsabilização político-jurídica de todos os agentes públicos, sem exceção, pela prática de atos lesivos ao bem público.[219]

Para concretização do princípio republicano, há grande importância da delimitação e separação entre o espaço público e o privado. Tal separação também orienta a principiologia atual: a existência de princípios de Direito Privado que coexistem com os princípios de Direito Público é a máxima consagração do princípio republicano. Nesse sentido, Geraldo Ataliba leciona que:

> Sistematicamente considerados a partir do princípio republicano surgem a representatividade, o consentimento dos cidadãos, a segurança dos

---

[217] "Ao falarmos em liberdade em sentido republicano estamos a incluir nela ainda direitos e liberdades. E estamos obviamente a falar da liberdade dos modernos, entendida no contexto de uma democracia participativa e até deliberativa, sem se perder o cunho garantístico da liberdade" (CUNHA, Paulo Ferreira da. *Nova teoria do Estado*: Estado, república e Constituição. São Paulo: Malheiros, 2013. p. 276).

[218] "Ser igual não é ser fotocópia dos demais. A igualdade, além da sua versão burguesa de igualdade perante a lei, sem compadrios, sem exceções que não sejam justificadas, sem favoritismos, sem corrupção, é mais, muito mais que isso. É hoje, sobretudo, uma expressão do Estado de bem estar social. Uma das formas de caminhar para a igualdade é o aprofundamento da justiça social (CUNHA, Paulo Ferreira da. *Nova teoria do Estado*: Estado, república e Constituição. São Paulo: Malheiros, 2013. p. 286-290).

[219] PILATTI, Adriano. O princípio republicano na Constituição de 1988. *In*: PEIXINHO, Manoel Messias *et al.* (Org.). *Os princípios da Constituição de 1988*. Rio de Janeiro: Lumen Juris, 2001. p. 129-130.

direitos, a exclusão do arbítrio, a legalidade, a relação de administração, a previsibilidade da ação estatal e a lealdade informadora da ação pública, como expressões de princípios básicos lastreadores necessários e modeladores de todas as manifestações estatais.
(...) tudo isso é reflexo necessariamente atual do magno princípio republicano, todo pronunciamento do intérprete, em cada caso concreto, não tem outro escopo senão fazer esplender, na sua maior pureza, a harmonia global do sistema jurídico, coerentemente desenvolvido em função dos fundamentais postulados entre nós institucionalizados.[220]

Paulo Ferreira da Cunha chama a atenção para os grandes perigos que ameaçam os valores republicanos, os quais devem ser vistos como ameaças ou antíteses à consagração de tal princípio, *in verbis*:

> A educação para a cidadania é tanto mais urgente quanto sabemos os perigos que hoje ameaçam os valores republicanos. Sem procurarmos ser exaustivos, elenquemos alguns deles:
> 1– A cultura do individualismo egotista e dos valores do sucesso pessoal, do dinheiro fácil, em clara oposição ao sentimento comunitário da "res publica" e ao sentido individual da honradez e do mérito pelo trabalho;
> 2– O corporativismo, o lobismo e o populismo, em oposição a uma cultura de interesse público e nacional;
> 3– O laxismo, em oposição ao corajoso exercício da autoridade democrática;
> 4– A desvalorização da cultura do serviço público e do papel do Estado, com as consequências negativas que tal acarreta para o valor da igualdade e da justiça;
> 5– A homogeneização cultural da globalização, com a sua ameaça à identidade cultural nacional;
> 6– A xenofobia e o racismo, em oposição ao sentido universal da humanidade,
> 7– O indiferentismo ou mesmo o desprezo pela política e pelos políticos, com a concomitante exaltação do econômico, em oposição à cidadania participativa;
> 8– A pseudodemocracia de opinião ou teledemocracia, com o privilégio concedido à opinião espontânea e individual, através de sondagens ou depoimentos, facilmente confundida com a totalidade de opinião, e que ignora a necessidade de mediações da participação organizada em instituições, prejudicando o debate, a reflexão pessoal e o exercício do espírito crítico (...).[221]

---

[220] ATALIBA, Geraldo. *República e Constituição*. São Paulo: Malheiros, 2007. p. 180.
[221] CUNHA, Paulo Ferreira da. *Nova teoria do Estado*: Estado, república e Constituição. São Paulo: Malheiros, 2013. p. 265.

Num contexto de pandemia e de crise, o "ser republicano" vai muito além do que uma forma de governo. Perpassa a conduta de cada indivíduo, ciente de si e de seu papel na teia social. Ser republicano é preocupar-se com sua própria saúde, mas também com a saúde do outro. Ser republicano é seguir as orientações sanitárias e das instituições científicas; é saber que o sacrifício individual, muitas vezes, é indispensável para o bem coletivo. Ser republicano é entender que a sociedade é formada pela soma de suas partes, e, por isso, cada um de nós compartilha de igual responsabilidade na construção de uma sociedade melhor. Nesse sentido, André Cyrino destaca que a legitimidade democrática não confere uma carta branca ao governante de ocasião para atuar em desrespeito à ciência,[222] às finalidades públicas e à efetivação dos princípios constitucionais, in verbis:

> Destaca-se a importância da burocracia estatal tecnocrática como barreira à atuação acientífica – e, por conseguinte, ilegítima. Quando líderes eleitos ignoram ou fingem a inexistência de orientação técnica ou consensos científicos mínimos sobre a forma de contenção de uma doença que pode colapsar o sistema de saúde, tem-se um grave caso de exercício ilegítimo de poder. Dito de outro modo, a regra da maioria não pode levar à morte de centenas de milhares de brasileiros sob o pretexto de que as políticas públicas foram formuladas por representantes legitimados pelo escrutínio eleitoral. A democracia deve funcionar sob bases racionais, sendo a busca da racionalidade, justamente, o espaço para ação do Estado Administrativo. É nesse ponto que a ciência passa a ser a base de legitimidade e o limite à atuação estatal.[223]

No lado oposto desta moeda, o antirrepublicano é aquele que se preocupa somente consigo mesmo; que ignora as determinações

---

[222] Nesse sentido, também se pronunciou o STF: "(...) Decisões administrativas relacionadas à proteção à vida, à saúde e ao meio ambiente devem observar standards, normas e critérios científicos e técnicos, tal como estabelecidos por organizações e entidades internacional e nacionalmente reconhecidas. Precedentes: ADI nº 4066 (Relatora: Min. Rosa Weber, julgado em 24 de agosto de 2017) e RE nº 627189 (Relator: Min. Dias Toffoli, julgado em 8 de junho de 2016). No mesmo sentido, a Lei nº 13.979/2020 (art. 3º, §1º), que dispôs sobre as medidas para o enfrentamento da pandemia de covid-19, norma já aprovada pelo Congresso Nacional, previu que as medidas de combate à pandemia devem ser determinadas 'com base em evidências científicas e em análises sobre as informações estratégicas em saúde' (...)" (BRASIL. Supremo Tribunal Federal (1ª Turma). Reclamação nº 31.316. Relator: Min. Marco Aurélio, 5 de agosto de 2020. Dje: Brasília, DF, 8 ago. 2020).

[223] CYRINO, André. Direito Administrativo de carne e osso – estudos e ensaios. Rio de Janeiro: Processo, 2020. p. 112.

das autoridades públicas; que faz troça da lei. O antirrepublicano trata o diferente como um indivíduo de segunda classe, enquanto se sente superior ou mais especial que os demais.

Infelizmente, durante a pandemia, vimos milhares de pessoas vestindo a "carapuça" do antirrepublicanismo: negando-se a utilizar máscaras, apesar de todas as recomendações nesse sentido; aglomerando-se em festas e eventos, quando a recomendação era pelo distanciamento social; negando ouvidos à ciência e apostando em "curandeirismos" milagreiros ou em tratamentos sem nenhuma eficácia cientificamente comprovada. Que os mais de 680 mil mortos pela Covid-19 sejam uma lembrança permanente de que o princípio republicano não se realiza de forma apartada, mas somente enquanto comunidade e coletividade. E de que, nós, brasileiros, ainda estamos longe de efetivá-lo.

2.6 Dignidade da pessoa humana

Talvez, nenhum postulado ou princípio tenha sido tão banalizado nos últimos tempos como a dignidade da pessoa humana. De jurisconsultos a calouros da Faculdade de Direito, de ministros a advogados, de professores a alunos, tal expressão se popularizou e passou a compor o vocabulário de todos aqueles que lidam, de uma forma ou de outra, com a ciência jurídica.

Num certo momento, qualquer violação à ordem jurídica, qualquer ato ilícito, passou a ser vislumbrado como um ataque à dignidade da pessoa humana. Mas, afinal, qual o correto significado e alcance de tal expressão?

Daniel Sarmento adverte que o princípio da dignidade da pessoa humana "não pode continuar sendo usado como fórmula retórica flácida, maleável de acordo com as preferências do intérprete, nem tampouco como artifício para a imposição de modelos de 'vida boa' às pessoas, ou para preservação de privilégios e hierarquias entrincheiradas".[224] Nessa linha, o presente capítulo objetivará conferir objetividade conceitual – e prática – ao princípio da dignidade da pessoa humana.

---

[224] SARMENTO, Daniel. *Dignidade da pessoa humana*: conteúdo, trajetórias e metodologia. Belo Horizonte: Editora Fórum, 2016. p. 338.

Não se desconhece o papel central que a dignidade da pessoa humana exerce em nosso atual ordenamento, notadamente quando parametrizado por uma Constituição de cunho garantista. Parte da doutrina chega a referir-se à dignidade da pessoa humana como "o princípio material supremo do ordenamento jurídico",[225] pois guardaria em si o conteúdo de inúmeros outros princípios e direitos fundamentais.[226] No entanto, há ainda grande imprecisão acerca de tal conceito.

Certo é que a dignidade da pessoa humana foi erigida a fundamento da República Federativa do Brasil (art. 1º, III, da CR/88).[227] A própria construção da Constituição de 1988, enquanto reação e superação de um contexto autoritário, seu conteúdo garantista e humanista, já nos indicam que a pessoa humana se encontra no centro, na razão de ser do atual ordenamento. Nesse sentido, são históricas as palavras de Ulysses Guimarães acerca do texto constitucional que então se construía:

> A Constituição será a guardiã da governabilidade.
> A governabilidade está no social. A fome, a miséria, a ignorância, a doença inassistida são ingovernáveis.
> A injustiça social é a negação do governo e a condenação do governo.
> (...)
> Esta será a Constituição cidadã. Porque recuperará como cidadãos milhões de brasileiros... Esta Constituição o povo brasileiro me autoriza a proclamá-la, não ficará como bela estátua inacabada, mutilada ou profanada.
> O povo nos mandou aqui para fazê-la, não para ter medo.[228]

Também a Declaração Universal dos Direitos Humanos, documento histórico firmado pela ONU no contexto pós-Segunda

---

[225] LEAL, Mônia Clarissa Hennig. *A Constituição como princípio*: os limites da jurisdição constitucional brasileira. Barueri: Manole, 2003. p. 70.

[226] Mônia Leal afirma que "a dignidade da pessoa humana realiza-se por meio do respeito aos direitos fundamentais, que, ao mesmo tempo que lhe conferem o conteúdo, são também por ela conformados, pois esses direitos somente podem ser exercidos até o limite em que não comprometam outro dos aspectos essenciais a essa mesma dignidade" (LEAL, Mônia Clarissa Hennig. *A Constituição como princípio*: os limites da jurisdição constitucional brasileira. Barueri: Manole, 2003. p. 71).

[227] BRASIL. Constituição de 1988. Constituição da República Federativa do Brasil de 1988. *Diário Oficial da União*, Brasília, DF: Presidência da República, 5 out. 1988. Disponível em: http://www.planalto.gov.br/ccivil_03/constituicao/constituicao.htm. Acesso em 15 fev. 2021.

[228] BONAVIDES, Paulo. *História do constitucionalismo no Brasil*. Brasília: OAB Editora, 2004. p. 470.

Guerra Mundial, do qual o Brasil é signatário, versou sobre o tema da dignidade da pessoa humana, conforme se verifica:

> Considerando que o reconhecimento da dignidade inerente a todos os membros da família humana e de seus direitos iguais e inalienáveis é o fundamento da liberdade, da justiça e da paz no mundo;
> (...)
> Considerando que os povos das Nações Unidas reafirmaram, na Carta, sua fé nos direitos fundamentais do ser humano, na dignidade e no valor da pessoa humana e na igualdade de direitos do homem e da mulher e que decidiram promover o progresso social e melhores condições de vida em uma liberdade mais ampla;
> (...)
> *Artigo 1*
> Todos os seres humanos nascem livres e iguais em dignidade e direitos. São dotados de razão e consciência e devem agir em relação uns aos outros com espírito de fraternidade.[229]

O princípio da dignidade da pessoa humana perpassa o entendimento de vislumbrar as pessoas não como meros indivíduos, mas como sujeitos de direitos, merecedores de justa consideração e tratamento pelos outros indivíduos e também pelas instituições – sejam elas públicas ou privadas. Conforme demonstrado, encontra-se normatizado tanto no cenário internacional quanto no ordenamento pátrio.

Por tão abrangente, estrutural e relevante, é difícil encontrar uma conceituação unívoca e precisa acerca do princípio da dignidade da pessoa humana. Nada obstante, a doutrina tem apresentado importantes contributos ao tema.

Daniel Sarmento anota com precisão que o princípio da dignidade da pessoa humana "exprime, em termos jurídicos, a máxima kantiana segundo a qual o homem deve sempre ser tratado como um fim em si mesmo e nunca como um meio. O ser humano precede o Direito e o Estado, que apenas se justificam em razão dele".[230]

---

[229] UNICEF. *Declaração Universal dos Direitos Humanos*. Adotada e proclamada pela Assembleia Geral das Nações Unidas (resolução 217 A III) em 10 de dezembro 1948. Disponível em: https://www.unicef.org/brazil/declaracao-universal-dos-direitos-humanos. Acesso em 02 abr. 2021.

[230] SARMENTO, Daniel. *A ponderação de interesses na Constituição Federal*. Rio de Janeiro: Lumen Juris, 2002. p. 59.

Em notável obra sobre o tema, Ana Paula de Barcellos discorre sobre o conceito de dignidade da pessoa humana, traduzindo que

> o conteúdo jurídico da dignidade da pessoa humana se relaciona com os chamados direitos fundamentais ou humanos. Isto é: terá respeitada a sua dignidade o indivíduo cujos direitos fundamentais forem observados e realizados, ainda que a dignidade não se esgote neles. (...) Tais direitos fundamentais são um conjunto formado pelas seguintes categorias: direitos individuais, direitos políticos e direitos sociais (...).[231]

Já Daniel Sarmento amplia o conteúdo da dignidade da pessoa humana, ao consignar que

> emergem, *prima facie*, os seguintes componentes do princípio da dignidade da pessoa humana: o valor intrínseco da pessoa, que veda a sua instrumentalização em proveito de interesses de terceiros ou de metas coletivas; a igualdade, que implica a rejeição das hierarquias sociais e culturais e impõe que se busque a sua superação concreta; a autonomia, tanto na sua dimensão privada ligada à autodeterminação individual, como na pública, relacionada à democracia; o mínimo existencial, que envolve a garantia das condições materiais indispensáveis para a vida digna; e o reconhecimento, que se conecta com o respeito à identidade individual e coletiva das pessoas nas instituições, práticas sociais e relações intersubjetivas.[232]

Depreende-se, portanto, o elevado grau de abstração e da carga valorativa inerente ao princípio da dignidade da pessoa humana. Trata-se de verdadeira viga mestra[233] das sociedades pluralistas e democráticas contemporâneas.

---

[231] BARCELLOS, Ana Paula de. *A eficácia dos princípios constitucionais*: o princípio da dignidade da pessoa humana. Rio de Janeiro: Renovar, 2002. p. 111-112.

[232] SARMENTO, Daniel. *Dignidade da pessoa humana*: conteúdo, trajetórias e metodologia. Belo Horizonte: Editora Fórum, 2016. p. 92.

[233] O próprio Sarmento adverte, no entanto, que a dignidade não se trata de um princípio absoluto. Exatamente pela dificuldade em conferir-lhe máxima efetividade, enxergar o princípio da dignidade como algo absoluto traria consequências práticas indesejáveis ou intoleráveis. Para ilustrar seu raciocínio, Sarmento cita o exemplo da realidade carcerária no Brasil, em que, sabidamente os presídios apresentam condições indignas e deploráveis. Embora o Poder Judiciário possa intervir (e venha intervindo) na tentativa de garantir condições mínimas, se o princípio da dignidade fosse tido por absoluto, a aviltante situação carcerária levaria à desproporcional proposição de que fossem liberados todos os presidiários que se encontrassem em situação precária, até que se conseguissem condições dignas de encarceramento. Tal situação também seria inaceitável, pois violaria outros postulados igualmente relevantes, a exemplo da segurança pública, da coisa julgada, da

Pela dignidade da pessoa humana, são inadmissíveis "super-humanos" num extremo, sujeitos dotados de prerrogativas odiosas e injustificáveis, merecedores de mais direitos ou mais reconhecimento que seus concidadãos. No outro extremo, também não se podem admitir seres humanos de "segunda classe", marginalizados, precarizados ou desconsiderados pelas nossas instituições ou pelo Estado.

Num contexto capitalista, que cada vez acumula mais e mais riquezas nas mãos de poucos, enquanto relega cerca de um terço da população mundial a viver abaixo da linha da pobreza, certo é que o princípio da dignidade da pessoa humana adquire um caráter distributivo e voltado para o aspecto econômico e social. Como falar em dignidade para aqueles que não têm onde morar? Como falar em dignidade para aqueles que não têm o que comer? Como falar em dignidade para os acamados sem direito a um tratamento de saúde? Como falar em dignidade para aqueles que não têm voz e que são tidos como invisíveis aos olhos de grande parte da sociedade? Como falar em dignidade para aqueles que estão sob o jugo da violência e da criminalidade?

Fica fácil perceber que a dignidade da pessoa humana se relaciona diretamente com as temáticas da igualdade material, do mínimo existencial e da própria concepção de justiça.

De fato, há uma correlação direta entre dignidade da pessoa humana, mínimo existencial[234] e o seu contraponto, a reserva do possível.[235] A concreção material do princípio em tela acaba formando

---

segurança jurídica, entre outros. Assim, Sarmento conclui sobre a tentativa de conferir status de direito absoluto à dignidade da pessoa humana: "A tese soa bem, é politicamente correta, mas, se efetivamente observada, conduz a resultados práticos inviáveis" (SARMENTO, Daniel. *Dignidade da pessoa humana*: conteúdo, trajetórias e metodologia. Belo Horizonte: Editora Fórum, 2016. p. 92).

[234] "O mínimo existencial corresponde ao conjunto de situações materiais indispensáveis à existência humana digna; existência aí considerada não apenas como experiência física – a sobrevivência e a manutenção do corpo – mas também espiritual e intelectual, aspectos fundamentais em um Estado que se pretende democrático, demandando a participação dos indivíduos nas deliberações públicas, e, de outro, liberal, deixando a cargo de cada um o seu próprio desenvolvimento. (...) Em suma: mínimo existencial e conteúdo material do princípio da dignidade da pessoa humana descrevem o mesmo fenômeno" (BARCELLOS, Ana Paula de. *A eficácia dos princípios constitucionais*: o princípio da dignidade da pessoa humana. Rio de Janeiro: Renovar, 2002. p. 198).

[235] "A expressão reserva do possível procura identificar o fenômeno econômico da limitação dos recursos disponíveis diante das necessidades quase sempre infinitas a serem por eles

um "limite à atuação ou à omissão dos poderes constituídos, em garantia das minorias e de todo e qualquer indivíduo".[236] Afinal, até onde vai a responsabilidade ou o dever estatal em assegurar condições para que seus cidadãos vivam de forma digna? Disso decorre que a dignidade da pessoa humana, enquanto possa ser auferível em situações individuais, é sobretudo uma questão coletiva, uma pauta de Estado, um norte que deve guiar governantes e políticas públicas, independentemente da matriz ideológica. Não é tema para progressistas ou conservadores, pois, independentemente do viés ideológico, encontra-se reconhecida como um fundamento da República que independe do governante de ocasião.

Nessa linha, Daniel Sarmento reconhece uma função negativa e outra positiva para o princípio da dignidade da pessoa humana:

> Pela dimensão negativa do princípio, que é concebido como limite indeclinável para a atuação do Estado. Todo e qualquer ato normativo, administrativo ou jurisdicional que se revelar atentatório à dignidade humana será inválido e desprovido de eficácia jurídica, ainda que não colida diretamente com qualquer dispositivo constitucional.
> (...)
> O princípio constitui também um norte para sua ação positiva. O Estado tem não apenas o dever de se abster de praticar atos que atentem contra a dignidade humana, como também o de promover esta dignidade através de condutas ativas, garantindo o mínimo existencial para cada humano em seu território. O homem tem sua dignidade aviltada não apenas quando se vê privado de alguma de suas liberdades, quando também não tem acesso à alimentação, educação básica, saúde, moradia, etc.[237]

Tendo em vista esse prisma da ação positiva do Estado, o que significa então dar concretude à dignidade da pessoa humana?[238]

---

supridas. Há um limite material ao exercício dos direitos" (BARCELLOS, Ana Paula de. *A eficácia dos princípios constitucionais*: o princípio da dignidade da pessoa humana. Rio de Janeiro: Renovar, 2002. p. 236).

[236] BARCELLOS, Ana Paula de. *A eficácia dos princípios constitucionais*: o princípio da dignidade da pessoa humana. Rio de Janeiro: Renovar, 2002. p. 192.

[237] SARMENTO, Daniel. *A ponderação de interesses na Constituição Federal*. Rio de Janeiro: Lumen Juris, 2002. p. 71.

[238] Deve-se ter em mente que nem toda a dimensão da dignidade da pessoa humana será preenchida pelo Direito. Existe uma parte, que diz respeito exatamente ao alcance ou à extensão de cada uma dessas prestações estatais que será ditada por escolhas políticas e pela deliberação democrática. Por exemplo, no campo da saúde pública: o que deverá ser

Conforme definição exposta, passa pela concretização dos direitos fundamentais, dos direitos políticos e dos direitos sociais. Mas, se esta ainda parece uma proposição um tanto abstrata, ao associar-se à ideia de mínimo existencial, podemos afirmar que alguns aspectos são básicos para que se fale em observância à dignidade da pessoa humana a todos indivíduos: educação fundamental, saúde básica, assistência social, moradia e alimentação, exercício de direitos políticos e acesso à justiça.

Do referido detalhamento, é fácil notar que a dignidade da pessoa humana é um princípio carente de efetividade, e que estará sempre em busca da maximização ao seu atendimento. Não só o Brasil, mas a comunidade global ainda está longe de assegurar dignidade a todos os seus concidadãos: ao redor do mundo, mais de 780 milhões de pessoas vivem abaixo do Limiar Internacional da Pobreza (com menos de 1,90 dólar por dia). Mais de 11% da população mundial vive na pobreza extrema e luta para satisfazer as necessidades mais básicas na esfera da saúde, da educação e do acesso à água e ao saneamento. Para cada 100 homens dos 25 aos 34 anos, há 122 mulheres da mesma faixa etária a viver na pobreza, e mais de 160 milhões de crianças correm o risco de continuar na pobreza extrema até 2030.[239]

Analisando a questão da dignidade da pessoa humana e os deveres prestacionais do Estado, entra em cena a discussão acerca da reserva do possível e sua relação dialética com o mínimo existencial. Paradigmático o voto proferido na ADPF nº 45, que traçou importantes balizas sobre o tema, cabendo aqui sua transcrição parcial:

> Não deixo de conferir, no entanto, assentadas tais premissas, significativo relevo ao tema pertinente à "reserva do possível" (STEPHEN HOLMES/ CASS R. SUNSTEIN, "The Cost of Rights", 1999, Norton, New York), notadamente em sede de efetivação e implementação (sempre onerosas) dos direitos de segunda geração (direitos econômicos, sociais e culturais), cujo adimplemento, pelo Poder Público, impõe e exige, deste, prestações

> fornecido gratuitamente pelo Estado? O que deverá ser adquirido pelo particular? Quais políticas de saúde pública deverão ser adotadas pelo governo? Isso irá variar de sociedade para sociedade e também de acordo com o aspecto temporal.

[239] ONU. Centro Regional de Informação para a Europa Ocidental. *Pobreza*, 2022. Disponível em: https://unric.org/pt/eliminar-a-pobreza/. Acesso em 15 fev. 2022.

estatais positivas concretizadoras de tais prerrogativas individuais e/ ou coletivas. É que *a realização dos direitos econômicos, sociais e culturais – além de caracterizar-se pela gradualidade de seu processo de concretização – depende, em grande medida, de um inescapável vínculo financeiro subordinado às possibilidades orçamentárias do Estado*, de tal modo que, comprovada, objetivamente, a incapacidade econômico-financeira da pessoa estatal, desta não se poderá razoavelmente exigir, considerada a limitação material referida, a imediata efetivação do comando fundado no texto da Carta Política. *Não se mostrará lícito, no entanto, ao Poder Público, em tal hipótese – mediante indevida manipulação de sua atividade financeira e/ ou político-administrativa – criar obstáculo artificial que revele o ilegítimo, arbitrário e censurável propósito de fraudar, de frustrar e de inviabilizar o estabelecimento e a preservação, em favor da pessoa e dos cidadãos, de condições materiais mínimas de existência.* Cumpre advertir, desse modo, que a cláusula da "reserva do possível" – ressalvada a ocorrência de justo motivo objetivamente aferível – não pode ser invocada, pelo Estado, com a finalidade de exonerar-se do cumprimento de suas obrigações constitucionais, notadamente quando, dessa conduta governamental negativa, puder resultar nulificação ou, até mesmo, aniquilação de direitos constitucionais impregnados de um sentido de essencial fundamentalidade.

(...)

Vê-se, pois, que os condicionamentos impostos, pela cláusula da "reserva do possível", ao processo de concretização dos direitos de segunda geração – de implantação sempre onerosa –, traduzem-se em um binômio que compreende, de um lado, (1) a razoabilidade da pretensão individual/social deduzida em face do Poder Público e, de outro, (2) a existência de disponibilidade financeira do Estado para tornar efetivas as prestações positivas dele reclamadas. Desnecessário acentuar-se, considerado o encargo governamental de tornar efetiva a aplicação dos direitos econômicos, sociais e culturais, que os elementos componentes do mencionado binômio (razoabilidade da pretensão + disponibilidade financeira do Estado) devem configurar-se de modo afirmativo e em situação de cumulativa ocorrência, pois, ausente qualquer desses elementos, descaracterizar-se-á a possibilidade estatal de realização prática de tais direitos. Não obstante a formulação e a execução de políticas públicas dependam de opções políticas a cargo daqueles que, por delegação popular, receberam investidura em mandato eletivo, cumpre reconhecer que não se revela absoluta, nesse domínio, a liberdade de conformação do legislador, nem a de atuação do Poder Executivo. É que, se tais Poderes do Estado agirem de modo irrazoável ou procederem com a clara intenção de neutralizar, comprometendo-a, a eficácia dos direitos sociais, econômicos e culturais, afetando, como decorrência causal de uma injustificável inércia estatal ou de um abusivo comportamento governamental, aquele núcleo intangível consubstanciador de um conjunto irredutível de condições mínimas necessárias a uma existência digna e essenciais à própria sobrevivência do indivíduo, aí, então, justificar-se-á, como precedentemente já enfatizado – e até mesmo por razões fundadas em um imperativo ético-jurídico –, a possibilidade de intervenção do Poder Judiciário, em ordem a viabilizar, a todos, o acesso aos bens cuja fruição lhes haja sido injustamente recusada pelo Estado.[240]

Assim, embora a Suprema Corte tenha reconhecido a existência das limitações prestacionais advindas da aplicação da teoria da reserva do possível, consignou também que tal raciocínio não pode ser utilizado como ardil por governantes, a fim de burlar a concretização dos aspectos basilares do mínimo existencial. Caso isso ocorra, o Judiciário estará autorizado a agir para sanar tal ilegalidade, como de fato já tem feito, a exemplo do julgado no RE nº 592.581 (Tema nº 220 de Repercussão Geral), que tratou sobre a situação carcerária no Brasil:

> I – É lícito ao Judiciário impor à Administração Pública obrigação de fazer, consistente na promoção de medidas ou na execução de obras emergenciais em estabelecimentos prisionais. II – Supremacia da dignidade da pessoa humana que legitima a intervenção judicial. III – Sentença reformada que, de forma correta, buscava assegurar o respeito à integridade física e moral dos detentos, em observância ao art. 5º, XLIX, da Constituição Federal. IV – Impossibilidade de opor-se à sentença de primeiro grau o argumento da reserva do possível ou princípio da separação dos poderes. V – Recurso conhecido e provido.[241]

Daniel Sarmento discorre sobre os elementos que compõem a reserva do possível:

> O componente fático, que diz respeito à efetiva existência de recursos necessários à satisfação do direito em jogo; o componente jurídico, que se liga à existência de autorização legal (...); e a razoabilidade da prestação, considerando os recursos existentes e todos os demais encargos que pesam sobre o Estado.[242]

---

[240] BRASIL. Supremo Tribunal Federal. Arguição de Descumprimento de Preceito Fundamental nº 45 MC. Relator: Min. Celso de Mello. *Dje*: Brasília, DF, 4 mai. 2004. Grifos do original.

[241] RE nº 592.581 (BRASIL. Supremo Tribunal Federal (Tribunal Pleno). Recurso Extraordinário nº 592.581. Relator: Min. Ricardo Lewandowski, 13 de agosto de 2015. *Dje*: Brasília, DF, 1 fev. 2016).

[242] SARMENTO, Daniel. *Dignidade da pessoa humana*: conteúdo, trajetórias e metodologia. Belo Horizonte: Editora Fórum, 2016. p. 230.

Sob o viés da reserva do possível, a dignidade da pessoa humana confronta também com o tema das escolhas trágicas, o que adquiriu especiais contornos no contexto de pandemia: se as possibilidades de atuação estatal não são infinitas, o que fazer quando se chega ao limite de atendimento dessas demandas? O exemplo emblemático que envolve tal discussão diz respeito ao esgotamento de leitos hospitalares nos momentos mais graves da pandemia. O que fazer nessa situação? Qual vida salvar? Quem sacrificar? Como maximizar o atendimento ao princípio da dignidade, ou minimizar o seu sacrifício?

A situação vivenciada na cidade de Manaus (mas não só nela, diga-se de passagem) chocou a todos nós: pessoas morrendo por falta de oxigênio nos hospitais, num total colapso do sistema de saúde pública.[243] Impossível não associar à reserva do possível. Impossível não pensar na (falta de efetivação da) dignidade de uma pessoa contaminada por Covid-19 em procurar um hospital e não conseguir atendimento. Trata-se de uma fatalidade, ou falhamos enquanto Estado de Direito?

Realmente, em um momento de colapso coletivo, a reserva do possível impõe limites ao atendimento pleno do referido princípio. O que se deve questionar aí, sob uma ótica da eficiência e boa administração, é se, realmente, tudo o que era possível de ser feito o foi.

A nosso sentir, na gestão da pandemia, o governo brasileiro, em suas mais diversas esferas, deixou a desejar na condução da maior crise de saúde pública vivenciada nos últimos 100 anos. Pensemos em quantos milhares de vidas poderiam ter sido salvas caso a Administração Pública tivesse agido preventivamente com a gravidade que a situação exigia. Isso em multiníveis: desde a plena educação e orientação da população[244] à efetiva fiscalização

---

[243] Cf.: A sucessão de erros que levou à crise de oxigênio em Manaus. *Poder 360*, 19 jan. 2021. Disponível em: https://www.poder360.com.br/brasil/a-sucessao-erros-manaus-dw/. Acesso em 04 mai. 2022.

[244] OLIVEIRA, Nelson; PIRES, Yolanda. Falta de normas claras e de ações coordenadas para distanciamento social prejudica combate à covid. *Agência Senado*, 9 abr. 2021. Disponível em: https://www12.senado.leg.br/noticias/infomaterias/2021/04/falta-de-normas-claras-e-de-acoes-coordenadas-para-distanciamento-social-prejudica-combate-a-covid. Acesso em 15 abr. 2021.

das medidas restritivas, a máxima prioridade para aquisição de vacinas[245] a um maior dinamismo na abertura de leitos e hospitais de campanha[246] etc.

É claro que em toda pandemia mortes serão inevitáveis, trata-se de um fato da vida. Outrossim, há que se pensar no vilipêndio à dignidade daqueles que, por uma ou outra escolha mais acertada, poderiam ter diferente sorte em relação a tudo o que vivemos. Mais do que nunca, a dignidade apresenta o seu aspecto central, não apenas enquanto uma pauta individual, mas sobretudo coletiva.

2.7 Os novos vetores da LINDB trazidos pela Lei nº 13.655/2018

Conforme enuncia Menelick de Carvalho, "o problema do direito moderno (...) é exatamente o enfrentamento consistente do desafio de se aplicar adequadamente normas gerais e abstratas a situações de vida sempre individualizadas, a denominada situação de aplicação".[247]

Nessa linha, os dispositivos acrescentados pela LINDB importam em uma mudança de olhar para a Administração Pública: usualmente tão preocupada em olhar para dentro de si própria, com seu funcionamento, suas regras específicas, sua supremacia e indisponibilidade.

Vale destacar que a aplicação do Direito pressupõe sempre a interpretação. Essa interpretação é que irá determinar o sentido e o alcance das expressões do Direito, para que, a partir de então,

---

[245] OLIVEIRA, Fábio. Vacinação mais ágil poderia salvar 200 mil vidas até o fim de 2021, diz estudo. *CNN Brasil*, Rio de Janeiro, 23 abr. 2021. Disponível em: https://www.cnnbrasil.com.br/saude/vacinacao-mais-agil-poderia-salvar-200-mil-vidas-ate-o-fim-de-2021-diz-estudo/. Acesso em 24 abr. 2021.

[246] BERGAMIN JÚNIOR, Giba. Funcionários denunciam falta de remédios e equipamentos em hospital de campanha para Covid-19 em SP. *G1*, 8 mai. 2020. Disponível em: https://g1.globo.com/sp/sao-paulo/noticia/2020/05/08/funcionarios-denunciam-falta-de-remedios-e-equipamentos-em-hospital-de-campanha-para-covid-19-em-sp.ghtml. Acesso em 11 set. 2020.

[247] CARVALHO NETTO, Menelick de. *Os direitos fundamentais e a (in)certeza do Direito*: a produtividade das tensões principiológicas e a superação do sistema de regras. Belo Horizonte: Editora Fórum, 2012. p. 127

realize-se o juízo de subsunção consistente em enquadrar o caso concreto à norma jurídica adequada.[248]

Em paralelo, toda interpretação se insere num determinado contexto (histórico, jurídico, político, econômico etc.), de modo que jamais haverá interpretação una, imutável ou permanente. Quanto ao tema, pontua Maria dos Santos Coura que "a reflexão sobre o sentido da norma é sempre passageira, não é absoluta, pois ela está sempre envolvida de possibilidades do próprio ser que se transforma constantemente. (...) O direito é temporal".[249]

Conforme destacado no tópico anterior, a releitura do Direito Administrativo e seus vetustos princípios passa pela superação da vinculação estrita à lei e da falsa premissa de prevalência *in abstracto* das prerrogativas e dos princípios de Direito Público. Tal superação ocorre a partir da conformação constitucional do Direito Administrativo, ou, conforme enuncia Binenbojm: "A superação do paradigma da legalidade administrativa só pode ocorrer com a substituição da lei pela Constituição como cerne da vinculação administrativa à juridicidade".[250]

Assim, em vez de os particulares ou administrados se submeterem aos ditames da supremacia, da indisponibilidade, da autoexecutoriedade etc., o que passa a ocorrer é um verdadeiro giro hermenêutico, na medida em que essas prerrogativas somente se justificam se contempladas com as leis, a Constituição e o Direito.

Porém, nem todos veem com bons olhos este movimento de sopesar as prerrogativas públicas com os direitos fundamentais constitucionalmente reconhecidos. Para José dos Santos Carvalho Filho, é evidente que o sistema jurídico assegura aos particulares garantias contra o Estado em certos tipos de relação jurídica, mas é mais evidente ainda que, como regra, deva se respeitar o interesse

---

[248] VITTA, Heraldo Garcia. *Aspectos da teoria geral do Direito Administrativo*. São Paulo: Malheiros, 2001. p. 107.

[249] COURA, Maria Rosilene dos Santos. *A concepção de princípios jurídicos na hermenêutica filosófica*. Curitiba: Juruá, 2013. p. 70.

[250] BINENBOJM, Gustavo. O sentido da vinculação administrativa à juridicidade no Direito brasileiro. *In*: ARAGÃO, Alexandre Santos de; MARQUES NETO, Floriano de Azevedo (Coord.). *Direito Administrativo e seus novos paradigmas*. Belo Horizonte: Editora Fórum, 2008. p. 159.

coletivo quando em confronto com o interesse particular".²⁵¹ E o autor arremata que a desconstrução do princípio da supremacia do interesse público "espelha uma visão distorcida e coloca em risco a própria democracia (...).²⁵²

Este raciocínio parte, no entanto, de uma falsa premissa. Não há antagonismo entre interesse público e interesse privado, entre Estado e indivíduo. Essa constatação já é suficiente, por si só, para lançar novas luzes sobre o princípio da supremacia do interesse público. Referido princípio não significa que o interesse público deve existir em detrimento ao interesse privado, mas sim em uma conexão estrutural²⁵³ em que o interesse público somente se materializa na medida em que atende e respeita também aos interesses privados.

Nesse sentido, Celso Antônio Bandeira de Mello bem enuncia que é inconcebível que haja um interesse público que seja discordante de cada um dos membros da sociedade: "Deveras, corresponderia ao mais cabal contrassenso que o bom para todos fosse o mal de cada um, isto é, que o interesse de todos fosse um anti-interesse de cada um, embora seja claro que pode haver um interesse público contraposto a um dado interesse individual (...)".²⁵⁴

O conceito de interesse público não é necessariamente oposto ao conceito de interesse privado, embora em determinadas ocasiões possam conflitar, assim como diversos interesses públicos também podem colidir entre si, tal como no clássico exemplo da colisão entre desenvolvimento econômico e proteção do meio ambiente. Nesse sentido, destacam-se as lições de Rafael Oliveira:

> Em verdade, nunca existiu um único interesse público e nem, tampouco, um interesse privado, concebidos abstratamente e de forma cerrada. Muito ao contrário, em uma sociedade pluralista, existem diversos interesses públicos e privados em constante conexão, de modo que, naturalmente, poderão emergir eventuais conflitos entre interesses

---

[251] CARVALHO FILHO, José dos Santos. *Manual de Direito Administrativo*. São Paulo: Atlas, 2018. p. 35.
[252] CARVALHO FILHO, José dos Santos. *Manual de Direito Administrativo*. São Paulo: Atlas, 2018. p. 35
[253] ÁVILA, Humberto. Repensando o princípio da supremacia do interesse público sobre o particular. *Revista Trimestral de Direito Público*, São Paulo, v. 24, 1998. p. 167.
[254] MELLO, Celso Antônio Bandeira de. *Curso de Direito Administrativo*. São Paulo: Malheiros, 2003. p. 51.

considerados públicos, entre interesses denominados privados e entre interesses públicos e privados.[255]

Ora, se múltiplos são os interesses públicos e privados, há, portanto, que realizar-se um juízo de ponderação[256] entre as prerrogativas públicas, suas normas regulamentadoras, e os demais direitos fundamentais e garantias constitucionais. Quanto ao método de ponderação na Administração Pública, Thiago Lins enuncia que:

> Na primeira etapa do processo ponderativo, o elemento da adequação impõe que a medida administrativa busque um fim constitucionalmente legítimo, e que esta medida seja adequada para a promoção deste fim (...).
> No concernente ao exame da necessidade ou exigibilidade, trata-se de teste comparativo entre as diversas medidas adequadas ao alcance do fim perseguido pela Administração Pública, de sorte a identificar a medida que menos restrição imponha ao interesse contraposto.
> Tal exame se conforma em dois momentos norteados por critérios distintos, quais sejam (i) a eficiência da medida e (ii) a intensidade de afetação do interesse contraposto.[257]

Nesse sentido, corrobora Nina Bomfim que "qualquer interferência e limitação administrativa em matéria de direitos fundamentais deverá ser justificada à luz do postulado da proporcionalidade, buscando uma solução otimizadora que prestigie, igualmente, todos os direitos com os princípios constitucionais envolvidos".[258]

---

[255] OLIVEIRA, Rafael Carvalho Rezende. *A constitucionalização do direito administrativo*: o princípio da juridicidade, a releitura da legalidade administrativa e a legitimidade das agências reguladoras. Rio de Janeiro: Lumen Juris, 2010. p. 108.

[256] "A ponderação pode ser compreendida como um método destinado a estabelecer relações de prevalência relativa entre elementos que se entrelaçam, a partir de critérios formais e materiais postos ou pressupostos pelo sistema jurídico" (BINENBOJM, Gustavo. *Uma teoria do Direito Administrativo*: direitos fundamentais, democracia e constitucionalização. Rio de Janeiro: Renovar, 2006. p. 109).

[257] MONTEIRO, Thiago Lins. Um contributo para o estudo da ponderação de interesses no direito administrativo. *In*: BATISTA JÚNIOR, Onofre Alves; CASTRO, Sérgio Pessoa de Paula (Coord.). *Tendências e perspectivas do Direito Administrativo*: uma visão da escola mineira. Belo Horizonte: Editora Fórum, 2012. p. 322.

[258] BOMFIM, Nina Laporte; FIDALGO, Carolina Barros. Releitura da auto-executoriedade como prerrogativa da Administração Pública. *In*: ARAGÃO, Alexandre Santos de; MARQUES NETO, Floriano de Azevedo (Coord.). *Direito Administrativo e seus novos paradigmas*. Belo Horizonte: Editora Fórum, 2008. p. 303.

Segue o magistério de Binenbojm:

> O postulado da proporcionalidade orienta a interpretação e a aplicação de normas no sentido de acomodar os bens jurídicos em jogo, sem que se exclua totalmente um em prol da subsistência do outro. Ou seja, dentre as opções disponíveis, todas serão otimizadas em algum nível. Este é o dever de ponderação, ao qual se liga o postulado da proporcionalidade.[259]

Exatamente para trazer mais clareza a essa ponderação indispensável na aplicação das normas de Direito Público é que veio a lume os novos dispositivos da LINDB. Vale destacar que a LINDB (Lei de Introdução às Normas do Direito Brasileiro) é considerada uma "norma de sobredireito",[260] ou seja, uma norma que regula e orienta outras normas, servindo como norte para todos os ramos do Direito.

No dia 26 de abril de 2018, foi publicada a Lei nº 13.655/2018, a qual adicionou os artigos 20 a 30 à LINDB, trazendo disposições sobre segurança jurídica e orientações de interpretação e aplicação no Direito Público, as quais trazem novos elementos para esse Direito Administrativo constitucionalizado e umbilicalmente ligado à juridicidade.

Sendo uma norma "metajurídica", a LINDB demonstra sua relevância sistêmica na medida em que, em caráter supletivo ao texto constitucional, antecipa o juízo de ponderação entre interesses coletivos e individuais, norteando como tais colisões devem ser resolvidas. A seguir apresentamos os principais dispositivos acrescentados pela Lei nº 13.655/2018, e que cumprem esse relevante intento:

> Art. 20. Nas esferas administrativa, controladora e judicial, *não se decidirá com base em valores jurídicos abstratos sem que sejam consideradas as consequências práticas* da decisão.

---

[259] BINENBOJM, Gustavo. *Uma teoria do Direito Administrativo*: direitos fundamentais, democracia e constitucionalização. Rio de Janeiro: Renovar, 2006. p. 98.

[260] BRASIL. Decreto-Lei nº 4.657, de 4 de setembro de 1942. Lei de Introdução às Normas do Direito Brasileiro. (Redação dada pela Lei nº 12.376, de 2010). *Diário Oficial da União*: Brasília, DF, 9 set. 1942, retificado em 08 out. 1942, e retificado em 17 jun. 1943. Disponível em: https://www.planalto.gov.br/ccivil_03/decreto-lei/del4657compilado.htm. Acesso em 19 abr. 2022.

Parágrafo único. A motivação demonstrará *a necessidade e a adequação da medida* imposta ou da invalidação de ato, contrato, ajuste, processo ou norma administrativa, *inclusive em face das possíveis alternativas.*
Art. 21. A decisão que, nas esferas administrativa, controladora ou judicial, decretar a *invalidação de ato*, contrato, ajuste, processo ou norma administrativa *deverá indicar de modo expresso suas consequências* jurídicas e administrativas.
Parágrafo único. A decisão a que se refere o caput deste artigo deverá, quando for o caso, indicar as condições para que a *regularização ocorra de modo proporcional e equânime* e sem prejuízo aos interesses gerais, *não se podendo impor aos sujeitos atingidos ônus ou perdas que*, em função das peculiaridades do caso, *sejam anormais ou excessivos*.[261]

Na linha do que vem sendo tratado no presente estudo, nota-se que o art. 20 da LINDB versa sobre a necessidade de se avaliarem as consequências práticas da decisão administrativa, refutando um decisionismo baseado em valores abstratos e conceitos indeterminados, a exemplo da tão comentada "supremacia do interesse público".

Em análise sobre o referido artigo, Marcelo Schenk observa que o art. 20 da LINDB

> não impede que a Administração invoque o onipresente interesse público (ou suas derivações como o bem comum, interesse social, etc.). Todavia, o art. 20 da LINDB inviabiliza que decisões administrativas sejam tomadas com fundamento somente no interesse público. Impõe-se, caso invoque o interesse público, [que] sejam exteriorizadas as razões pelas quais tal valor jurídico abstrato é subsumível ao caso concreto, bem como quais as repercussões práticas de noção abstrata, inclusive quanto à necessidade e adequação da medida imposta.[262]

Também o art. 20 explicita a importância da proporcionalidade e da ponderação, ao dispor que deve haver a análise da necessidade e adequação da medida imposta, inclusive cotejando com as possíveis alternativas. O art. 20 perfila-se à já citada teoria de Robert Alexy, dispondo que o cotejo dos princípios deve levar em conta que versam

---

[261] BRASIL. Lei nº 13.655, de 25 de abril de 2018. Inclui no Decreto-Lei nº 4.657, de 4 de setembro de 1942 (Lei de Introdução às Normas do Direito Brasileiro), disposições sobre segurança jurídica e eficiência na criação e na aplicação do direito público. *Diário Oficial da União*: Brasília, DF, 26 abr. 2018. Disponível em: https://www.planalto.gov.br/ccivil_03/_ato2015-2018/2018/lei/l13655.htm. Acesso em 23 jan. 2022.

[262] DUQUE, Marcelo Schenk. *Segurança jurídica na aplicação do Direito Público*. Salvador: JusPodivm, 2019. p. 50.

sobre mandamentos de otimização e a tentativa de satisfação dos diversos interesses no maior grau possível.

Já o art. 21, ao dispor sobre a invalidação de ato também reitera a importância de se avaliarem as consequências práticas da decisão. Vale destacar que esse consequencialismo jurídico consagrado pelos arts. 20 e 21 da LINDB já era encontrado em outros dispositivos do nosso ordenamento jurídico, a exemplo do art. 93, IX e X, da CR/88,[263] que tratam do dever de motivação e do art. 489 do CPC/15,[264] ao dispor que não se considera fundamentada a decisão que "limitar à indicação, à reprodução ou à paráfrase de ato normativo, sem explicar sua relação com a causa ou a questão decidida" ou "empregar conceitos jurídicos indeterminados, sem explicar o motivo concreto de sua incidência no caso".

Nessa linha, a doutrina administrativista complementa que "quem decide não pode ser voluntarista, usar meras intuições, improvisar ou se limitar a invocar fórmulas gerais como "interesse público". É preciso, com base em dados trazidos ao processo decisório, analisar problemas, opões e consequências reais".[265]

E o parágrafo único do art. 21 aponta que a regularização do ato deverá ocorrer de forma proporcional e equânime, não podendo impor aos indivíduos perdas ou ônus que sejam anormais ou excessivos. Novamente, entra em cena a ideia da ponderação de interesses e, na onda da constitucionalização do Direito Administrativo, que os interesses dos indivíduos sejam preservados na maior medida possível.

Dando sequência às principais inovações da LINDB para o campo do Direito Administrativo, passar-se-á à análise dos arts. 22, 23, 24 e 30:

> Art. 22. Na interpretação de normas sobre gestão pública, *serão considerados os obstáculos e as dificuldades reais do gestor* e as exigências das

---

[263] BRASIL. Constituição de 1988. Constituição da República Federativa do Brasil de 1988. *Diário Oficial da União*, Brasília, DF: Presidência da República, 5 out. 1988. Disponível em: http://www.planalto.gov.br/ccivil_03/constituicao/constituicao.htm. Acesso em 15 fev. 2021.

[264] BRASIL. Lei nº 13.105, de 16 de março de 2015. Código de Processo Civil. *Diário Oficial da União*, Brasília, DF, 17 mar. 2015. Disponível em: http://www.planalto.gov.br/ccivil_03/_ato2015-2018/2015/lei/l13105.htm. Acesso em 02 abr. 2021.

[265] MARQUES NETO, Floriano de Azevedo *et al.* Respostas aos Comentários Tecidos pela Consultoria Jurídica do TCU ao PL nº 7.448/2017. *Conjur*, [s.d.]. Disponível em: https://www.conjur.com.br/dl/parecer-juristas-rebatem-criticas.pdf. Acesso em 05 mai. 2021.

políticas públicas a seu cargo, *sem prejuízo dos direitos dos administrados*. (Regulamento)
§1º Em decisão sobre regularidade de conduta ou validade de ato, contrato, ajuste, processo ou norma administrativa, *serão consideradas as circunstâncias práticas* que houverem imposto, limitado ou condicionado a ação do agente. (Incluído pela Lei nº 13.655, de 2018)
§2º Na aplicação de sanções, serão consideradas a natureza e a gravidade da infração cometida, *os danos que dela provierem para a administração pública, as circunstâncias agravantes ou atenuantes* e os antecedentes do agente. (Incluído pela Lei nº 13.655, de 2018)
§3º As sanções aplicadas ao agente serão levadas em conta na dosimetria das demais sanções de mesma natureza e relativas ao mesmo fato.

Art. 23. A decisão administrativa, controladora ou judicial que *estabelecer interpretação ou orientação nova sobre norma de conteúdo indeterminado*, impondo novo dever ou novo condicionamento de direito, deverá prever *regime de transição* quando indispensável para que o novo dever ou condicionamento de direito *seja cumprido de modo proporcional, equânime e eficiente e sem prejuízo aos interesses gerais*.

Art. 24. A *revisão*, nas esferas administrativa, controladora ou judicial, quanto à validade de ato, contrato, ajuste, processo ou norma administrativa cuja produção já se houver completado *levará em conta as orientações gerais da época*, sendo vedado que, com base em mudança posterior de orientação geral, se declarem inválidas situações plenamente constituídas.
(...)

Art. 30. *As autoridades públicas devem atuar para aumentar a segurança jurídica na aplicação das normas*, inclusive por meio de regulamentos, súmulas administrativas e respostas a consultas.[266]

O art. 22 da LINDB novamente vincula a interpretação das normas de Direito Público aos obstáculos e às dificuldades reais do gestor, devendo levar em conta os direitos dos administrados, reforçando a ideia de retirar as prerrogativas públicas de uma ordem gravitacional própria e inseri-las dentro de um sistema ordenado e que a todo momento se ajusta, evolui, interpreta e aplica o Direito. O

---

[266] BRASIL. Decreto-Lei nº 4.657, de 4 de setembro de 1942. Lei de Introdução às Normas do Direito Brasileiro. (Redação dada pela Lei nº 12.376, de 2010). *Diário Oficial da União*: Brasília, DF, 9 set. 1942, retificado em 08 out. 1942, e retificado em 17 jun. 1943. Disponível em: https://www.planalto.gov.br/ccivil_03/decreto-lei/del4657compilado.htm. Acesso em 19 abr. 2022.

art. 22 também consagra a chamada "teoria da reserva do possível": diante de demandas exponenciais e recursos escassos e limitados, devem-se avaliar quais as reais capacidades e possibilidades do agente, o qual, com senso de realidade e "pés no chão", deve evitar utópicos modelos de Administração Pública que, de inatingíveis, vez ou outra deságuam em indevida responsabilização do servidor público diante de limitações que estão muito além do seu controle.

Em análise conjunta dos dispositivos, Marcelo Schenk bem observa que:

> Os artigos 20 e 22, somados ao art. 21 da LINDB, tornam mais robusto o ônus argumentativo tanto das "causas" quanto das "consequências" do ato decisório, que em muitas situações fáticas não será um ato isolado, mas inserido em um "ciclo decisório" (com planejamento, execução e controle) que deverá estar na íntegra submetido aos mandamentos de consideração da realidade e consideração das consequências.[267]

O art. 23 fala da hipótese em que ocorre nova interpretação de uma norma, resguardando que essa nova interpretação deva vir acompanhada de regras de transição que possibilitem o cumprimento de modo "proporcional", sem prejuízo aos demais interesses gerais. Por certo, a lógica de "dar tempo" para que se opere a transição de entendimento, ou evitar que se causem prejuízos aos interesses gerais são condicionantes que, por um lado, limitam o livre agir estatal e, por outro, dão maior concretude à segurança jurídica e à defesa dos interesses dos administrados.

Já o art. 24, ao abordar a revisão, um dos prismas da autotutela administrativa, enuncia que a revisão de um ato levará em conta as orientações gerais da época, o que consagra a ideia de segurança jurídica, proteção à confiança legítima e não surpresa também para o campo da autotutela. Conforme defende Schenk, essa segurança jurídica pode ser divisada em três prismas: previsibilidade, acessibilidade e estabilidade.[268] Claramente resultado de um Direito Administrativo constitucionalizado que preza pelo resguardo aos direitos e garantias dos indivíduos.

---

[267] DUQUE, Marcelo Schenk. *Segurança jurídica na aplicação do Direito Público*. Salvador: JusPodivm, 2019. p. 70.
[268] DUQUE, Marcelo Schenk. *Segurança jurídica na aplicação do Direito Público*. Salvador: JusPodivm, 2019. p. 117.

Por fim, o art. 30 da LINDB reitera a segurança jurídica como um dos grandes postulados e alicerces não só do Direito Administrativo, mas de todo o ordenamento jurídico. Tal dispositivo reforça a consagração de que a segurança jurídica "se situa entre os bens de maior relevância para a ciência jurídica", e que "a segurança é um valor substancial para a vida humana".[269]

Por derradeiro, merece referência o art. 28 da LINDB, que trata sobre a responsabilização dos agentes públicos, dispondo que: "O agente público responderá pessoalmente por suas decisões ou opiniões técnicas em caso de dolo ou erro grosseiro".[270]

Durante a pandemia, essa questão da responsabilidade do agente público pautou a conduta de muitos gestores públicos, os quais, preocupados com a urgência e o imediatismo das medidas que precisavam ser tomadas, temiam pela ulterior responsabilização de suas condutas. Nessa linha, os arts. 2º e 3º da MP nº 966/2020[271] vieram para reforçar o disposto no art. 28 da LINDB. A redação da MP deu origem à ADI nº 6.421, na qual o STF conferiu interpretação conforme à Constituição para consignar que o consequencialismo jurídico para responsabilização dos agentes públicos por atitudes relacionadas à condução da pandemia deve guardar observância

---

[269] DUQUE, Marcelo Schenk. *Segurança jurídica na aplicação do Direito Público*. Salvador: JusPodivm, 2019. p. 200.

[270] BRASIL. Decreto-Lei nº 4.657, de 4 de setembro de 1942. Lei de Introdução às Normas do Direito Brasileiro. (Redação dada pela Lei nº 12.376, de 2010). *Diário Oficial da União*: Brasília, DF, 9 set. 1942, retificado em 08 out. 1942, e retificado em 17 jun. 1943. Disponível em: https://www.planalto.gov.br/ccivil_03/decreto-lei/del4657compilado.htm. Acesso em 19 abr. 2022.

[271] "Art. 2º Para fins do disposto nesta Medida Provisória, considera-se erro grosseiro o erro manifesto, evidente e inescusável praticado com culpa grave, caracterizado por ação ou omissão com elevado grau de negligência, imprudência ou imperícia.
Art. 3º Na aferição da ocorrência do erro grosseiro serão considerados:
I – Os obstáculos e as dificuldades reais do agente público;
II – A complexidade da matéria e das atribuições exercidas pelo agente público;
III – A circunstância de incompletude de informações na situação de urgência ou emergência;
IV – As circunstâncias práticas que houverem imposto, limitado ou condicionado a ação ou a omissão do agente público; e
V – O contexto de incerteza acerca das medidas mais adequadas para enfrentamento da pandemia da Covid-19 e das suas consequências, inclusive as econômicas (...)" (BRASIL. Medida Provisória nº 966, de 13 de maio de 2020. Dispõe sobre a responsabilização de agentes públicos por ação e omissão em atos relacionados com a pandemia da covid-19. *Diário Oficial da União*: Brasília, DF, 14 mai. 2020, retificado em 15 mai. 2020. Disponível em: https://www.planalto.gov.br/ccivil_03/_ato2019-2022/2020/mpv/mpv966.htm. Acesso em 13 abr. 2021).

às normas e critérios científicos, bem como aos princípios constitucionais. É da tese firmada que se extrai:

> I – Configura erro grosseiro o ato administrativo que ensejar violação ao direito à vida, à saúde, ao meio ambiente equilibrado ou impactos adversos à economia, por inobservância: (i) de normas e critérios científicos e técnicos; ou (ii) dos princípios constitucionais da precaução e da prevenção; II – A autoridade a quem compete decidir deve exigir que as opiniões técnicas em que baseará sua decisão tratem expressamente: (i) das normas e critérios científicos e técnicos aplicáveis à matéria, tal como estabelecidos por organizações e entidades internacional e nacionalmente reconhecidas; e (ii) da observância dos princípios constitucionais da precaução e da prevenção, sob pena de se tornarem corresponsáveis por eventuais violações a direitos.[272]

Embora doutrinador argentino, Gordillo parece traduzir bem o sopesamento trazido pelos novos artigos da LINDB em face dos princípios de Direito Administrativo:

> Da ordem jurídica constitucional nascem em igualdade de situação e em equilíbrio necessário os direitos dos indivíduos e as atribuições do Estado; que estas últimas não têm, em nenhum caso, características suprajurídicas de "soberania" ou "império"; são simplesmente atribuições ou direitos reconhecidos pela ordem jurídica e carentes de toda peculiaridade estranha ou superior ao Direito; se estas faculdades são exercidas com excesso, se transformam em antijurídicas.[273]

Conforme restou demonstrado, os artigos da LINDB que versam sobre interpretação e eficiência das normas de Direito Público são "normas sobre normas" que nitidamente apresentam um necessário equilíbrio entre as prerrogativas públicas e a realidade fática, a segurança jurídica, os demais direitos e garantias fundamentais, a juridicidade.

Não estamos a fazer uma inversão de papéis e a afirmar que o interesse público sucumbirá ao interesse privado. Mas sim que este interesse público somente se efetivará na medida em que

---

[272] BRASIL. Supremo Tribunal Federal (Tribunal Pleno). Ação Direta de Inconstitucionalidade nº 6.421 MC. Relator: Min. Roberto Barroso, 21 de maio de 2020. *Dje*: Brasília, DF, 12 nov. 2020.
[273] GORDILLO, Agustín. *Princípios gerais de Direito Público*. São Paulo: Editora Revista dos Tribunais, 1977. p. 67.

levar em conta e sopesar os demais interesses e direitos envolvidos, tomando a decisão que melhor atenda à pluralidade de interesses. Se é certo que, vez ou outra, princípios e direitos terão seu alcance restringido, certo é que, mesmo nas limitações a direitos, estes devem ser respeitados na maior medida possível. Também é certo que, vez ou outra, o resguardo de um direito individual será exatamente o que se espera do interesse público, sendo falsa a dicotomia público x privado desenvolvida pela doutrina clássica. Tais pontos serão retomados em capítulo oportuno.

Quanto ao tema, Marçal Justen Filho expõe que:

> Afirmar que todo e qualquer conflito de interesses entre particular e Estado se resolve pela prevalência do chamado interesse público é uma afirmação inconsistente com a ordem jurídica. E assim se passa precisamente porque a Constituição contempla, antes de tudo, um conjunto de garantias em favor do particular contra o Estado. A supremacia do interesse público somente é consagrada (em níveis absolutos) em Estados totalitários, que eliminam do ser humano a condição de sujeito de direitos.[274]

Nessa linha, resta inconteste que a LINDB, ao positivar novos vetores tais como o consequencialismo, o juízo de adequação da medida, a análise de possíveis alternativas, os ajustes de modo proporcional e equânime, a proteção contra perdas excessivas, entre outros, contribuirá para impulsionar ainda mais a visão contemporânea do Direito Administrativo, a qual já vinha sendo ressignificada pelo movimento constitucionalista e pela noção de juridicidade.

Com esses ideais em mente, pode-se concluir que os dispositivos da LINDB que versam sobre Direito Público contribuirão de forma incomensurável para que, mediante correto procedimento de subsunção do fato à norma, levem-se em conta juízos de ponderação e proporcionalidade na aplicação do Direito.

Contribui assim para uma Administração Pública cada vez mais conectada com a realidade e com os desafios que o mundo moderno nos impõe, uma Administração Pública cada vez mais

---

[274] JUSTEN FILHO, Marçal. O Direito Administrativo de espetáculo. *In*: ARAGÃO, Alexandre Santos de; MARQUES NETO, Floriano de Azevedo (Coord.). *Direito Administrativo e seus novos paradigmas*. Belo Horizonte: Fórum, 2008. p. 79.

previsível e calcada em parâmetros normativos objetivos, e, assim sendo, para um Direito Administrativo que reverencie o texto constitucional, trazendo mais e mais segurança jurídica para os seus agentes e para os administrados.

CAPÍTULO 3

A IMPORTÂNCIA CENTRAL DOS PRINCÍPIOS ADMINISTRATIVOS CONSTITUCIONAIS

É preciso ter em mente que o Direito Administrativo possui princípios de alcance geral, por exemplo, os tão enunciados princípios da legalidade, da impessoalidade, da moralidade, da publicidade e da eficiência dispostos no art. 37 da CR/88.[275] Para além destes, existem princípios específicos para determinados tipos normativos, a exemplo dos princípios que regem o processo administrativo, as licitações públicas, os serviços públicos, a organização administrativa etc.

À miríade dos princípios, gerais e específicos que regem a Administração, podemos afirmar que há um cipoal de normas e axiomas que regulamentam o Direito Público. A título de ilustração, confiram-se tão somente os princípios enunciados pela Lei de Processo Administrativo Federal, a Lei nº 9.784/99:

> Art. 2º A Administração Pública obedecerá, dentre outros, aos princípios da legalidade, finalidade, motivação, razoabilidade, proporcionalidade, moralidade, ampla defesa, contraditório, segurança jurídica, interesse público e eficiência.[276]

---

[275] BRASIL. Constituição de 1988. Constituição da República Federativa do Brasil de 1988. *Diário Oficial da União*, Brasília, DF: Presidência da República, 5 out. 1988. Disponível em: http://www.planalto.gov.br/ccivil_03/constituicao/constituicao.htm. Acesso em 15 fev. 2021.
[276] BRASIL. Lei nº 9.784, Lei nº 9.784, de 29 de janeiro de 1999. Regula o processo administrativo no âmbito da Administração Pública Federal. *Diário Oficial da União*: Brasília, DF, 01 fev. 1999, retificado em 11 mar. 1999. Disponível em: http://www.planalto.gov.br/ccivil_03/leis/l9784.htm. Acesso em 15 fev. 2021.

Há especial enfoque nos tradicionais princípios da Administração Pública que denotam o poder de império estatal e que, historicamente, foram responsáveis pela construção de uma relação rígida e hierarquizada[277] entre o Estado e os administrados. Celso Antônio Bandeira de Mello bem observa que "a própria maneira de apresentar o Direito Administrativo concorre para engendrar uma apreensão de seu conteúdo mais vincada pela ideia de 'poderes' que comandam os administrados, ao invés de sublinhar os "deveres" que se impõem aos administradores".[278] E a principiologia clássica do Direito Administrativo, ao apresentar postulados ligados à "supremacia", "indisponibilidade", "autoexecutoriedade" do poder público, contribui e corrobora para tal visão distorcida acerca do Direito Administrativo.

No atual capítulo iremos abordar os princípios administrativos que encontram-se enunciados no art. 37 da Constituição Federal. Em se tratando de Administração Pública, tais princípios são os balizadores centrais para o agir estatal, sendo indispensável o juízo crítico sobre a evolução e as perspectivas que se avizinham.

3.1 Legalidade e juridicidade

O princípio da legalidade, na acepção moderna que o temos, está diretamente ligado ao conceito de Estado de Direito. Isso não quer dizer que não existam leis seculares e milenares que antecedem, e muito, o Estado de Direito, a exemplo das leis romanas, do *corpus iuris civilis*, do Código de Hamurabi, da Magna Carta de João Sem-Terra, entre outros. O ponto é que, nessas diferentes realidades, a forma de criação e aplicação das leis era bem diferente do que temos hoje, de tal forma que a conceituação do princípio da legalidade deve estar atrelada ao momento histórico em que se insere.

---

[277] "A posição de supremacia do interesse público sobre o privado é metaforicamente expressada através da afirmação de que vigora a verticalidade nas relações entre Administração e particulares; ao contrário da horizontalidade típica da relação entre particulares" (MELLO, Celso Antônio Bandeira de. *Curso de Direito Administrativo*. São Paulo: Malheiros, 2003. p. 61).

[278] MELLO, Celso Antônio Bandeira de. *Curso de Direito Administrativo*. São Paulo: Malheiros, 2003. p. 39.

O princípio da legalidade adquire seus atuais contornos a partir da superação de um modelo de Estado Absoluto, em que o próprio governante editava e fazia cumprir as leis a seu bel-prazer. Nesse sentido, Lúcia Valle Figueiredo observa que:

> A concepção do Estado de Direito deu-se em oposição ao que outrora se concebeu como Estado Absoluto, no qual o soberano ditava suas próprias regras (...). Identifica-se o Estado de Direito, primeiramente em face da existência de regras, emanadas de órgão (poder) criado com essa finalidade, as quais vinculam e subordinam as condutas de todos os indivíduos e do próprio Estado.[279]

Do império do arbítrio ou da autoridade, passa-se ao império da Lei. Carl Schimitt bem delimita essa acepção ao lecionar que:

> Imperio de la ley significa, ante todo y en primer término, que el legislador mismo queda vinculado a su propia ley y que su facultad de legislar no es el medio para una dominación arbitraria. La vinculación del legislador a la ley es posible, sin embargo, solo em tanto que la ley es una norma con ciertas propriedades: rectitud, razonabilidad, justicia, etc. La vinculación a la ley es una expresión sin sentido si aquellos puderen hacer leyes arbitrarias.[280]

Comumente, o princípio da legalidade é vislumbrado sob a ótica privatista, no sentido de que o indivíduo pode fazer tudo aquilo que a lei não proíbe. Sob o aspecto publicista, a legalidade adquire outros contornos: a Administração só pode fazer aquilo que a lei autoriza, há um verdadeiro regime de conformidade ao comando legal. Nesse sentido, Celso Antônio Bandeira de Mello leciona que o princípio da legalidade "é o da completa submissão da Administração às leis. Esta deve tão somente obedecê-las, cumpri-las, pô-las em prática (...)[;] além de não poder atuar *contra legem* ou *praeter legem*, a Administração só pode agir *secundum legem*".[281]

---

[279] FIGUEIREDO, Lúcia Valle (Org.). *Princípios informadores do Direito Administrativo.* São Paulo: NDJ, 1997. p. 91.
[280] SCHMITT, Carl. *Teoria de la Constitución.* Madri: Editora Revista de Derecho Privado, 1934. p. 161.
[281] MELLO, Celso Antônio Bandeira de. *Curso de Direito Administrativo.* São Paulo: Malheiros, 2003. p. 92.

A Constituição Federal aborda o princípio da legalidade em diversos momentos, a exemplo do art. 5º, II, ao estabelecer que "ninguém será obrigado a fazer ou deixar de fazer alguma coisa senão em virtude de lei";[282] no *caput* do art. 37, que dispõe que a legalidade é um dos princípios vetores da Administração Pública, ao fundamentar o controle externo das contas públicas no art. 70 da CR/88, como fundamento para impetração do mandado de segurança e *habeas corpus* (art. 5º, LXVIII e LXIX),[283] entre outros casos.

Também a legislação infraconstitucional permeia o princípio da legalidade. São exemplos a Lei nº 4.717/65, que regula a Lei de Ação Popular (cabível para pleitear a anulação ou a declaração de nulidade de atos lesivos ao patrimônio da Administração Pública);[284] a Lei de Improbidade Administrativa (Lei nº 8.429/92), ao dispor que: "Art. 11. Constitui ato de improbidade administrativa que atenta contra os princípios da Administração Pública a ação ou omissão dolosa que viole os deveres de honestidade, de imparcialidade e de legalidade (...)";[285] a Lei de Processo Administrativo Federal (Lei nº 9.784/99): "A Administração Pública obedecerá, entre outros, aos princípios da legalidade" e "a Administração deve anular seus próprios atos, quando eivados de vício de legalidade (...)";[286] a nova Lei de Licitações (Lei nº 14.133/2021): "Na aplicação desta Lei, serão observados os princípios da legalidade (...)" e no " controle prévio

---

[282] BRASIL. Constituição de 1988. Constituição da República Federativa do Brasil de 1988. *Diário Oficial da União*, Brasília, DF: Presidência da República, 5 out. 1988. Disponível em: http://www.planalto.gov.br/ccivil_03/constituicao/constituicao.htm. Acesso em 15 fev. 2021.

[283] BRASIL. Constituição de 1988. Constituição da República Federativa do Brasil de 1988. *Diário Oficial da União*, Brasília, DF: Presidência da República, 5 out. 1988. Disponível em: http://www.planalto.gov.br/ccivil_03/constituicao/constituicao.htm. Acesso em 15 fev. 2021.

[284] BRASIL. Lei nº 4.717, de 29 de junho de 1965. Regula a ação popular. *Diário Oficial da União*: Brasília, DF, 05 jul. 1965, republicado em 08 abr. 1974. Disponível em: https://www.planalto.gov.br/ccivil_03/leis/l4717.htm. Acesso em 14 dez. 2020.

[285] BRASIL. Lei nº 8.429, de 2 de junho de 1992. Dispõe sobre as sanções aplicáveis aos agentes públicos nos casos de enriquecimento ilícito no exercício de mandato, cargo, emprego ou função na administração pública direta, indireta ou fundacional e dá outras providências. (...). Dispõe sobre as sanções aplicáveis em virtude da prática de atos de improbidade administrativa, de que trata o §4º do art. 37 da Constituição Federal; e dá outras providências. *Diário Oficial da União*: Brasília, DF, 03 jun. 1992. Disponível em: https://www.planalto.gov.br/ccivil_03/leis/l8429.htm. Acesso em 13 abr. 2021.

[286] BRASIL. Lei nº 9.784, Lei nº 9.784, de 29 de janeiro de 1999. Regula o processo administrativo no âmbito da Administração Pública Federal. *Diário Oficial da União*: Brasília, DF, 01 fev. 1999, retificado em 11 mar. 1999. Disponível em: http://www.planalto.gov.br/ccivil_03/leis/l9784.htm. Acesso em 15 fev. 2021.

de legalidade ao final da fase preparatória do Edital de licitação (...)",[287] entre outros exemplos.

Atualmente, afigura-se como um dos princípios mais complexos, desdobrando-se e ganhando nuances próprias para cada ramo do Direito. Com efeito, no Direito Penal temos o princípio do *nulla pena sine lege*; no Direito Tributário, a legalidade adquire contornos específicos, e assim por diante. A abordagem de princípio tão multifacetado e relevante se dá sem a menor pretensão de esgotamento, lançando luzes mais apuradas sobre a legalidade nas relações que envolvem a Administração Pública.

Manuel Maria Diez discorre que o princípio da legalidade possui um significado positivo e outro negativo, *in verbis*:

> O significado negativo estabelece que: a) os regulamentos não podem contrariar as leis formais, vale dizer, não podem exceder seus limites; b) os atos individuais não podem contrariar as leis formais, nem os regulamentos; c) em sua atuação, a Administração não deve exceder as normas que regulam a competência; d) toda a atividade da Administração deve desenvolver-se sem violar os princípios de direito. No sentido positivo, o princípio da legalidade significa: a) respeito da Administração à reserva de lei. Vale dizer, então, que a Administração não deve intervir em questões referentes à liberdade, à propriedade, à criação de impostos, à aplicação de penas, etc.: podemos dizer, em resumo, que a Administração (em sua função executiva) deve respeitar sempre a zona da denominada de reserva legal; b) a atividade administrativa deve respeitar os princípios de justiça material; c) o legislador pode habilitar a Administração para que emita regulamentos delegados ou determinados atos concretos; a habilitação para os primeiros não autoriza a realizar os segundos e vice-versa.[288]

Juarez Freitas bem observa que o princípio da legalidade "deve operar como firme anteparo contra os subjetivismos arbitrários de todos os matizes, visto que toda arbitrariedade é autocontraditória e antijurídica".[289] E tal raciocínio se aplica perfeitamente ao campo privado, mas também ao Direito Público.

---

[287] BRASIL. Lei nº 14.133, de 1 de abril de 2021. *Diário Oficial da União*: Brasília, DF, 01 abr. 2021. Disponível em: https://www.planalto.gov.br/ccivil_03/_ato2019-2022/2021/lei/L14133.htm. Acesso em 03 set. 2021.

[288] PAZZAGLINI FILHO, Marino. *Princípios constitucionais reguladores da administração pública*. São Paulo: Atlas, 2000. p. 25.

[289] FREITAS, Juarez. *O controle dos atos administrativos e os princípios fundamentais*. São Paulo: Malheiros, 2004. p. 44.

É relativamente recente o prisma da legalidade erigido ao campo da administração pública, enquanto verdadeiro balizador e limitador da atividade estatal, elemento indispensável para suprimir os arbítrios do governante de Estado e para divisar, de forma bem clara, os traços distintos entre a vontade do gestor e a vontade de Estado, bem como o cotejo desta mesma legalidade com outros princípios igualmente fundamentais. Quanto ao tema, Almiro do Couto e Silva bem observa que:

> Só há relativamente pouco tempo é que passou a considerar-se que o princípio da legalidade da Administração Pública, até então tido como incontrastável, encontrava limites na sua aplicação, precisamente porque se mostrava indispensável resguardar, em certas hipóteses, como interesse público prevalecente, a confiança dos indivíduos em que os atos do Poder Público, que lhes dizem respeito e outorgam vantagens, são atos regulares, praticados com a observância das leis.[290]

Hely Lopes Meirelles resumiu a vinculação da Administração Pública à legalidade ao lecionar que "na Administração Pública não há liberdade nem vontade pessoal. Enquanto na administração particular é lícito fazer tudo que a lei não proíbe, na Administração Pública só é permitido fazer o que a lei autoriza".[291] De igual forma, Waldo Fazzio Júnior observa que quem governa são as leis:[292] "Por isso, quem administra só pode fazer o que a lei determina. O *secundum legem* é a norma. Materializar a vontade da lei é a vocação congênita da Administração, em todos os níveis".[293]

No ordenamento brasileiro, esse mantra de observância do princípio da legalidade a qualquer custo deu origem a duas súmulas do STF, ambas oriundas do autoritário período em que por aqui predominava uma ditadura militar. Trata-se das Súmulas nº 473 e 346 do STF, ambas válidas até hoje, mas que, com o passar do tempo

---

[290] COUTO E SILVA, Almiro do Couto. *Conceitos fundamentais do Direito no Estado Constitucional*. São Paulo: Malheiros, 2015. p. 21.

[291] MEIRELLES, Hely Lopes. *Direito administrativo brasileiro*. São Paulo: Malheiros, 1990. p. 89.

[292] Nessa linha, Marino Pazzaglini Jr.: "O princípio da legalidade é a pedra de toque do Estado de Direito e pode ser traduzido na máxima: a Administração Pública só pode atuar conforme a lei. O *praeter legem* e o *contra legem* não encontram lugar na atividade pública, pois seus agentes somente podem agir *secundum legem*" (PAZZAGLINI FILHO, Marino. *Princípios constitucionais reguladores da administração pública*. São Paulo: Atlas, 2000. p. 23).

[293] FAZZIO JÚNIOR, Waldo. *Fundamentos de Direito Administrativo*. São Paulo: Atlas, 2002. p. 19.

e com a redemocratização e a consolidação do Estado Democrático de Direito, passaram a demandar releituras e temperamentos. De acordo com a redação originária das súmulas:

> Súmula 346 – A Administração Pública pode declarar a nulidade dos seus próprios atos.
> (...)
> Súmula 473 – A administração pode anular seus próprios atos, quando eivados de vícios que os tornam ilegais, porque deles não se originam direitos; ou revogá-los, por motivo de conveniência ou oportunidade, respeitados os direitos adquiridos, e ressalvada, em todos os casos, a apreciação judicial.[294]

Tais súmulas, quando conjuntamente analisadas, ilustram o princípio da autotutela (a ser detalhado em tópico próprio), bem como conferem um poder-dever à Administração Pública para anular os seus próprios atos – independentemente de prévia apreciação judicial – quando esses atos possuírem algum vício de ilegalidade.

Tal disposição é até lógica em certo sentido, visto que a Administração não existe fora do campo da lei e do Direito, devendo guardar reverência e observância ao ordenamento posto, seus princípios e valores. Por outro lado, tal prerrogativa deve ser analisada com seus devidos temperamentos,[295] sob pena de retornarmos a um modelo de Estado Absoluto que tudo pode e que demanda uma subserviência cega de seus súditos. Não mais é assim.

Não por acaso, a própria "lei maior" do nosso ordenamento enuncia, em seu art. 5º, XXXVI, que nem mesmo "a lei não prejudicará o direito adquirido, o ato jurídico perfeito e a coisa

---

[294] BRASIL. Supremo Tribunal Federal. *Súmula do STF* (atualizado em 1º de dezembro de 2017). Brasília, DF: Poder Executivo, 2017c. Disponível em: https://www.stf.jus.br/arquivo/cms/jurisprudenciaSumula/anexo/Enunciados_Sumulas_STF_1_a_736_Completo.pdf. Acesso em 06 ago. 2021.

[295] Prova disso encontra-se nos julgados mais recentes da Suprema Corte, a exemplo do julgamento do Tema nº 138, que fixou a seguinte tese: "Ao Estado é facultada a revogação de atos que repute ilegalmente praticados; porém, se de tais atos já tiverem decorrido efeitos concretos, seu desfazimento deve ser precedido de regular processo administrativo" (Tese definida no RE nº 594.296, Tema nº 138) (BRASIL. Supremo Tribunal Federal (Tribunal Pleno). Recurso Extraordinário nº 594.296. Relator: Min. Dias Toffoli, 21 de setembro de 2011. *Dje*: Brasília, DF, 13 fev. 2012).

julgada".[296] Assim, a conjugação de tais fatores leva à conclusão de que o múnus revisional da Administração e a busca pela atuação conforme a lei não podem atacar situações já consolidadas, devendo respeitar direitos e formas já estabelecidas.

Devemos observar, portanto, que nem mesmo a legalidade deve ser vislumbrada como uma máxima absoluta. A título de ilustração, a proteção da confiança legítima[297] mostra-se como um claro limitador[298] à busca incessante pela legalidade.[299] Mesmo atos ilegais praticados pelo Estado devem ser validados quando geram consequências jurídicas, benefícios ou vantagens

---

[296] BRASIL. Constituição de 1988. Constituição da República Federativa do Brasil de 1988. *Diário Oficial da União*, Brasília, DF: Presidência da República, 5 out. 1988. Disponível em: http://www.planalto.gov.br/ccivil_03/constituicao/constituicao.htm. Acesso em 15 fev. 2021.

[297] Ressalva-se que há casos em que a proteção à confiança não se sobrepõe à observância do princípio da legalidade, tal como decidiu o STF ao analisar a situação de um candidato que fora nomeado fora do prazo de validade do concurso público: "Não subsiste o direito alegado pelo recorrido, visto ser impossível atribuir-se legitimidade a qualquer convocação para investidura em cargo público não comissionado realizada depois de expirado o prazo de validade do certame após a promulgação da Constituição Federal de 1988, sob pena de se transpor a ordem constitucional e de se caminhar de encontro aos ditames preconizados pelo Estado Democrático de Direito. Entendo, por conseguinte, não ser possível invocar os princípios da confiança e da boa-fé para amparar a presente demanda, uma vez que a matéria em questão está inserida na ordem constitucional, a todos imposta de forma equânime (...)" (BRASIL. Supremo Tribunal Federal (2ª Turma). ARE nº 899.816 AgR. Relator: Min. Dias Toffoli, 7 de março de 2017. *Dje*: Brasília, DF, 24 mar. 2017).

[298] Em ação discutindo a revisão da "pensão de filha solteira", o STF impediu o ímpeto revisional estatal com base no princípio da confiança, sendo este um limitador à busca incessante pela legalidade a todo custo: "O regramento vigente à época dos fatos reconhecia o direito ao pensionamento em tela. Necessidade de se respeitar o princípio da segurança jurídica, na sua vertente subjetiva que é a proteção da confiança legítima, notadamente porque a condição de pensionista foi reconhecida em 19.09.1986 (...)" (BRASIL. Supremo Tribunal Federal (1ª Turma). AgRg no ARE nº 704.882. Relator: Min. Luiz Fux 18 de dezembro de 2012. *Dje*: Brasília, DF, 19 fev. 2013).

[299] Nesse sentido, o STJ prestigiou a proteção à confiança ao julgar o Tema nº 531, relativo à discussão sobre a necessidade de devolução ao erário de parcelas eventualmente recebidas por servidor público: "(...) quando a Administração Pública interpreta erroneamente uma lei, resultando em pagamento indevido ao servidor, cria-se uma falsa expectativa de que os valores recebidos são legais e definitivos, impedindo, assim, que ocorra desconto dos mesmos, ante a boa-fé do servidor público". Vale ressaltar que, recentemente, o STJ propôs uma reanálise de tal tese, instituindo elemento de distinção entre "erro de interpretação da lei" e "erro operacional", a qual restou consubstanciada no Tema nº 1.009, com modulação de efeitos para a partir da fixação da nova tese: "Os pagamentos indevidos aos servidores públicos decorrentes de erro administrativo (operacional ou de cálculo), não embasado em interpretação errônea ou equivocada da lei pela Administração, estão sujeitos à devolução, ressalvadas as hipóteses em que o servidor, diante do caso concreto, comprova sua boa-fé objetiva, sobretudo com demonstração de que não lhe era possível constatar o pagamento indevido (...)" (BRASIL. Superior Tribunal de Justiça. Recurso Especial nº 1.7693.06. Relator: Min. Benedito Gonçalves, 10 de março de 2021. *Dje*: Brasília, DF, 19 maio 2021).

a terceiros de boa-fé, que acreditavam na legitimidade e na legalidade daquele ato.

Assim, em determinadas circunstâncias é possível – e desejável – que mesmo um ato ilegal permaneça estanque no universo jurídico, pois assim estar-se-á prestigiando outros valores igualmente fundamentais, a exemplo da presunção de legitimidade dos atos administrativos, a segurança jurídica e o seu desdobramento enquanto proteção à confiança legítima, a boa-fé.

Almiro do Couto e Silva bem observa que não se pode admitir que injustiças sejam feitas em nome da legalidade. Para evitar tal situação, o princípio da legalidade deve ser cotejado com princípios de igual higidez, a exemplo do princípio da segurança jurídica. Nessa toada, o renomado autor conclui que "os atos inválidos praticados pela Administração Pública, quando permanecem por largo tempo, com a tolerância do Poder Público, dando causa a situações consolidadas, beneficiando particulares de boa-fé, convalidam, convalescem ou sanam".[300]

Ricardo Guastini observa que a acepção contemporânea do princípio da legalidade abarca ao menos três prismas: a) o princípio da preferência da lei (é inválido todo ato do poder público que contraste a lei); b) o princípio da legalidade em sentido formal (é inválido todo ato do poder público que não seja expressamente autorizado por lei); c) o princípio da legalidade em sentido substancial (é inválida – constitucionalmente ilegítima – toda lei que confira um poder sem discipliná-lo completamente).[301] Esta faceta da legalidade substancial se aproxima do atual conceito de juridicidade, muito difundido na doutrina pátria.

Outro ponto que merece destaque diz respeito à dicotomia entre legalidade e juridicidade, sendo a última um conceito mais amplo e que engloba aquele. Assim, evoluiu a doutrina em falar em observância à legalidade, o que poderia ser compreendido como uma observância formal à lei, para falar-se em uma observância formal e substancial à norma. É dizer: administrados e Administração devem

---

[300] COUTO E SILVA, Almiro do Couto. *Conceitos fundamentais do Direito no Estado Constitucional*. São Paulo: Malheiros, 2015. p. 40.
[301] Bertoncini citado por: GUASTINI, Ricardo. *Princípios de Direito Administrativo brasileiro*. São Paulo: Malheiros, 2002. p. 91.

reverências à lei e ao Direito. Explicando tal distinção conceitual, Carmén Lúcia Antunes discorre que:

> A preferência que se confere à expressão desse princípio da juridicidade e não apenas ao da legalidade como antes era afirmado, é que, ainda que se entenda esta em sua generalidade (e não na especificidade da lei formal), não se tem a inteireza do Direito e a grandeza da Democracia, de seu conteúdo, como se pode e se tem naquele. Se a legalidade continua a participar da juridicidade a que se vincula a Administração Pública – e é certo que assim é –, esta vai muito além da legalidade, pois afirma-se em sua autoridade pela legitimidade de seu comportamento, que não se contém apenas na formalidade das normas jurídicas, mas sim consideradas na integralidade do ordenamento de Direito.[302]

Nessa toada, o princípio da legalidade deve ser analisado em sua acepção mais ampla. A violação à lei não ocorrerá tão somente quando houver inobservância a uma regra de Direito. Mais que isso, ilegal também será o ato que negligencie princípios jurídicos, normas programáticas ou que distorça a finalidade de uma norma. Supera-se, portanto, a visão legalista/positivista em prol de uma acepção sistêmica. Ao postulado da legalidade estrita passa-se ao postulado da juridicidade.

Calha à fiveleta a advertência de Crisafulli a propósito dos "perigos ínsitos a uma interpretação relegada à livre observância dos princípios do bom-senso".[303] A esta altura, ganha relevo também a hegemonia do princípio da juridicidade, com a submissão ao Direito e não simplesmente ao legalismo estéril, como pontifica Juarez Freitas:

> Assim, a subordinação da Administração Pública não é apenas à lei. Deve haver respeito à legalidade sim, mas encartada no plexo de características e ponderações que a qualifiquem como sistematicamente justificável. Não quer dizer que se possa alternativamente obedecer à lei ou ao Direito. Não. A legalidade devidamente requer uma observância cumulativa dos princípios em sintonia com a teleologia constitucional. A justificação apresenta-se menos como submissão do que como respeito

---

[302] ROCHA, Carmén Lúcia Antunes. *Princípios constitucionais da administração pública*. Belo Horizonte: Del Rey, 1994. p. 69.
[303] CRISAFULLI, Vezio. Il princípio costituzionali dell'interpretazione ed applicazione delle leggi. *In*: AUTORI VARI. *Scritti Giuridici in Onore di S. Romano*. Padova: Cedam, 1939. v. I, p. 14.

fundado e racional. Não é servidão ou vassalagem, mas acatamento pleno e concomitante à lei ao Direito.[304]

Em doutrina atualizada, colhe-se a ensinança de Rafael Carvalho Rezende Oliveira, segundo o qual "a ilegalidade deve ser considerada em seu sentido amplo (juridicidade) para abranger toda e qualquer violação ao ordenamento jurídico (regras e princípios)".[305]
Efetivamente, no atual estágio do conceito de Estado Democrático de Direito, não se pode negar a positivação do princípio da subordinação da Administração Pública brasileira ao Direito, e não somente à lei *stricto sensu*. À evidência na contemporaneidade que presenciamos a desmistificação da legalidade estrita e dogmática, cedendo passo agora à consagração do princípio da juridicidade. É dizer, os atos da Administração Pública devem estar conforme o sistema jurídico adotado, com suas normas e com os princípios explícitos e implícitos que informam o conteúdo material da noção do conceito de Estado Democrático de Direito, princípios baseados em valores que a sociedade política deseja preservar.

O insigne administrativista Sérgio de Andréa Ferreira assim se expressou, no rigor lógico de seu raciocínio científico:

> Portanto, nós, que sempre fomos influenciados pelo positivismo jurídico, pelo endeusamento da regra escrita, temos que nos desvencilhar desses grilhões para podermos, com muito mais liberdade e com o espírito permanentemente crítico, pensar, interpretar e dentro das nossas funções executarmos e aplicarmos o Direito Administrativo. Porque, do contrário, estaremos fazendo um Direito Administrativo encastelado em uma torre de marfim, assexuado, distanciado da realidade brasileira.[306]

Nessa senda, o STF bem consignou que:

> Resta superado o posicionamento tradicional de que não cabe ao Poder Judiciário sindicar os atos da Administração Pública, uma

---

[304] FREITAS, Juarez. *O controle dos atos administrativos e os princípios fundamentais*. São Paulo: Malheiros, 2004. p. 43-44.

[305] OLIVEIRA, Rafael Carvalho Rezende. *Curso de Direito Administrativo*. São Paulo: Editora Método, 2016. p. 816.

[306] FERREIRA, Sérgio de Andréa. Atos administrativos – elementos – poder discricionário e o princípio da legalidade – limites da convalidação – formas de extinção. *Boletim de Direito Administrativo*, São Paulo, v. 13, n. 5, 1997, p. 321-326.

vez que não há mais falar em Princípio da Legalidade *stricto sensu*, mas em juridicidade, a impor conduta administrativa pautada não somente por 'lei', mas nos princípios explícitos e implícitos inseridos no Texto Constitucional. Ao colocar a Ordem Constitucional como finalidade máxima à atuação harmônica e conjunta das funções estatais, afigura-se absolutamente viável a persecução dos direitos e garantias fundamentais, por intermédio do processo judicial, mesmo porque, ao se ter por pressuposto a normatividade plena do Texto Maior, não pode haver qualquer impeditivo à discussão e implementação de princípios constitucionalizados.[307]

Durante a pandemia de Covid-19, o princípio da legalidade foi utilizado diversas vezes como escusa para aqueles que se negavam a cumprir as medidas restritivas criadas pelos governos locais. Era comum alegarem que "decreto não pode criar obrigações ou inovar no ordenamento jurídico".[308] Assim, imposições de uso de máscara ou outras regulamentações que eram normatizadas via decreto, pretensamente, violariam o princípio da legalidade.

Por mais que a premissa esteja correta, visto que decretos são atos normativos secundários e que não podem inovar no ordenamento, o silogismo não se concretiza. Isso porque, em relação às medidas restritivas para combate à Covid-19, há uma série de normas, de abrangência nacional, autorizando tais medidas, sendo a mais famosa delas a Lei nº 13.979/2020. Desta feita, os decretos que, por exemplo, normatizaram o uso de máscaras nada mais são do que medidas de efeito concreto que destrincham uma previsão legal.

Somado a isso, parte da doutrina passou a referir-se a um princípio da "extralegalidade administrativa"[309] no contexto de

---

[307] BRASIL. Supremo Tribunal Federal. ARE nº 982.566. Relator: Min. Ricardo Lewandowski, 6 de outubro de 2017. *Dje*: Brasília, DF, 2017.

[308] "Apenas uma lei pode estabelecer uma obrigação. Um decreto pode apenas determinar a forma de execução e é inconstitucional. Foi justamente por esse motivo que o desembargador reagiu à aplicação da multa" (CARVALHO, Cleide. Desembargador que ofendeu guarda e se recusou a usar máscara em Santos não pagou multa de R$100. *O Globo*, 25 jan. 2021. Disponível em: https://oglobo.globo.com/brasil/desembargador-que-ofendeu-guarda-se-recusou-usar-mascara-em-santos-nao-pagou-multa-de-100-24853841. Acesso em 04 fev. 2021).

[309] CARVALHO, Fábio Lins de Lessa; RODRIGUES, Ricardo Schneider (Coord.). *Covid-19 e Direito Administrativo*: impactos da pandemia na administração pública. Curitiba: Juruá, 2020. p. 33

pandemia. Esse termo está a referir-se a condições excepcionais, previstas no próprio ordenamento, a exemplo do Estado de Sítio, do Estado de Defesa e da Calamidade Pública, que autorizam o administrador público a agir com maior volatilidade em relação aos rigores da lei.

Nessa esteira, Pedro Serrano destaca que o constitucionalismo democrático "prevê que, em situações de emergência como a que atravessamos, o Estado tenha seus poderes ampliados, podendo inclusive suspender parcialmente direitos fundamentais para atender às momentâneas exigências impostas pelo interesse público".[310]

Essa "extralegalidade", no entanto, nada tem a ver com o Estado de Exceção ou Estado Autoritário. Conforme destacado por Amarildo Costa:

> A pandemia não tem o poder de colocar o Direito sob quarentena. Mesmo em situações de excepcionalidade, o ordenamento precisa continuar fincado sobre as mesmas bases que o têm sustentado, não se tolerando, a pretexto algum, que se postergue a fiel observância das balizas essenciais – os direitos fundamentais dentre elas – que lhe dão sentido e direção.[311]

Pelo exposto, conclui-se que a legalidade atualmente é tomada em sua acepção mais ampla, vinculada ao princípio da juridicidade. Em paralelo, não se transfigura em princípio absoluto, havendo situações em que cederá, por exemplo, à segurança jurídica e ao respeito às situações consolidadas no tempo.

Ademais, situações excepcionais tais como as vivenciadas com a pandemia de Covid-19 nos convidam a revisitar o princípio da legalidade, conferindo uma maior margem ao administrador para implementação de medidas urgentes e políticas públicas, mas que jamais poderão desbocar para a arbitrariedade. Mesmo num contexto excepcional, os pilares da legalidade encontram-se fincados na Constituição e na legislação infraconstitucional.

---

[310] DAL POZZO, Augusto; CAMMAROSANO, Márcio (Coord.). *As implicações da covid-19 no Direito Administrativo*. São Paulo: Thomson Reuters Brasil, 2020. p. 152.

[311] DIAS, Luciano Souto (Org.). *Repercussões da pandemia covid-19 no Direito Brasileiro*. São Paulo: JH Mizuno, 2020. p. 14.

3.2 Impessoalidade

Discorrendo sobre as raízes históricas do princípio da impessoalidade, Carmén Lucia observa que "a impessoalidade revela o Estado não-César, contrário àquele que prevaleceu desde a antiguidade e que tinha na figura do governante o seu padrão normativo e político".[312]

O princípio da impessoalidade corresponde, assim, a um desdobramento do postulado da isonomia, projetado na relação jurídica administrativa. Pela impessoalidade, não se admitem privilégios ou discriminações no trato com a coisa pública. Livia Zago esclarece que o princípio da impessoalidade "se reveste de conteúdo moral e ético, traduzido no anseio do exercício de poder de forma objetiva, neutra, sem privilégios ou perseguições, com o escopo de alcançar o bem comum".[313]

Na Constituição de 1988, a impessoalidade materializa-se em diversos dispositivos: na vedação de que os entes públicos criem distinções entre brasileiros ou preferências entre si (art. 19, III); como princípio vetor da Administração Pública (art. 37, *caput*), pela investidura de cargos públicos mediante concurso público (art. 37, II); na determinação que as contratações públicas se deem, via de regra, por licitação pública (art. 37, XXI); na vedação de favorecimentos fiscais (arts. 150, I, II, III, 151, I e III),[314] entre outros casos.

De modo geral, existem três posições doutrinárias a respeito do princípio da impessoalidade: a primeira relaciona impessoalidade com o princípio da finalidade;[315][316] a segunda que confunde o princípio

---

[312] ROCHA, Carmén Lúcia Antunes. *Princípios constitucionais da administração pública*. Belo Horizonte: Del Rey, 1994. p. 147.

[313] ZAGO, Livia Maria Armentano Koenigstein. *O princípio da impessoalidade*. Rio de Janeiro: Renovar, 2001. p. 129.

[314] BRASIL. Constituição de 1988. Constituição da República Federativa do Brasil de 1988. *Diário Oficial da União*, Brasília, DF: Presidência da República, 5 out. 1988. Disponível em: http://www.planalto.gov.br/ccivil_03/constituicao/constituicao.htm. Acesso em 15 fev. 2021.

[315] Para Hely Lopes Meirelles, "o princípio da impessoalidade, referido na Constituição de 1988, nada mais é do que o clássico princípio da finalidade, o qual impõe ao administrador público que só pratique o ato para o seu fim legal. E o fim legal é unicamente aquele que a norma de Direito indica expressa ou virtualmente como objetivo do ato, de forma impessoal" (MEIRELLES, Hely Lopes. *Direito administrativo brasileiro*. São Paulo: Malheiros, 1990. p. 85).

[316] O princípio da finalidade imprime à autoridade administrativa o dever de praticar o ato administrativo com vistas à realização da finalidade perseguida pela lei. Assim, o

da impessoalidade com o princípio da igualdade;[317] e a terceira que, embora reconheça adjacências com o princípio da finalidade e com o princípio da isonomia, confere à impessoalidade traços próprios.

Quanto à primeira corrente doutrinária, cumpre divisar que, embora a impessoalidade leve à finalidade pública, com esta não se confunde. Tanto é assim que é possível divisar um ato impessoal que ainda assim não atenda à finalidade pública, tal como no caso em que, embora impessoal, a conduta viola outros princípios administrativos. De igual forma, a impessoalidade é princípio mais amplo e que permeia todo o Direito Público, não se restringindo à teoria do ato administrativo. Nesse sentido, Mateus Bertoncini discorre que "impessoalidade e finalidade não devem ser confundidas. Aquela está relacionada à Administração Pública e ao seu agente. Esta diz respeito à atividade que a Administração Pública deve realizar e à meta que há de alcançar".[318]

Em relação à conceituação doutrinária que vincula a impessoalidade com o princípio da igualdade, a presente obra reconhece o princípio da isonomia como um postulado ou vetor de todo ordenamento jurídico, viga mestra sobre a qual se estruturam diversos outros princípios e normas. Assim, embora a impessoalidade seja um princípio ramificado do princípio da isonomia, com esta não se confunde, visto que, embora bebam da mesma fonte, possuem alcances e desdobramentos distintos. Nesse sentido, Carmen Lúcia discorre que, "porquanto a impessoalidade seja princípio muito próximo ao da igualdade, e com ele atina, desenvolvendo-se o seu conteúdo exatamente para garantir-lhe a realização, dispõe de conteúdo e finalidades diferentes do que pelo princípio da igualdade se expressa".[319]

Ao tratar o princípio da impessoalidade de forma autônoma e apartada das vinculações diretas ao princípio da

---

princípio da finalidade afasta a possibilidade de subjetivismos ou pessoalidades ao ato administrativo, o que o correlaciona ao princípio da impessoalidade.

[317] Nessa linha, advoga Celso Antônio Bandeira de Mello: "O princípio em causa não é senão o próprio princípio da igualdade ou isonomia" (MELLO, Celso Antônio Bandeira de. *Curso de Direito Administrativo*. São Paulo: Malheiros, 2003. p. 114).

[318] BERTONCINI, Mateus Eduardo Siqueira Nunes. *Princípios de Direito Administrativo brasileiro*. São Paulo: Malheiros, 2002. p. 103.

[319] ROCHA, Carmén Lúcia Antunes. *Princípios constitucionais da administração pública*. Belo Horizonte: Del Rey, 1994. p. 153.

finalidade e da isonomia, Livia Zago discorre sobre alguns prismas e desdobramentos do referido princípio, vislumbrando a impessoalidade como: a) neutralidade do órgão público; b) limite ao poder discricionário; c) coibição da improbidade; d) igualdade de condições; e) forma de coibir a propaganda de agentes públicos; f) traço típico da burocracia;[320] g) base para a eficiência do serviço público.[321]

Todos esses aspectos confluem para uma conceituação do princípio da impessoalidade, que "significa atuação objetiva e neutra, primordial e exclusivamente voltada para o fim do interesse público, cujo objetivo principal consiste na vedação do arbítrio e do dirigismo opostos ao do interesse comum, seja com vistas ao obséquio, seja com vistas ao prejuízo".[322]

Além dessa visualização da impessoalidade que projeta efeitos sobre a forma de agir e sobre a forma de atuação estatal, José Afonso da Silva pontua que o princípio da impessoalidade também produz efeitos *interna corporis*, ligando dito princípio à chamada teoria do órgão. De acordo com o eminente constitucionalista,

> a impessoalidade da Administração Pública significa que os atos e provimentos administrativos são imputáveis não ao funcionário que os pratica, mas ao órgão ou entidade administrativa em nome do qual age o funcionário. Este é um mero agente da Administração Pública, de sorte que não é ele o autor institucional do ato. Ele é apenas o órgão que formalmente manifesta a vontade estatal. Por conseguinte, o administrado não se confronta com o funcionário x ou y que expediu o ato, mas com a entidade cuja vontade foi manifestada por ele.[323]

Essa acepção traz dúplice benefício ao trato entre Administração e administrado: a uma, dá maior segurança e previsibilidade para o administrado, no caso de buscar qualquer tipo de reparação por

---

[320] Aqui utiliza-se o conceito de burocracia como estrutura social na qual a direção das atividades coletivas fica a cargo de um aparelho impessoal hierarquicamente organizado, que deve agir segundo critérios impessoais e métodos racionais.

[321] ZAGO, Livia Maria Armentano Koenigstein. *O princípio da impessoalidade*. Rio de Janeiro: Renovar, 2001. p. 178-229.

[322] ZAGO, Livia Maria Armentano Koenigstein. *O princípio da impessoalidade*. Rio de Janeiro: Renovar, 2001. p. 179.

[323] SILVA, José Afonso da. *Curso de direito constitucional Positivo*. São Paulo: Malheiros, 2005. p. 678.

um ato ilícito ou ilegal praticado pela Administração e que lhe cause danos. Certamente, é muito mais prático buscar a reparação ou o saneamento por parte do órgão público responsável pelo ato do que ter que perquirir qual o agente (entre centenas, quiçá milhares) e ir atrás de sua correção ou reparação de forma personalíssima. Por outro, na medida que a impessoalidade joga a responsabilidade para a entidade, isso obriga a Administração a estruturar ferramentas de controle e normas de conduta sobre os seus agentes públicos, a fim de assegurar a efetiva observância à impessoalidade e evitar que a entidade seja responsabilizada por erros praticados por seus agentes, ressalvada sempre eventual possibilidade de direito de regresso a posteriori.

No campo jurisprudencial, o princípio da impessoalidade ressoa com maior contundência em ações envolvendo servidores públicos, a exemplo de tratamentos anti-isonômicos conferidos pela Administração, reajustes ou progressões negligenciadas aqui e acolá etc. Também é muito comum ser levantado em demandas que envolvem licitações públicas, visto que cabe à Administração pública "assegurar a seleção da proposta apta a gerar o resultado de contratação mais vantajoso para a Administração Pública, inclusive no que se refere ao ciclo de vida do objeto e assegurar tratamento isonômico entre os licitantes, bem como a justa competição".

É claro que a observância da impessoalidade na prática administrativa demanda uma série de formalidades, a instituição de critérios e procedimentos claros e objetivos e que não privilegiem "a" ou "b". No contexto de pandemia, a impessoalidade restou mitigada pela urgência e situação de calamidade vivenciada. Num cenário que demandava decisões imediatas, muitas vezes não era possível à Administração Pública – fosse ela em nível federal, estadual ou municipal – abrir um concurso público para contratação de pessoal necessário ou um edital de licitação para aquisição de produtos e serviços.

A própria Lei de Licitações (Lei nº 14.133/2021) prevê a possibilidade de dispensa de licitação em hipóteses tais como "os casos de guerra, estado de defesa, estado de sítio, intervenção federal ou de grave perturbação da ordem e nos casos de emergência ou de calamidade pública, quando caracterizada urgência de atendimento de situação" (art. 75).[324] Nesse sentido, a Lei nº 13.979/2020, ao dispor sobre as medidas para enfrentamento da emergência de saúde pública decorrentes da Covid-19, estabeleceu "autorização excepcional e temporária para a importação e distribuição de quaisquer materiais, medicamentos,[325] equipamentos e insumos da área de saúde sujeitos à vigilância sanitária sem registro na Anvisa, considerados essenciais para auxiliar no combate à pandemia do coronavírus" (art. 3º, VIII).[326] E reforçou explicitamente em seu art. 4º:

> (...) É dispensável a licitação para aquisição ou contratação de bens, serviços, inclusive de engenharia, e insumos destinados ao enfrentamento da emergência de saúde pública de importância internacional de que trata esta Lei. (Redação dada pela Lei nº 14.035, de 2020)
> §1º A dispensa de licitação a que se refere o caput deste artigo é temporária e aplica-se apenas enquanto perdurar a emergência de saúde pública de importância internacional decorrente do coronavírus.[327]

---

[324] BRASIL. Lei nº 14.133, de 1 de abril de 2021. *Diário Oficial da União*: Brasília, DF, 01 abr. 2021. Disponível em: https://www.planalto.gov.br/ccivil_03/_ato2019-2022/2021/lei/L14133.htm. Acesso em 03 set. 2021.

[325] Antes que algum leitor possa imaginar que tal dispositivo convalidaria a nefasta prática do governo federal em adquirir e distribuir medicamentos como a cloroquina e a ivermectina, vale destacar que o §1º do mesmo artigo estabeleceu que: "(...) as medidas previstas neste artigo somente poderão ser determinadas com base em evidências científicas e em análises sobre as informações estratégicas em saúde e deverão ser limitadas no tempo e no espaço ao mínimo indispensável à promoção e à preservação da saúde pública". O problema, portanto, não reside na aquisição direta de medicamentos e fármacos, mas sim na aquisição de medicamentos que não possuíam eficácia científica comprovada, conforme amplamente noticiado à época, como: "Estudo definitivo comprova que Cloroquina não é eficaz na prevenção e hospitalização por Covid" (AZEVEDO, Evelin. Cloroquina: estudo definitivo comprova que remédio não é eficaz na prevenção de hospitalização por Covid. *O Globo*, 1 abr. 2022. Disponível em: https://oglobo.globo.com/saude/medicina/cloroquina-estudo-definitivo-comprova-que-remedio-nao-eficaz-na-prevencao-de-hospitalizacao-por-covid-25458680. Acesso em 03 abr. 2022). Ver também: Kit covid: o que diz a ciência? *Faculdade de Medicina UFMG*, 29 mar. 2021. Disponível em: https://www.medicina.ufmg.br/kit-covid-o-que-diz-a-ciencia/. Acesso em 14 mai. 2021.

[326] BRASIL. Lei nº 13.979, de 6 de fevereiro de 2020. Dispõe sobre as medidas para enfrentamento da emergência de saúde pública de importância internacional decorrente do coronavírus responsável pelo surto de 2019. *Diário Oficial da União*: Brasília, DF, 07 fev. 2020. Disponível em: https://www.planalto.gov.br/ccivil_03/_ato2019-2022/2020/lei/l13979.htm. Acesso em 18 out. 2021.

[327] BRASIL. Lei nº 13.979, de 6 de fevereiro de 2020. Dispõe sobre as medidas para enfrentamento da emergência de saúde pública de importância internacional decorrente do coronavírus responsável pelo surto de 2019. *Diário Oficial da União*: Brasília, DF, 07 fev. 2020. Disponível em: https://www.planalto.gov.br/ccivil_03/_ato2019-2022/2020/lei/l13979.htm. Acesso em 18 out. 2021.

Vale destacar que o mesmo diploma normativo estabeleceu também o atendimento preferencial em estabelecimentos de saúde aos profissionais de saúde e aos profissionais da segurança pública (art. 3º-E).[328]

Entendemos que em ambos os casos não há malferimento ao princípio da impessoalidade. Conforme destacado no capítulo anterior, princípios são mandamentos de otimização que devem ser realizados na maior medida do possível. Nessa toada, em prol dos imperativos da segurança, da proteção à vida e à saúde das pessoas, possibilitou-se que, em caráter excepcional, produtos e serviços fossem adquiridos sem licitação.[329]

Tal flexibilização se justifica na medida em que se "constata, sem maior esforço, que recursos humanos, meios materiais e tecnológicos, recursos financeiros, enfim, todo aparato estatal existente, são insuficientes e inadequados diante do inusitado, do jamais visto".[330] Por outro lado, essa situação excepcional não deve servir de chancela para que o gestor público tente "contornar os mecanismos de controle, minimizar a transparência, tirar proveito pessoal mediante desvios ilícitos de recursos públicos".[331]

De igual forma, o atendimento preferencial aos profissionais de saúde e segurança pública também se justifica, visto ser de interesse público que tais profissionais se recuperem com a maior brevidade possível, já que são eles que se encontram na linha

---

[328] BRASIL. Lei nº 13.979, de 6 de fevereiro de 2020. Dispõe sobre as medidas para enfrentamento da emergência de saúde pública de importância internacional decorrente do coronavírus responsável pelo surto de 2019. *Diário Oficial da União*: Brasília, DF, 07 fev. 2020. Disponível em: https://www.planalto.gov.br/ccivil_03/_ato2019-2022/2020/lei/l13979.htm. Acesso em 18 out. 2021.

[329] Lamentavelmente, a flexibilização das regras licitatórias fez surgir inúmeras denúncias de aquisição de produtos superfaturados, trazendo prejuízos à toda coletividade: PF vê superfaturamento de R$63 milhões na aquisição de respiradores da China pelo Governo de SP (MACEDO, Fausto; MOTTA, Rayssa. PF vê superfaturamento de R$63 milhões na compra de respiradores da China pelo governo de São Paulo e faz buscas em sete endereços. *Estadão*, 22 fev. 2022. Disponível em: https://politica.estadao.com.br/blogs/fausto-macedo/pf-superfaturamento-respiradores-china-governo-sao-paulo-buscas-operacao/. Acesso em 27 fev. 2022).

[330] CARVALHO, Fábio Lins de Lessa; RODRIGUES, Ricardo Schneider (Coord.). *Covid-19 e Direito Administrativo*: impactos da pandemia na administração pública. Curitiba: Juruá, 2020. p. 18.

[331] CARVALHO, Fábio Lins de Lessa; RODRIGUES, Ricardo Schneider (Coord.). *Covid-19 e Direito Administrativo*: impactos da pandemia na administração pública. Curitiba: Juruá, 2020. p. 18.

de frente do combate à pandemia e da manutenção da ordem pública. É dizer: quanto mais rapidamente se tratar um médico, mais rapidamente ele poderá retomar o atendimento e ajudar outras pessoas a se recuperarem, não só da Covid-19, mas das demais enfermidades. Esses são alguns exemplos a corroborar que princípio algum é absoluto e, a depender do caso concreto, pode sofrer restrições.

3.3 Moralidade

A moral sempre foi tema de grande relevo para o ser humano, tendo ocupado o cerne de discussões filosóficas ao longo dos séculos. Porém, embora estas se tangenciem em alguns pontos,[332] a definição comum de "moralidade" não se confunde[333] com a de moralidade administrativa, conceito jurídico que se encontra introjetado enquanto norma constitucional e que, igualmente, tem ocupado inúmeros posicionamentos jurisprudenciais.

A moralidade comum é cambiante, fluida, temporal e cultural, de modo que a aplicação do Direito Administrativo não pode ceder a subjetivismos, o que grassaria a insegurança jurídica. Daí porque Marcus Vinicius Ribeiro Cunha advoga que o princípio jurídico da moralidade administrativa não deve ser confundido com a moralidade comum, já que, "enquanto a última se preocupa com a distinção entre o bem e o mal, o primeiro é composto não

---

[332] Miguel Reale destaca que, desde a Grécia Antiga e durante o Império Romano, os pensadores antigos já se preocupavam em distinguir o Direito da Moral. Para ilustrar, cita dois brocardos romanos de mais de 2.000 anos: "Ninguém sofre pelo simples fato de pensar" e "Nem tudo que é lícito é honesto" (REALE, Miguel. *Lições preliminares de Direito*. São Paulo: Saraiva, 2002. p. 53). Para Reale, o principal traço distintivo entre Moral e Direito está na coercibilidade presente neste e ausente naquele.

[333] Nesse sentido, o STF, ao julgar a ADPF nº 144, dispôs que a moralidade prevista na Constituição não se confunde com preceitos morais. É do voto do ministro Eros Grau que se extrai: "A Constituição do Brasil define a moralidade como um dos princípios da Administração. Não a podemos, contudo, tomar de modo a colocar em risco a substância do sistema de Direito. O fato de o princípio da moralidade ter sido consagrado no art. 37 da Constituição não significa abertura do sistema jurídico para introdução nele, de preceitos morais. Daí que o conteúdo desse princípio há de ser encontrado no interior do próprio Direito. A sua contemplação não pode conduzir à substituição da ética da legalidade por qualquer outra" (BRASIL. Supremo Tribunal Federal (Tribunal Pleno). Arguição de Descumprimento de Preceito Fundamental nº 144. Relator: Min. Celso de Mello, 6 de agosto de 2008. *Dje*: Brasília, DF, 26 fev. 2010).

somente por correção de atitudes, mas também por regras de boa administração, função administrativa, interesse do povo, do bem comum (...)".[334]

Nessa linha, Márcio Cammarosano adverte que "o princípio da moralidade está referido não diretamente à ordem moral do comportamento humano, mas a outros princípios e normas que, por sua vez, juridicizam valores morais".[335]

A relação entre moral e Direito já foi inclusive versada em capítulo anterior, quando destacamos que o positivismo é marcado por um fechamento sistêmico da norma em relação a questões morais, conquanto as teorias pós-positivistas, bem exemplificadas nos escritos de Dworkin e Alexy, promovam uma necessária reaproximação entre o Direito e a Moral.

Como cediço, a moralidade encontra-se atualmente prevista no art. 37 da Constituição, que assim preceitua:

> Art. 37. A administração pública direta e indireta de qualquer dos Poderes da União, dos Estados, do Distrito Federal e dos Municípios obedecerá aos princípios da legalidade, impessoalidade, moralidade, publicidade e eficiência e, também, ao seguinte (....).[336]

Vale também a remissão ao art. 5º, LXXIII, da CR/88, que estabelece a violação à moralidade administrativa como uma das causas que justificam o ajuizamento de ação popular, e ao art. 14, §9º, da CR/88, ao dispor sobre as condições de elegibilidade.[337]

Na legislação infraconstitucional, o princípio da moralidade ganha corpo na Lei de Improbidade Administrativa (Lei nº 8.429/92), sendo carga valorativa que sustenta vários dos ilícitos ali descritos,[338]

---

[334] CUNHA, Marcus Vinicius Ribeiro. *Princípio da moralidade administrativa*. Belo Horizonte: Del Rey, 2017. p. 100.

[335] CAMMAROSANO, Márcio. *O princípio constitucional da moralidade e o exercício da função administrativa*. Belo Horizonte: Editora Fórum, 2006. p. 113.

[336] BRASIL. Constituição de 1988. Constituição da República Federativa do Brasil de 1988. *Diário Oficial da União*, Brasília, DF: Presidência da República, 5 out. 1988. Disponível em: http://www.planalto.gov.br/ccivil_03/constituicao/constituicao.htm. Acesso em 15 fev. 2021.

[337] BRASIL. Constituição de 1988. Constituição da República Federativa do Brasil de 1988. *Diário Oficial da União*, Brasília, DF: Presidência da República, 5 out. 1988. Disponível em: http://www.planalto.gov.br/ccivil_03/constituicao/constituicao.htm. Acesso em 15 fev. 2021.

[338] Vale a ressalva que improbidade não se confunde com a mera ilegalidade, violação à lei ou ato ilegal. Improbidade é um tipo qualificado de ilegalidade, nos dizeres de Pedro Paulo de

a exemplo do art. 9º ("Atos de Improbidade Administrativa que Importam Enriquecimento Ilícito") e do art. 10º ("Atos de Improbidade Administrativa que Causam Prejuízo ao Erário").[339] Por certo, é impossível vislumbrar que a prática de qualquer destes atos ímprobos guarde consonância com o princípio da moralidade administrativa.[340] De igual forma, a Lei nº 8.112/90 estabelece o dever de lealdade institucional aos servidores públicos federais, conforme depreende-se dos art. 116, inc. I e II do referido diploma.[341]

Já a Lei de Ação Popular (Lei nº 4.717/65) dá maior concretude à dimensão da moralidade administrativa, ao dispor, em seu art. 2º, que são "nulos os atos lesivos ao patrimônio das entidades mencionadas no artigo anterior, nos casos de ilegalidade do objeto, inexistência dos motivos e desvio de finalidade".[342] Todos esses vícios estão comumente relacionados a violações do princípio da moralidade administrativa, pois, muito mais do que um mero ilícito ou uma interpretação equivocada da

---

Rezende Porto Filho: "O ato qualificado como ímprobo é aquele que afronta o direito de forma especial, diferenciada. É necessária a vontade positiva do agente administrativo de incorrer na ilicitude; o agente deve ter o propósito de alcançar objetivo vedado pelo direito; é preciso que esteja caracterizado o móvel de alcançar objetivos contrários à moralidade" (PORTO FILHO, Pedro Paulo de Rezende. Improbidade administrativa – conceito e alcance da hipótese constitucional e da Lei nº 8.429, de 2 de julho de 1992. *Informativo Licitações e Contratos*, jul. 2000. p. 567).

[339] BRASIL. Lei nº 8.429, de 2 de junho de 1992. Dispõe sobre as sanções aplicáveis em virtude da prática de atos de improbidade administrativa, de que trata o §4º do art. 37 da Constituição Federal; e dá outras providências. *Diário Oficial da União*: Brasília, DF, 03 jun. 1992. Disponível em: https://www.planalto.gov.br/ccivil_03/leis/l8429.htm. Acesso em 13 abr. 2021.

[340] Sobre a improbidade administrativa, o STJ tem se pronunciado: "O ato de improbidade administrativa, mais que um ato ilegal, deve traduzir, necessariamente, a falta de boa-fé, a desonestidade (...)" (BRASIL. Supremo Tribunal Federal (1ª Turma). Recurso Especial nº 480.387/SP. Dje: Brasília, DF, 24 mai. 2004. p. 163); "A lei alcança o administrador desonesto, não o inábil" (BRASIL. Superior Tribunal de Justiça (1. Turma). Recurso Especial nº 213.994/MG. Relator: Min. Garcia Vieira, 17 de agosto de 1999. *Dje*: Brasília, DF, 27 set. 1999. p. 59).

[341] "Art. 116. São deveres do servidor:
I – Exercer com zelo e dedicação as atribuições do cargo;
II – Ser leal às instituições a que servir (...)" (BRASIL. Lei nº 8.112, de 11 de dezembro de 1990. Dispõe sobre o regime jurídico dos servidores públicos civis da União, das autarquias e das fundações públicas federais. *Diário Oficial da União*: Brasília, DF, 19 abr. 1990. Disponível em: https://www.planalto.gov.br/ccivil_03/leis/l8112compilado.htm. Acesso em 15 fev. 2021).

[342] BRASIL. Lei nº 4.717, de 29 de junho de 1965. Regula a ação popular. *Diário Oficial da União*: Brasília, DF, 05 jul. 1965, republicado em 08 abr. 1974. Disponível em: https://www.planalto.gov.br/ccivil_03/leis/l4717.htm. Acesso em 14 dez. 2020.

norma, direcionam para uma conduta intencionada pra subverter o seu conteúdo.

Na seara empresarial, merece referência a Lei Anticorrupção (Lei nº 12.846/12), voltada a coibir a prática de atos imorais praticados por entidades privadas e que tragam danos à Administração. Na senda eleitoral, vale destacar a Lei de Ficha Limpa (LCP nº 135/10), que estabelece hipóteses de ilegibilidade vinculadas à violação à moralidade administrativa e/ou à prática de atos de improbidade.

Diretamente ligado ao princípio da moralidade está também a questão do nepotismo. Na clássica obra *Raízes do Brasil*, Sérgio Buarque de Holanda desnudou os primórdios do chamado "homem cordial",[343] traço tão característico (ainda hoje) do ideário popular: um sujeito que prioriza os laços emocionais em detrimento da razão, o que, no cenário político, serviu a uma ordem patrimonialista, sitiando cargos públicos por laços de proximidade, em detrimento das capacitações técnicas exigidas. Ou seja, na Administração Pública brasileira, era (é) lugar-comum a estrutura burocrática (aqui tomada no sentido weberiano) dar lugar aos personalismos e apadrinhamentos.

Com o passar do tempo, tal situação passou a ser cada vez menos aceita. Nessa toada, um exemplo é a emblemática Resolução nº 07/2005 do CNJ,[344] ao disciplinar o exercício de cargos, empregos e funções por parentes, cônjuges e companheiros de magistrados e de servidores investidos em cargos de direção e assessoramento, no âmbito dos órgãos do Poder Judiciário. Referida resolução vedou o nepotismo no âmbito do Poder Judiciário, definindo como tal qualquer nomeação por cônjuge, companheiro ou parente em linha reta, colateral ou por afinidade, até o terceiro grau em cargo de comissão, função gratificada ou contratação temporária.

Tal resolução foi objeto de resistência e de uma série de questionamentos jurídicos, o que culminou com a ADC nº 12,

---

[343] HOLANDA, Sérgio Buarque de. *Raízes do Brasil*. São Paulo: Companhia das Letras, 1995. p. 139-152.

[344] BRASIL. Conselho Nacional de Justiça. *Resolução nº 7, de 18 de outubro de 2005*. Disciplina o exercício de cargos, empregos e funções por parentes, cônjuges e companheiros de magistrados e de servidores investidos em cargos de direção e assessoramento, no âmbito dos órgãos do Poder Judiciário e dá outras providências. Brasília, DF: CNJ, 2005. Disponível em: https://atos.cnj.jus.br/atos/detalhar/187. Acesso em 28 mai. 2021.

perante o STF. Proposta pela Associação de Magistrados Brasileiros, a ADC nº 12 objetivou declarar a constitucionalidade da Resolução nº 07/2005 do CNJ quanto à vedação ao nepotismo, o que foi referendado pelo STF, nos seguintes termos:

> Os condicionamentos impostos pela Resolução nº 07/05, do CNJ, não atentam contra a liberdade de prover e desprover cargos em comissão e funções de confiança. *As restrições constantes do ato resolutivo são, no rigor dos termos, as mesmas já impostas pela Constituição de 1988, dedutíveis dos republicanos princípios da impessoalidade, da eficiência, da igualdade e da moralidade.* 2. Improcedência das alegações de desrespeito ao princípio da separação dos Poderes e ao princípio federativo. (...) Ademais, o art. 125 da Lei Magna defere aos Estados a competência de organizar a sua própria Justiça, mas não é menos certo que esse mesmo art. 125, *caput*, junge essa organização aos princípios "estabelecidos" por ela, Carta Maior, neles incluídos os constantes do art. 37, cabeça. 3. Ação julgada procedente para: a) emprestar interpretação conforme à Constituição para deduzir a função de chefia do substantivo "direção" nos incisos II, III, IV, V do artigo 2º do ato normativo em foco; b) declarar a constitucionalidade da Resolução nº 07/2005, do Conselho Nacional de Justiça.[345]

Em paralelo, o STF editou a Súmula Vinculante nº 13:

> A nomeação de cônjuge, companheiro ou parente em linha reta, colateral ou por afinidade, até o terceiro grau, inclusive, da autoridade nomeante ou de servidor da mesma pessoa jurídica investido em cargo de direção, chefia ou assessoramento, para o exercício de cargo em comissão ou de confiança ou, ainda, de função gratificada na administração pública direta e indireta em qualquer dos Poderes da União, dos Estados, do Distrito Federal e dos Municípios, compreendido o ajuste mediante designações recíprocas, viola a Constituição Federal.[346]

Vale destacar que, antes mesmo da SV nº 13, o STF já rechaçava o nepotismo com base na violação ao princípio da moralidade,

---

[345] BRASIL. Supremo Tribunal Federal (Tribunal Pleno). Ação Declaratória de Constitucionalidade nº 12. Relator: Min. Carlos Britto, 20 de agosto de 2008. *Dje*: Brasília, DF, 18 dez. 2009. p. 133-149.

[346] BRASIL. Supremo Tribunal Federal. *Súmula do STF* (atualizado em 1º de dezembro de 2017). Brasília, DF: Poder Executivo, 2017. Disponível em: https://www.stf.jus.br/arquivo/cms/jurisprudenciaSumula/anexo/Enunciados_Sumulas_STF_1_a_736_Completo.pdf. Acesso em 06 ago. 2021.

conforme se depreende do Mandado de Segurança nº 237.80/MA7, assim ementado:

> EMENTA: MANDADO DE SEGURANÇA. NEPOTISMO. CARGO EM COMISSÃO. IMPOSSIBILIDADE. PRINCÍPIO DA MORALIDADE ADMINISTRATIVA. Servidora pública da Secretaria de Educação nomeada para cargo em comissão no Tribunal Regional do Trabalho da 16ª Região à época em que o vice-presidente do Tribunal era parente seu. Impossibilidade. *A proibição do preenchimento de cargos em comissão por cônjuges e parentes de servidores públicos é medida que homenageia e concretiza o princípio da moralidade administrativa, o qual deve nortear toda a Administração Pública*, em qualquer esfera do poder. Mandado de segurança denegado.[347]

Ainda assim, enquanto a decisão em um mandado de segurança possui a chamada "vinculatividade fraca", aplicando-se tão somente àquele determinado caso concreto, a súmula vinculante amplia a força do precedente judicial, servindo como vetor interpretativo para a questão e vinculando de forma direta o posicionamento dos tribunais e juízes, estando atualmente bem assentada a questão de que o nepotismo viola frontalmente o princípio da moralidade.

Vale destacar que há uma exceção à vedação ao nepotismo: a nomeação para os cargos políticos,[348] havendo um *distinguish* entre a natureza desses cargos e os demais cargos públicos e funções administrativas.[349]

---

[347] BRASIL. Supremo Tribunal Federal (Tribunal Pleno). Mandado de Segurança nº 23.780. Relator: Min. Joaquim Barbosa, 28 de setembro de 2005. *Dje*: Brasília, DF, 3 mar. 2006. Grifos nossos.

[348] Vale ressaltar que tal discussão se encontra com repercussão geral reconhecida, conforme Tema nº 1.000 do STF: "Discussão quanto à constitucionalidade de norma que prevê a possibilidade de nomeação de cônjuge, companheiro ou parente, em linha reta colateral ou por afinidade, até o terceiro grau, inclusive, da autoridade nomeante, para o exercício de cargo político" (BRASIL. Supremo Tribunal Federal (Tribunal Pleno). Recurso Extraordinário nº 1.1331.18 RG. Relator: Min. Luiz Fux, 14 de junho de 2018. *Dje*: Brasília, DF, 21 jun. 2018).

[349] "Ementa: CONSTITUCIONAL. SUPOSTA PRÁTICA DE NEPOTISMO. NOMEAÇÃO PARA CARGO POLÍTICO. HIPÓTESE NÃO ALCANÇADA PELA SÚMULA VINCULANTE 13. COMPETÊNCIA DO CHEFE DO EXECUTIVO (ART. 84 DA CF/1988). RECLAMAÇÃO JULGADA IMPROCEDENTE. 1. Nos representativos que embasaram a aprovação da Súmula Vinculante 13, a discussão centrou-se nas nomeações para cargos em comissão e funções de confiança da administração pública (art. 37, V, CF/1988). 2. Em nenhum momento, tanto nos debates quanto nos precedentes que levaram ao enunciado da súmula, discutiu-se a nomeação

Embora a moralidade seja princípio aplicável a todos os agentes públicos,[350] de qualquer dos poderes e de qualquer dos entes federativos, vale destacar que a sua aplicação no que tange à vedação ao nepotismo possui uma única exceção: a nomeação para cargos de natureza política. Ainda assim, isso não quer dizer que um agente político não deva resguardo ao princípio da moralidade em todos os demais atos que pratica. Embora seja uma assertiva óbvia, precisa ser reforçada nestes tempos nefastos em que atravessa a política brasileira.

Edilson Nobre Júnior discorre que o regime jurídico administrativo incorporou para si padrões de forte lastro moral, apresentando como exemplos concretos a vedação do desvio de poder, a necessidade de a competência discricionária respeitar os direitos fundamentais, a lealdade institucional, a boa-fé, a proibição do abuso de direito, a economicidade no uso de recursos públicos, a decisão administrativa com base em critérios objetivos e imparciais, o regime de mérito no acesso à função pública, o combate à corrupção, a adequada prestação de serviços públicos, entre outros.[351] Todos esses institutos se alicerçam na ideia de moralidade que deve permear a relação entre Administração Pública, seu corpo de servidores e os particulares e administrados.

Já Marino Pazzaglini observa que a coletividade, no estágio atual, considera atos atentatórios à moralidade administrativa "a nomeação desenfreada de parentes para cargos em comissão, as mordomias indevidas, os gastos exorbitantes em propagandas

---

para cargos políticos, até porque a previsão de nomeação do primeiro escalão pelo chefe do Executivo está no art. 84 da Constituição Federal. 3. A nomeação de parente, cônjuge ou companheira para cargos de natureza eminentemente política, como no caso concreto, em que a esposa do Prefeito foi escolhida para exercer cargo de Secretária Municipal, não se subordina ao Enunciado Vinculante 13 (Rcl nº 30.466, Rel. Min. ALEXANDRE DE MORAES, Primeira Turma, *DJe* de 26.11.2018; Rcl nº 31.732, Redator p/ o Acórdão Min. ALEXANDRE DE MORAES, Primeira Turma, *DJe* de 3.2.2020).
4. Reclamação julgada improcedente (...)" (BRASIL. Supremo Tribunal Federal (1ª Turma). Reclamação nº 36.482. Relator: Min. Marco Aurélio, 5 de agosto de 2020. *Dje*: Brasília, DF, 8 ago. 2020).

[350] Importa frisar: a moralidade administrativa se aplica inclusive para o particular que se relacione com a administração pública. Prova clara disso é a já citada Lei Anticorrupção, assim como os dispositivos da lei de licitação que prevê penalidades para os particulares que infringirem tais normas.

[351] NOBRE JÚNIOR, Edilson Pereira. *Direito administrativo contemporâneo*: temas fundamentais. Salvador: JusPodivm, 2016. p. 54.

institucionais, o tráfico de influência, o enriquecimento ilícito e a exigência de propinas por agentes públicos, etc.".[352]

Juarez Freitas ilustra o campo de aplicação da moralidade ao lecionar que estão vedadas as "condutas eticamente inaceitáveis e transgressoras do senso moral médio superior da sociedade, a ponto de não comportarem condescendência. Não se confunde, por certo, a moralidade com o moralismo, este último intolerante e não universalizável por definição".[353]

Já Hely Lopes Meirelles discorre sobre a moralidade administrativa nos seguintes termos:

> O agente administrativo, como ser humano dotado da capacidade de atuar, deve, necessariamente, distinguir o bem do mal, o honesto do desonesto. E, ao atuar, não poderá desprezar o elemento ético de sua conduta. Assim, não terá que decidir somente entre o legal e o ilegal, o justo e o injusto, o conveniente e o inconveniente, o oportuno e o inoportuno, mas também entre o honesto e o desonesto.[354]

Em complemento ao aspecto subjetivo da moralidade bem elucidado por Hely Lopes, qual seja, a intenção do agente e o elemento ético da sua conduta, é de se complementar um aspecto objetivo no seu campo de aplicação. Nesse mister, José Guilherme Giacomuzzi vincula o princípio da moralidade à boa-fé objetiva no campo do Direito Público, "exigindo um comportamento positivo da Administração e impondo a ela deveres de conduta transparente e leal. (...) A proteção à confiança legítima dos administrados é seu principal desdobramento (...)".[355]

Por sua vez, Diogo Moreira Neto ilustra a imoralidade administrativa afirmando que, para a sua ocorrência, basta que o agente "empregue seus poderes funcionais com vistas a resultados diversos do específico interesse público a que deveria atender".[356]

---

[352] PAZZAGLINI FILHO, Marino. *Princípios constitucionais reguladores da administração pública*. São Paulo: Atlas, 2000. p. 28.

[353] FREITAS, Juarez. *O controle dos atos administrativos e os princípios fundamentais*. São Paulo: Malheiros, 2004. p. 53.

[354] MEIRELLES, Hely Lopes. *Direito Administrativo brasileiro*. São Paulo: Malheiros, 1990. p. 83.

[355] GIACOMUZZI, José Guilherme. *A moralidade administrativa e a boa-fé da administração pública*: o conteúdo dogmático da moralidade administrativa. São Paulo: Malheiros, 2002. p. 308

[356] MOREIRA NETO, Diogo de Figueiredo. *Curso de Direito Administrativo*. Rio de Janeiro: Forense, 2014. p. 102.

De todas estas definições, embora se possam divisar vários prismas para a moralidade administrativa, certo é que a moralidade é um requisito de validade de todo agir estatal.

Embora tenha forte relação com a legalidade, visto ser inconcebível encontrarmos no ordenamento a legalização de um ato tido por imoral, a moralidade com esta não se confunde. É possível, nessa toada, que um ato tido como lícito seja considerado como violador da moralidade e, assim, passível de anulação. Exemplos corriqueiros de atos imorais revestidos de uma roupagem de legalidade são os abusos de poder e desvios de finalidade. Em suma: os atos praticados pela Administração Pública devem reverência não somente à lei, mas também à moralidade administrativa. Evidenciando tal distinção, Marcus Vinicius Ribeiro Cunha anota que:

> As razões que fundamentam a autonomia do princípio da moralidade são simples. Primeiro, que não se deve conceber hierarquia abstrata de normas constitucionais, ainda mais entre princípios que a Constituição prevê ladeados como reitores da Administração Pública no Brasil. Segundo, pelo fato de que aceitar a vinculação seria diminuir o princípio da moralidade administrativa ao status de um subprincípio (...). Terceiro que é possível determinar a invalidade de um ato imoral, ainda que praticado em concordância com o previsto em lei (...).[357]

3.4 Publicidade

Na seara internacional, o princípio da publicidade encontra-se reconhecido no art. 15 da Declaração Universal dos Direitos do Homem e do Cidadão, que assim estabelece: "A sociedade tem o direito de pedir contas a todo agente público pela sua administração".[358]

No ordenamento pátrio, denota-se que a publicidade é um dos princípios basilares da Administração Pública (art. 37,

---

[357] CUNHA, Marcus Vinicius Ribeiro. *Princípio da moralidade administrativa*. Belo Horizonte: Del Rey, 2017. p. 79.
[358] NOVO, Benigno Núñez. *A Declaração dos Direitos do Homem e do Cidadão de 1789*: análise sobre a Declaração dos Direitos do Homem e do Cidadão de 1789. 2022. Disponível em: https://meuartigo.brasilescola.uol.com.br/direito/a-declaracao-dos-direitos-homem-e-do-cidadao-de-1789.htm#:~:text=A%20Declara%C3%A7%C3%A3o%20dos%20Direitos%20do%20Homem%20e%20do%20Cidad%C3%A3o%20(em,seres%20humanos%22)%20como%20universais. Acesso em 02 abr. 2022.

caput),³⁵⁹ devendo norteá-la, seja em nível federal, estadual, municipal ou autárquico, bem como as suas esferas de poder, o que vale tanto para o Executivo quanto para o Legislativo e para o Judiciário.

Em relação ao Poder Legislativo, percebe-se a presença do princípio da publicidade em diversos dispositivos da Constituição, a exemplo do art. 55, §2º, da CR/88, que não mais prevê a votação secreta pelo Congresso Nacional nas hipóteses de perda de mandato; de igual forma, o art. 66, §4º, da CR/88 deixou de prever o escrutínio secreto para derrubada de veto presidencial a projeto de lei. Ambas as inovações constitucionais decorreram da aprovação da EC nº 76/2013. Também o dever de prestar contas previsto no art. 70 da CR/88 guarda forte relação com o princípio da publicidade.³⁶⁰

No âmbito do Judiciário, a publicidade também é um norte, bastando dizer que, via de regra, todos os atos processuais³⁶¹ e decisões são publicadas no *Diário de Justiça Eletrônico (Dje)*, conferindo-se publicidade não só para as partes e procuradores, mas para toda a sociedade em geral. Vale destacar que tal princípio não é absoluto, havendo casos em que os processos tramitarão em segredo de justiça.³⁶²

---

[359] BRASIL. Constituição de 1988. Constituição da República Federativa do Brasil de 1988. *Diário Oficial da União*, Brasília, DF: Presidência da República, 5 out. 1988. Disponível em: http://www.planalto.gov.br/ccivil_03/constituicao/constituicao.htm. Acesso em 15 fev. 2021.

[360] BRASIL. Constituição de 1988. Constituição da República Federativa do Brasil de 1988. *Diário Oficial da União*, Brasília, DF: Presidência da República, 5 out. 1988. Disponível em: http://www.planalto.gov.br/ccivil_03/constituicao/constituicao.htm. Acesso em 15 fev. 2021.

[361] Também a Lei de Processo Administrativo Federal (Lei nº 9.784/99) segue a mesma toada ao dispor que: "Art. 28. Devem ser objeto de intimação os atos do processo que resultem para o interessado em imposição de deveres, ônus, sanções ou restrição ao exercício de direitos e atividades e os atos de outra natureza, de seu interesse" (BRASIL. Lei nº 9.784, Lei nº 9.784, de 29 de janeiro de 1999. Regula o processo administrativo no âmbito da Administração Pública Federal. *Diário Oficial da União*: Brasília, DF, 01 fev. 1999, retificado em 11 mar. 1999. Disponível em: http://www.planalto.gov.br/ccivil_03/leis/l9784.htm. Acesso em 15 fev. 2021).

[362] Dispõe o CPC: "Art. 189. Os atos processuais são públicos, todavia tramitam em segredo de justiça os processos:
I – Em que o exija o interesse público ou social;
II – Que versem sobre casamento, separação de corpos, divórcio, separação, união estável, filiação, alimentos e guarda de crianças e adolescentes;
III – Em que constem dados protegidos pelo direito constitucional à intimidade;
IV – Que versem sobre arbitragem, inclusive sobre cumprimento de carta arbitral, desde que a confidencialidade estipulada na arbitragem seja comprovada perante o juízo.
§1º O direito de consultar os autos de processo que tramite em segredo de justiça e de pedir certidões de seus atos é restrito às partes e aos seus procuradores" (BRASIL. Lei nº 13.105,

Regra geral, o art. 5º, LX, da CR/88 preceitua que "a lei só poderá restringir a publicidade dos atos processuais quando a defesa da intimidade ou o interesse social o exigirem", assim como o art. 93, IX, da CR/88 dispõe que

> os julgamentos nos Tribunais serão públicos, e fundamentadas todas as decisões, sob pena de nulidade, podendo a lei limitar a presença, em determinados atos, às próprias partes e a seus advogados, ou somente a estes, em casos nos quais a preservação do direito à intimidade do interessado no sigilo não prejudique o interesse público à informação.[363]

Em paralelo, o CPC também preceitua, em seu art. 11, que "todos os julgamentos dos órgãos do Poder Judiciário serão públicos, e fundamentadas todas as decisões, sob pena de nulidade".[364] Trata-se de conquista histórica em prol da democracia, não mais se admitindo tribunais de exceção ou que indivíduos sejam condenados nos porões da ditadura.

Já no exercício da função administrativa, a publicidade encontra-se norteada no art. 5º, XXXIII, da CR/88, que garante a todos o "direito a receber dos órgãos públicos informações de seu interesse particular, ou de interesse coletivo ou geral, que serão prestadas no prazo da lei, sob pena de responsabilidade, ressalvadas aquelas cujo sigilo seja imprescindível à segurança da sociedade e do Estado". De igual forma, o art. 37, §3º, da CR/88, ao tratar das formas de participação do usuário na administração pública direta e indireta, dispõe que lei regulará o acesso dos usuários a registros administrativos e a informações sobre atos de governo. Trata-se da Lei de Acesso à Informação, que será abordada à frente.[365]

---

de 16 de março de 2015. Código de Processo Civil. *Diário Oficial da União*, Brasília, DF, 17 mar. 2015. Disponível em: http://www.planalto.gov.br/ccivil_03/_ato2015-2018/2015/lei/l13105.htm. Acesso em 02 abr. 2021.

[363] BRASIL. Constituição de 1988. Constituição da República Federativa do Brasil de 1988. *Diário Oficial da União*, Brasília, DF: Presidência da República, 5 out. 1988. Disponível em: http://www.planalto.gov.br/ccivil_03/constituicao/constituicao.htm. Acesso em 15 fev. 2021.

[364] BRASIL. Lei nº 13.105, de 16 de março de 2015. Código de Processo Civil. *Diário Oficial da União*, Brasília, DF, 17 mar. 2015. Disponível em: http://www.planalto.gov.br/ccivil_03/_ato2015-2018/2015/lei/l13105.htm. Acesso em 02 abr. 2021.

[365] BRASIL. Constituição de 1988. Constituição da República Federativa do Brasil de 1988. *Diário Oficial da União*, Brasília, DF: Presidência da República, 5 out. 1988. Disponível em: http://www.planalto.gov.br/ccivil_03/constituicao/constituicao.htm. Acesso em 15 fev. 2021.

Por fim, o art. 163-A da CR/88 dispõe que:

> A União, os Estados, o Distrito Federal e os Municípios disponibilizarão suas informações e dados contábeis, orçamentários e fiscais, conforme periodicidade, formato e sistema estabelecidos pelo órgão central de contabilidade da União, de forma a garantir a rastreabilidade, a comparabilidade e a publicidade dos dados coletados, os quais deverão ser divulgados em meio eletrônico de amplo acesso público.[366]

Trabalha-se aqui a ideia de transparência pública como um dos pilares do princípio da publicidade.

No atual estado de arte, é impossível falar em publicidade da administração pública sem mencionar o remédio constitucional conhecido como habeas data, assim como a Lei de Acesso à Informação e os Portais de transparência dos órgãos públicos.

O *habeas data* encontra-se atualmente regulamentado pela Lei nº 9.507/97, e não se confunde com o direito à informação insculpido no art. 5º XXXIII da CR/88. O *habeas data* objetiva viabilizar o conhecimento, a retificação ou a anotação de informações públicas que constem em bancos de dados de caráter público ou em bancos de dados particulares, mas de caráter público (exemplos do SPC e SERASA). Possui como condição da ação a prévia negativa administrativa por parte do órgão que retém a informação, podendo ser impetrado por pessoa física ou pessoa jurídica enquanto direito personalíssimo daquele que objetiva ter acesso ou modificar a informação que lhe diga respeito.

Outra materialização do princípio da publicidade no âmbito da Administração diz respeito aos chamados "portais da transparência".[367] Instituídos pela Lei Complementar nº 131/2009, tais dispositivos acresceram à Lei de Responsabilidade Fiscal para determinar que cabe aos órgão e entidades públicas divulgarem

---

[366] BRASIL. Constituição de 1988. Constituição da República Federativa do Brasil de 1988. *Diário Oficial da União*, Brasília, DF: Presidência da República, 5 out. 1988. Disponível em: http://www.planalto.gov.br/ccivil_03/constituicao/constituicao.htm. Acesso em 15 fev. 2021.

[367] No âmbito federal, confira-se: BRASIL. Controladoria-Geral da União. *Portal da Transparência*. 2022. Disponível em: https://www.portaltransparencia.gov.br/. Acesso em 23 jan. 2022. Referente ao estado de Minas Gerais, confira-se: MINAS GERAIS (Estado). *Portal da Transparência*. 2022. Disponível em: https://www.transparencia.mg.gov.br/. Acesso em 14 mar. 2022.

informações i) quanto à despesa: todos os atos praticados pelas unidades gestoras no decorrer da execução da despesa, no momento de sua realização, com a disponibilização mínima dos dados referentes ao número do correspondente processo, ao bem fornecido ou ao serviço prestado, à pessoa física ou jurídica beneficiária do pagamento e, quando for o caso, ao procedimento licitatório realizado; ii) quanto à receita: o lançamento e o recebimento de toda a receita das unidades gestoras, inclusive referente a recursos extraordinários. Em suma: ao acessar os respectivos sites na internet, é possível ao cidadão conhecer os gastos da entidade pública com remuneração de pessoal,[368] valores de licitação de obras e serviços, gastos públicos, receitas e repasses de outras entidades, sendo importante canal de acesso cívico a como tem sido utilizada a verba pública, possibilitando controle, conhecimento e aperfeiçoamento.

Também merece referência a Lei de Acesso à Informação (Lei nº 12.527/2011), que regula o acesso dos indivíduos às informações públicas, conforme previsão constitucional do artigo 5º, inciso XXXIII, da CR/88,[369] visando conferir maior transparência à atividade estatal. Vale destacar que a Lei de Acesso à Informação se aplica a todas as esferas de poder (Executivo, Legislativo e Judiciário) e para todos os níveis de entidades públicas (União, Estados, Municípios, Administração direta e indireta). Tal lei possui, como um de seus vetores, que a publicidade deve servir como preceito geral e o sigilo como exceção.

A esse propósito, vale destacar que a Lei de Acesso à Informação estabelece, inclusive, que as informações de interesse coletivo devem ser divulgadas independentemente de requerimento, conforme consta no art. 8º: "É dever dos órgãos e entidades públicas promover, independentemente de requerimentos, a divulgação em

---

[368] Muitos servidores públicos se sentiram expostos com a divulgação nominal de seus respectivos vencimentos, de modo que tal discussão chegou ao Judiciário, que definiu a seguinte tese: Ementa: "É legítima a publicação, inclusive em sítio eletrônico mantido pela administração pública, dos nomes dos seus servidores e do valor dos correspondentes vencimentos e vantagens pecuniárias" (BRASIL. Supremo Tribunal Federal (Tribunal Pleno). ARE nº 652.777. Relator: Min. Teori Zavascki, 23 de abril de 2015. *Dje*: Brasília, DF, 1 jul. 2015).

[369] BRASIL. Constituição de 1988. Constituição da República Federativa do Brasil de 1988. *Diário Oficial da União*, Brasília, DF: Presidência da República, 5 out. 1988. Disponível em: http://www.planalto.gov.br/ccivil_03/constituicao/constituicao.htm. Acesso em 15 fev. 2021.

local de fácil acesso, no âmbito de suas competências, de informações de interesse coletivo ou geral por eles produzidas ou custodiadas".[370] E quando a Administração negar acesso a alguma informação, deverá fazê-lo de maneira motivada.

No contexto da pandemia, a publicidade esteve bastante em foco devido a medidas tomadas, em grande parte, pelo governo federal. Em junho de 2020, o Ministério da Saúde simplesmente parou de divulgar os números de mortos pela Covid-19, obrigando um consórcio de veículos de imprensa a fazer tal levantamento.[371] A nosso sentir, tal medida violou frontalmente o princípio da publicidade, bem como a literalidade do art. 8º da Lei de Acesso à Informação, tendo em vista que os dados relacionados à pandemia são, indiscutivelmente, de interesse público. Também não se vislumbra que tais dados se enquadrem em qualquer das restrições de sigilo previstas no art. 23 da Lei nº 12.527/2011.[372]

---

[370] BRASIL. Lei nº 12.527, de 18 de novembro de 2011. Regula o acesso a informações previsto no inciso XXXIII do art. 5º, no inciso II do §3º do art. 37 e no §2º do art. 216 da Constituição Federal; altera a Lei nº 8.112, de 11 de dezembro de 1990; revoga a Lei nº 11.111, de 5 de maio de 2005, e dispositivos da Lei nº 8.159, de 8 de janeiro de 1991; e dá outras providências. *Diário Oficial da União*: Brasília, DF, 18 nov. 2011a. Disponível em: https://www.planalto.gov.br/ccivil_03/_ato2011-2014/2011/lei/l12527.htm. Acesso em 14 mai. 2021.

[371] Cf.: Consórcio de imprensa integrado pelo UOL concorre a prêmio internacional. *UOL*, São Paulo, 17 mar. 2022. Disponível em: https://economia.uol.com.br/noticias/redacao/2022/03/17/consorcio-veiculos-de-imprensa-uol-covid-concorre-premio-sigma-awards.htm. Acesso em 20 mar. 2022.

[372] "Art. 23. São consideradas imprescindíveis à segurança da sociedade ou do Estado e, portanto, passíveis de classificação as informações cuja divulgação ou acesso irrestrito possam:
I – Pôr em risco a defesa e a soberania nacionais ou a integridade do território nacional;
II – Prejudicar ou pôr em risco a condução de negociações ou as relações internacionais do País, ou as que tenham sido fornecidas em caráter sigiloso por outros Estados e organismos internacionais;
III – Pôr em risco a vida, a segurança ou a saúde da população;
IV – Oferecer elevado risco à estabilidade financeira, econômica ou monetária do País;
V – Prejudicar ou causar risco a planos ou operações estratégicos das Forças Armadas;
VI – Prejudicar ou causar risco a projetos de pesquisa e desenvolvimento científico ou tecnológico, assim como a sistemas, bens, instalações ou áreas de interesse estratégico nacional;
VII – Pôr em risco a segurança de instituições ou de altas autoridades nacionais ou estrangeiras e seus familiares; ou
VIII – Comprometer atividades de inteligência, bem como de investigação ou fiscalização em andamento, relacionadas com a prevenção ou repressão de infrações" (BRASIL. Lei nº 12.527, de 18 de novembro de 2011. Regula o acesso a informações previsto no inciso XXXIII do art. 5º, no inciso II do §3º do art. 37 e no §2º do art. 216 da Constituição Federal; altera a Lei nº 8.112, de 11 de dezembro de 1990; revoga a Lei nº 11.111, de 5 de maio de 2005, e dispositivos da Lei nº 8.159, de 8 de janeiro de 1991; e dá outras providências. *Diário*

Essa situação ganhou destaque na imprensa internacional, de modo que alguns veículos consideraram que a omissão dos números seria uma tentativa torpe do governo em tentar esconder a realidade sobre a pandemia e seus reais impactos.[373] A questão chegou ao STF, por meio das ADPFs nº 690, 691 e 692, o qual decidiu em prol da defesa do princípio da publicidade, nos seguintes termos:

> Ementa: CONSTITUCIONAL E ADMINISTRATIVO. ATOS DO PODER PÚBLICO. RESTRIÇÃO À DIVULGAÇÃO DE DADOS RELACIONADOS À COVID-19. PRINCÍPIOS DA PUBLICIDADE E DA TRANSPARÊNCIA. DIREITO À VIDA E À SAÚDE. NECESSIDADE DE MANUTENÇÃO DA DIVULGAÇÃO DIÁRIA DOS DADOS EPIDEMIOLÓGICOS RELATIVOS À PANDEMIA. CONFIRMAÇÃO DA MEDIDA CAUTELAR REFERENDADA PELO PLENÁRIO. PROCEDÊNCIA PARCIAL. 1. A Constituição Federal de 1988 prevê a saúde como direito de todos e dever do Estado, garantindo sua universalidade e igualdade no acesso às ações e serviços de saúde, e consagra expressamente o princípio da publicidade como um dos vetores imprescindíveis à Administração Pública, conferindo-lhe absoluta prioridade na gestão administrativa e garantindo pleno acesso às informações a toda a Sociedade. Precedentes: ADI Nº 6347 MC-Ref, ADI Nº 6351 MC-Ref e ADI Nº 6353 MC-Ref, Rel. Min. ALEXANDRE DE MORAES, Tribunal Pleno, *DJe* de 14.8.2020. 2. *A gravidade da emergência causada pela COVID-19 exige das autoridades brasileiras, em todos os níveis de governo, a efetivação concreta da proteção à saúde pública, com a adoção de todas as medidas possíveis para o apoio e manutenção das atividades do Sistema Único de Saúde, entre elas o fornecimento de todas as informações necessárias para o planejamento e o combate à pandemia. 3. A interrupção abrupta da coleta e divulgação de informações epidemiológicas, imprescindíveis para a análise da série histórica de evolução da pandemia (COVID-19), caracteriza ofensa a preceitos fundamentais da Constituição Federal e fundamenta a manutenção da divulgação integral de todos os dados que o Ministério da Saúde realizou até 4 de junho 2020, e o Governo do Distrito Federal até 18 de agosto passado, sob pena de dano irreparável.* 4. Julgamento conjunto das Arguições de Descumprimento de Preceito Fundamental 690, 691 e 692. Confirmação da medida cautelar referendada pelo Plenário. Procedência parcial.[374]

Oficial da União: Brasília, DF, 18 nov. 2011a. Disponível em: https://www.planalto.gov.br/ccivil_03/_ato2011-2014/2011/lei/l12527.htm. Acesso em 14 mai. 2021).

[373] Cf.: Brasil é destaque no mundo por não divulgar dados de mortes por covid-19. *BBC News Brasil*, 8 jun. 2020. Disponível em: https://www.bbc.com/portuguese/brasil-52967730. Acesso em 9 set. 2020.

[374] BRASIL. Supremo Tribunal Federal (Tribunal Pleno). Arguição de Descumprimento de Preceito Fundamental nº 690. Relator: Min. Alexandre de Moraes, 15 de março de 2021. *Dje*: Brasília, DF, 15 abr. 2021. Grifos nossos.

Ainda ligado ao princípio da publicidade e à Lei de Acesso à Informação, chama a atenção, nos últimos anos, um uso exacerbado do sigilo em documentos públicos e/ou oficiais. Henrique Abel destaca alguns casos emblemáticos de sigilos[375] decretados recentemente e, entre os casos de informações de interesse público que foram colocados sob sigilo, podemos citar: os dados sobre o acesso dos filhos do presidente ao Palácio do Planalto; as informações a respeito do status de vacinação do presidente; os detalhes sobre a compra da vacina indiana Covaxin pelo Ministério da Saúde; o resultado de um processo sobre a participação do general e ex-ministro Eduardo Pazuello em ato político ao lado do presidente; os detalhes de gastos com cartão corporativo e o incidente de desfile de tanques na Esplanada dos Ministérios. Várias dessas informações foram colocadas sob sigilo de até 100 anos.[376]

Também ganhou as páginas dos noticiários o chamado "orçamento secreto",[377] verbas oriundas de emendas parlamentares e cuja destinação até então era mantida de forma sigilosa, a partir de acordos políticos.[378] Tal situação deu origem à ADPF nº 854, de relatoria da ministra Rosa Weber, que autorizou a execução de tal orçamento diante da "presença de um novo quadro" que

> torna mais transparente e seguro o uso das verbas federais, viabilizando a retomada dos programas de governo e dos serviços de utilidade pública cujo financiamento estava suspenso, sem prejuízo da continuidade da adoção de todas as providências necessárias à ampla publicização dos documentos embasadores da distribuição de recursos das emendas do

---

[375] Sobre outros exemplos de sigilo decretado, confira-se: KRUSE, Túlio; MAGRI, Diogo. Só daqui a 100 anos: aumenta a lista de sigilos do governo Bolsonaro. *Veja*, 22 abr. 2022. Disponível em: https://veja.abril.com.br/politica/so-daqui-a-100-anos-aumenta-a-lista-de-sigilos-do-governo-bolsonaro/. Acesso em 01 abr. 2022.

[376] ABEL, Henrique. República dos segredos: a inconstitucionalidade da utilização indiscriminada do sigilo pela Administração Pública. *Migalhas*, 26 jan. 2022. Disponível em: https://www.migalhas.com.br/depeso/358672/a-inconstitucionalidade-da-utilizacao-indiscriminada-do-sigilo. Acesso em 03 mar. 2022.

[377] CASTRO, Ana Paula *et al*. 'Orçamento secreto': Congresso só detalhou ao STF R$10,9 bi dos R$36,9 bi reservados em 2020 e 2021. *G1*, 13 mai. 2022. Disponível em: https://g1.globo.com/politica/noticia/2022/05/13/orcamento-secreto-congresso-so-detalhou-ao-stf-r-109-bi-dos-r-369-bi-reservados-em-2020-e-2021.ghtml. Acesso em 14 mai. 2022.

[378] Cf.: Documentos mostram que 70% do orçamento secreto continua secreto. *Exame*, 11 mai. 2021. Disponível em: https://exame.com/brasil/orcamento-secreto-ainda-secreto/. Acesso em 20 mai. 2021.

Relator-Geral (RP-9) no período correspondente aos exercícios de 2020 e de 2021.[379]

De todos os prismas da publicidade é fácil notar que tal princípio impõe que "a Administração Pública aja de modo a nada ocultar, suscitando a participação fiscalizatória da cidadania, na certeza de que nada há, com raras exceções constitucionais, que não deva vir a público".[380] Waldo Fazzio Júnior bem observa que a Administração Pública não pode atuar clandestinamente. Deve dar ciência de seus atos a todos, evidenciando-os como legais.[381]

Para Angélica Petian, o princípio da publicidade cumpre duas funções bem específicas: "Tornar público os atos praticados pela Administração, isto é, dar conhecimento geral, independentemente da existência de interesse particular no objeto da decisão e permitir o exercício do controle popular (...)".[382]

Daí porque parte da doutrina chega a referir-se a um "princípio da transparência pública" como derivação do princípio da publicidade, abrangendo também o princípio da motivação dos atos administrativos e a participação popular. Nesse sentido, discorre Martins Júnior:

> O princípio da transparência administrativa colima, em apertada síntese, a preservação da visibilidade e do caráter público da gestão dos negócios públicos e a atribuição de legitimidade material à Administração Pública (além de juridicização, ética, conhecimento público, crítica, validade ou eficácia jurídica, defesa dos administrados e respeito aos seus direitos fundamentais, controle e fiscalização, convencimento, consenso, adesão, bom funcionamento, previsibilidade, segurança jurídica), sendo instrumental de suas finalidades os subprincípios da publicidade, motivação e participação popular. Seu reconhecimento proporciona a reformulação das relações entre Administração Pública e administrados e é sinal de ruptura com o

---

[379] BRASIL. Supremo Tribunal Federal (Tribunal Pleno). Arguição de Descumprimento de Preceito Fundamental nº 854 MC. Relatora: Min. Rosa Weber, 17 de dezembro de 2021. *Dje*: Brasília, DF, 23 fev. 2022.
[380] FREITAS, Juarez. *O controle dos atos administrativos e os princípios fundamentais*. São Paulo: Malheiros, 2004. p. 56.
[381] FAZZIO JÚNIOR, Waldo. *Fundamentos de Direito Administrativo*. São Paulo: Atlas, 2002. p. 22.
[382] PETIAN, Angélica. *Regime jurídico dos processos administrativos ampliativos e restritivos de Direito*. São Paulo: Malheiros, 2002. p. 140.

seu tradicional modelo autoritário, hermético, isolado, unilateral, reservado e sigiloso.[383]

De todo o exposto, é fácil notar que o princípio da publicidade está diretamente relacionado com a efetivação de uma democracia plural e participativa, possibilitando aos cidadãos conhecerem, opinarem e participarem de como é gerida a coisa pública. Não obstante, em um cenário marcado por falta de divulgação de dados da Covid-19, aumento exponencial na decretação de sigilos e orçamentos secretos, verificamos que ainda há um longo caminho a percorrer para que se alcance a efetivação de tal princípio, muitas vezes tratado por nossos gestores públicos como se mera norma programática fosse.

3.5 Eficiência

O princípio da eficiência não constava na redação originária da Constituição, tendo sido incluído pela EC nº 19/98. A despeito disso, é possível afirmar que, desde antes, a eficiência já se apresentava como um princípio balizador da administração pública,[384] antes implícito, agora explícito. A Administração Pública, enquanto obrigada a lidar com recursos escassos e a gerir a coisa pública, sempre demandou ser eficiente.

Além do já comentado art. 37 da CR/88, o princípio da eficiência também se apresenta no art. 5º, LXXVIII, ao versar sobre a celeridade processual, um dos prismas da eficiência aplicado ao campo processual.[385]

---

[383] MARTINS JÚNIOR, Wallace Paiva. *Transparência administrativa*: publicidade, motivação e participação popular. 2. ed. São Paulo: Saraiva, 2010. p. 53.

[384] Nesse sentido, a Constituição Federal, em sua redação originária, já dispunha que: "Art. 74. Os Poderes Legislativo, Executivo e Judiciário manterão, de forma integrada, sistema de controle interno com a finalidade de: (...) II – comprovar a legalidade e avaliar os resultados, quanto à eficácia e eficiência, da gestão orçamentária, financeira e patrimonial nos órgãos e entidades da administração federal, bem como da aplicação de recursos públicos por entidades de direito privado (...)" (BRASIL. Constituição de 1988. Constituição da República Federativa do Brasil de 1988. *Diário Oficial da União*, Brasília, DF: Presidência da República, 5 out. 1988. Disponível em: http://www.planalto.gov.br/ccivil_03/constituicao/constituicao.htm. Acesso em 15 fev. 2021).

[385] BRASIL. Constituição de 1988. Constituição da República Federativa do Brasil de 1988. *Diário Oficial da União*, Brasília, DF: Presidência da República, 5 out. 1988. Disponível em: http://www.planalto.gov.br/ccivil_03/constituicao/constituicao.htm. Acesso em 15 fev. 2021.

Também na legislação infraconstitucional se manifesta em diversas passagens, a exemplo da Lei nº 9.784/99 (Lei de Processo Administrativo Federal), que o elenca como princípio expresso no art. 2º, e reverbera em outros dispositivos, a exemplo da padronização de modelos ou formulários para assuntos que importem pretensões equivalentes (art. 7º), da cumulação em um só requerimento de pedidos com idêntico fundamento (art. 8º), da juntada de documentos pela própria Administração (art. 37),[386] entre outros.

Em um espectro mais amplo, o termo "eficiência" relaciona-se com a interpretação e com a efetividade das normas constitucionais, na medida em que, quanto mais otimizados e cumpridos os ditames das normas jurídicas, mais eficiente será o ordenamento, se globalmente considerado.

Outrossim, o princípio da eficiência está fortemente atrelado à utilização dos recursos públicos e ao alcance da finalidade pública, balizando-se sempre em critérios de produtividade, economicidade e eficácia. Guarda correlação com o dever de boa administração e com a persecução do bem comum.

Em busca de um conceito unívoco acerca do princípio da eficiência, José Eduardo Martins Cardozo define que:

> O princípio da eficiência é aquele que determina aos órgãos e pessoas da Administração Direta e Indireta que, na busca das finalidades estabelecidas pela ordem jurídica, tenham uma ação instrumental adequada, constituída pelo aproveitamento maximizado e racional dos recursos humanos, materiais, técnicos e financeiros disponíveis, de modo que possa alcançar o melhor resultado quantitativo e qualitativo possível, em face das necessidades públicas existentes.[387]

Em obra singular acerca do princípio da eficiência administrativa, Onofre Alves Batista Júnior discorre sobre os aspectos básicos da eficiência administrativa, elencando que compõe a sua

---

[386] BRASIL. Lei nº 9.784, Lei nº 9.784, de 29 de janeiro de 1999. Regula o processo administrativo no âmbito da Administração Pública Federal. *Diário Oficial da União*: Brasília, DF, 01 fev. 1999, retificado em 11 mar. 1999. Disponível em: http://www.planalto.gov.br/ccivil_03/leis/l9784.htm. Acesso em 15 fev. 2021.

[387] CARDOZO, José Eduardo Martins. Princípios constitucionais da Administração Pública de acordo com a Emenda constitucional nº 19/98. In: MORAES, Alexandre de (Coord.). *Os 10 anos da Constituição Federal*. São Paulo: Atlas, 1999. p. 165.

ideia nuclear: a) eficácia; b) produtividade; c) economicidade; d) qualidade; e) celeridade e presteza; f) continuidade dos serviços; g) desburocratização.

Enquanto a doutrina comumente associa a eficiência somente à escolha dos melhores meios disponíveis, Onofre aponta que o princípio da eficiência contém em si a ideia de eficácia, a qual diz respeito ao atendimento das finalidades propostas. De nada adiantaria a escolha do meio mais adequado para que, ao final, não se atingisse o resultado almejado.

Já os conceitos de produtividade, economicidade, qualidade e celeridade associam-se diretamente à escolha dos meios. "A produtividade revela a aspiração a uma relação funcional ótima entre meios e fins; exige uma máxima utilização possível dos meios escassos".[388] Ser produtivo, portanto, implica uma relação entre meios e fins, o que almeja a escolha do caminho menos oneroso e que paralelamente atinja o melhor resultado possível.

Já a economicidade pode ser vislumbrada como o viés econômico da produtividade. Uma Administração eficiente deve combater o desperdício de recursos e, noutra face, maximizar suas receitas.[389] Ser econômico não implica necessariamente gastar menos, mas sim gastar bem.

Em paralelo, a qualidade demonstra a "necessidade de otimização dos resultados sob o ângulo da pessoa humana, potencial usuária do serviço público, que pede por melhores produtos, melhores serviços públicos, pelo atendimento igualitário de suas necessidades e [de] seus interesses".[390]

Já a celeridade e a presteza inserem a dimensão do fator "tempo" para o princípio da eficiência. Onofre Alves bem observa que, em todo o mundo, cidadãos reclamam da demora na prestação de serviços, do atendimento descortês, das filas intermináveis. Assim, a celeridade e presteza apresentam-se enquanto prisma

---

[388] BATISTA JÚNIOR, Onofre Alves. *Princípio constitucional da eficiência administrativa*. Belo Horizonte: Editora Fórum, 2012. p. 183.
[389] BATISTA JÚNIOR, Onofre Alves. *Princípio constitucional da eficiência administrativa*. Belo Horizonte: Editora Fórum, 2012. p. 189.
[390] BATISTA JÚNIOR, Onofre Alves. *Princípio constitucional da eficiência administrativa*. Belo Horizonte: Editora Fórum, 2012. p. 194.

da eficiência, na medida em que "a articulação dos meios deve proporcionar a maior agilidade no seu atendimento".[391]

Sobre a continuidade dos serviços, o autor enuncia que este é um dos aspectos da eficiência – que tais serviços sejam prestados de forma contínua: "Não basta um bom resultado isolado e esporádico; a eficiência exige que o bem comum seja buscado de forma permanente e contínua".[392] Pensemos num exemplo que aclara tal definição: será que poderíamos chamar de eficiente um serviço de fornecimento de energia elétrica que caísse a todo momento ou que somente funcionasse em alguns dias da semana? Por certo que não. Para haver eficiência, deve haver recorrência.

Por derradeiro, a ideia de desburocratização, aqui entendendo-se burocracia longe da acepção técnica dada por Max Weber, mas sim no sentido do engessamento de estruturas governamentais, tão bem ilustrado na anedota dos *Doze Trabalhos de Astérix e Obelix*,[393] em que um dos desafios era exatamente o de conseguir uma autorização em uma repartição pública romana, quase levando os protagonistas da história à loucura, tamanha a burocracia imposta pelo órgão público. Ao abordar a ideia de desburocratização, Onofre Alves discorre que:

> Quanto aos procedimentos administrativos, a eficiência, em sua faceta da desburocratização, impõe o abandono a procedimentos administrativos demasiadamente longos e lentos, que não possibilitam a obtenção de decisões céleres. Quanto à estrutura administrativa, a desburocratização, como faceta organizacional da ideia de eficiência pede o afastamento das estruturas desnecessariamente complexas, bem como da duplicação de atribuições e do distanciamento excessivo entre as unidades administrativas e os administrados.[394]

Nesse mister da desburocratização, vale destacar que a incorporação de novas tecnologias e procedimentos mais céleres

---

[391] BATISTA JÚNIOR, Onofre Alves. *Princípio constitucional da eficiência administrativa*. Belo Horizonte: Editora Fórum, 2012. p. 197.

[392] BATISTA JÚNIOR, Onofre Alves. *Princípio constitucional da eficiência administrativa*. Belo Horizonte: Editora Fórum, 2012. p. 199.

[393] Dos 40 min e 21 ss em diante (CAIO, Hornstein. *Os Doze Trabalhos de Asterix – Dublagem Clássica (1976)*. [S. l.]: Caio Hornstein, s.d. 1 vídeo (1 h 18 min 8 ss). Disponível em: https://www.youtube.com/watch?v=ddN1xXLFfKM. Acesso em 17 mar. 2022).

[394] BATISTA JÚNIOR, Onofre Alves. *Princípio constitucional da eficiência administrativa*. Belo Horizonte: Editora Fórum, 2012. p. 201.

pela Administração adquire papel central. Durante a pandemia de Covid-19, locais de vacinação eram divulgados na internet, da mesma forma que comprovantes de vacinação, tão indispensáveis nas mais diversas situações, encontraram-se acessíveis na palma da mão, mediante o aplicativo de celular Conectsus. Outras iniciativas também são louváveis e merecem registro, a exemplo da Defesa Civil de Belo Horizonte, que passou a notificar os cidadãos, via mensagem SMS, acerca de pancadas de chuva iminentes e riscos geológicos. Também o BH Resolve, ao centralizar diversos serviços em um só lugar, aproxima Administração e administrados, tornando mais eficiente o serviço prestado.

Mas nem tudo são flores. A ineficiência ainda é um traço marcante da Administração, em todos os seus níveis, vindo a ocupar os noticiários e o Judiciário de maneira recorrente.

Demonstrando enorme vivência e conhecimento da prática do Direito, Juarez Freitas lista um cipoal de exemplos que importam em comum violação ao princípio da eficiência:

> Nosso país insiste em praticar, em todas as searas, desperdícios ignominiosos dos escassos recursos públicos. Não raro, prioridades não são cumpridas. Outras tantas vezes, obras restam inconclusas, enquanto se principiam outras altamente questionáveis. Traçados de estradas são feitos em desacordo com técnicas básicas de engenharia. Decisões de obras são tomadas em rompantes conducentes a erros amazônicos. Mais: escolas são abandonadas e ao lado inauguram-se novas. Hospitais são sucateados enquanto iniciam-se outros. Materiais são desperdiçados. (...) Cogita-se de desapropriação imotivada, com altos custos para o erário. Vendem-se e compram-se ações de sociedades de economia mista nem sempre com o devido cuidado. Por tudo, torna-se conveniente frisar que tal princípio constitucional está a vedar, terminantemente, todo e qualquer desperdício de recursos públicos ou aquelas escolhas que não possam ser catalogadas como verdadeiramente comprometidas com a busca da otimização ou do melhor.[395]

Ao revés, a eficiência não dá uma carta branca ao administrador para inobservar os demais princípios. Daí porque, em nome da economicidade, não se podem relegar procedimentos previstos

---

[395] FREITAS, Juarez. *O controle dos atos administrativos e os princípios fundamentais*. São Paulo: Malheiros, 2004. p. 75.

em lei, ou, em nome do menor custo, se realize uma contratação direta quando a lei prevê necessidade de licitação. A eficiência só se materializa em um regime de compatibilidade com os demais princípios.

Nessa linha, Angélica Petian observa que "o princípio da eficiência não permite o sacrifício de outros princípios também constitucionais, como é o caso da legalidade e da moralidade, uma vez que na Administração os fins não justificam os meios".[396]

De igual forma, Emerson Gabardo assevera que a ontologia do princípio da eficiência é necessariamente compreensiva, "pois não se pode afirmar que um ato é eficiente, ainda que cumpridor de todos os critérios básicos a si inerentes, se ilegal, imoral, irregularmente pessoal ou sigiloso".[397]

Assim, jamais poderá ser considerado eficiente um ato que atente contra outros princípios ou normas. A eficiência pressupõe uma análise intrassistêmica, é dizer, se analisa sob as balizas da juridicidade. Fora do campo do Direito, podem até existir meios mais eficientes, e o tal "jeitinho brasileiro" é a representação popular dessa constatação. Por outro lado, para além dos muros do Direito, não se fala em princípio da eficiência administrativa, visto que tal ato estará maculado de arbitrariedade ou ilegalidade e, por mais eficiente que seja, será antijurídico.

Outro ponto que merece destaque diz respeito à imbricada relação entre o princípio da eficiência e a boa administração. Celso Antônio Bandeira de Mello chega a afirmar que o princípio da eficiência nada mais é do que "uma faceta de um princípio mais amplo já superiormente tratado, de há muito, no Direito italiano: o princípio da boa administração".[398]

O princípio da boa administração tem origem no Direito italiano e, de forma ampliativa, abrange a eficiência, mas perpassa também pela observância de outros princípios fundamentais, a exemplo da legalidade, da motivação e da proporcionalidade.

---

[396] PETIAN, Angélica. *Regime jurídico dos processos administrativos ampliativos e restritivos de Direito*. São Paulo: Malheiros, 2002. p. 145.

[397] GABARDO, Emerson. *Princípio constitucional da eficiência administrativa*. São Paulo: Dialética, 2002. p. 97.

[398] MELLO, Celso Antônio Bandeira de. *Curso de direito administrativo*. São Paulo: Malheiros, 2003. p. 112.

Nesse sentido, Ismail Filho refere-se a um direito fundamental à boa administração que liga o cidadão ao administrador público, e cujo conteúdo é a observância por este dos princípios da administração pública (legalidade, impessoalidade, moralidade, publicidade, eficiência, igualdade, razoabilidade, proporcionalidade etc.) das tarefas fundamentais do Estado e dos direitos referentes à participação procedimental do particular na gestão pública (devido processo legal, duração razoável do processo).[399]

Para Paulo Modesto, "o exercício regular da função administrativa, numa democracia representativa, repele não apenas o capricho e o arbítrio, mas também a negligência e a ineficiência, pois ambos, violam os interesses tutelados na lei".[400]

No contexto da pandemia de Covid-19, vale ilustrar algumas medidas consideradas como eficientes adotadas pelo administrador público, *in verbis*:

> (...) a eficiência das medidas do poder público (atos administrativos *stricto sensu*), diante das peculiaridades e complexidades dos interesses em conflito, traduza-se, por exemplo, em: i) proteger a vida e a saúde das pessoas, ainda que em detrimento da liberdade de ir e vir; ii) fazer prevalente o interesse coletivo sobre a garantia da propriedade privada; iii) preferir a oferta de bens e serviços essenciais à vida e à saúde, a outros de natureza diversa; iv) atender preferencialmente o público sensível aos efeitos do vírus, antes dos demais; v) oferecer maior proteção aos profissionais da saúde e da segurança que àqueles que podem manter suas atividades em *home office*.[401]

De todo o exposto, é possível afirmar que, no atual contexto do século XXI, o princípio da eficiência administrativa mostra-se como viga mestra para a sobrevivência do modelo de Estado de Bem-Estar Social. Por um lado, apresenta-se um contexto de demandas sempre crescentes, com aumento populacional e envelhecimento da

---

[399] ISMAIL FILHO, S. Boa administração: um direito fundamental a ser efetivado em prol de uma gestão pública eficiente. *Revista de Direito Administrativo*, Belo Horizonte, v. 277, n. 3, p. 105-137, 2018. p. 113.

[400] MODESTO, Paulo. Notas para um debate sobre o princípio da eficiência. *Revista Interesse Público*, São Paulo, a. 2, n. 7, jul./set. 2000. p. 69.

[401] CARVALHO, Fábio Lins de Lessa; RODRIGUES, Ricardo Schneider (Coord.). *Covid-19 e Direito Administrativo*: impactos da pandemia na administração pública. Curitiba: Juruá, 2020. p. 21.

pirâmide etária. Por outro, as limitações técnicas e orçamentárias de um governo com alta dívida pública e que já tributa fatia considerável do PIB.

Nesse contexto, a eficiência deve ser o norte a ser seguido pelo gestor público, a demandar "fazer mais com menos", a fim de garantir melhores condições de vida para uma população ainda tão carente de serviços públicos de qualidade. Mais que isso: o Estado deve ser eficiente tanto na despesa quanto na receita pública, o que rechaça qualquer possibilidade de perdas, desvios, desperdícios, sonegação fiscal, benefícios injustificados, entre outras mazelas que ainda nos assolam.

CAPÍTULO 4

O PAPEL CONFORMADOR DOS PRINCÍPIOS INFRACONSTITUCIONAIS

4.1 Supremacia do interesse público

A supremacia do interesse público, embora seja considerada um princípio implícito,[402] encontra-se materializada em diversas normas, a exemplo do art. 170 da CR/88, que, ao dispor sobre a ordem econômica, enuncia que deverá ser observada a função social da propriedade, a defesa do consumidor e a redução das desigualdades.[403] Outros exemplos de grande utilização no Direito

---

[402] Vale a ressalva da posição divergente defendida por Gustavo Binenbojm, segundo o qual a supremacia do interesse público não seria um princípio jurídico. Para tanto, o autor argumenta que uma norma que sustenta a supremacia, a priori, de um valor, não pode ser considerada como um princípio, pois colide com a textura aberta inerente a estes, o que conduziria, portanto, a uma contradição em termos. Acresce que o princípio da supremacia do interesse público parte de uma indevida dissociação entre interesses públicos e interesses privados, de modo que o interesse público sempre carecerá de um procedimento de ponderação racional, de modo que, não raro, o interesse público corresponderá exatamente à proteção de interesses privados (SARMENTO, Daniel (Org.). *Interesses públicos* versus *interesses privados*: desconstruindo o princípio da supremacia do interesse público. Rio de Janeiro: Lumen Juris, 2005. p. 166-167). Também Humberto Ávila, partindo da moderna concepção acerca dos princípios jurídicos, afirma que o princípio da supremacia do interesse público não pode ser considerado como uma norma princípio, visto que "sua descrição abstrata não permite uma concretização em princípio gradual, pois a prevalência é a única possibilidade (ou grau) de sua aplicação" (SARMENTO, Daniel (org.) *Interesses públicos* versus *interesses privados*: desconstruindo o princípio da supremacia do interesse público. Rio de Janeiro: Lumen iuris, 2005. p. 184).

[403] BRASIL. Constituição de 1988. Constituição da República Federativa do Brasil de 1988. *Diário Oficial da União*, Brasília, DF: Presidência da República, 5 out. 1988. Disponível em: http://www.planalto.gov.br/ccivil_03/constituicao/constituicao.htm. Acesso em 15 fev. 2021.

Público dizem respeito à desapropriação, às cláusulas contratuais exorbitantes, às requisições administrativas, à ausência de Direito adquirido a regime jurídico, entre outros tantos.[404]

O art. 5º da CR/88, embora tratando de direitos e garantias fundamentais direcionados aos indivíduos, está recheado de hipóteses que denotam a supremacia do interesse público, cabendo citar como exemplos: que a propriedade atenderá a sua função social (XXIII), o procedimento para desapropriação por necessidade ou utilidade pública (XXIV), a requisição de propriedade particular (XXV).[405]

Ainda na Constituição, o art. 37, IX, prevê possibilidade de exceção ao concurso público, abrindo a possibilidade de contratação direta "para atender a necessidade temporária de excepcional interesse público". Em paralelo, o art. 57 §6º, II, dispõe sobre a possibilidade de convocação extraordinária do Congresso Nacional em caso de urgência ou interesse público relevante. No campo do Judiciário, os magistrados possuem direito à inamovibilidade (art. 95, II da CR/88), somente podendo ser transferidos caso o interesse público assim impuser.[406]

Outro claro exemplo de supremacia do interesse público diz respeito às limitações ao direito de greve de servidores públicos, notadamente as restrições ligadas a serviços essenciais, bem como à proibição do direito de greve para algumas carreiras estratégicas (exemplo dos policiais militares, bombeiros militares e militares das Forças Armadas, conforme art. 142, §3º, IV, c/c art. 42, §1º, da CR/88).[407]

---

[404] Vale aqui a observação de Mateus Bertoncini, segundo o qual: "Sem a prevalência do interesse público sobre o individual o Estado teria sérias dificuldades para desempenhar suas funções, pois estaria colocado no mesmo patamar do indivíduo, numa situação de igualdade, com o que não disporia da força necessária, ou seja, dos poderes instrumentais voltados ao funcionamento da entidade criada pelo homem para zelar pelos interesses da coletividade que essencialmente demanda prerrogativas que estão ausentes no Direito que rege a relação entre os particulares. (BERTONCINI, Mateus Eduardo Siqueira Nunes. *Princípios de Direito Administrativo brasileiro*. São Paulo: Malheiros, 2002. p. 183).
[405] BRASIL. Constituição de 1988. Constituição da República Federativa do Brasil de 1988. *Diário Oficial da União*, Brasília, DF: Presidência da República, 5 out. 1988. Disponível em: http://www.planalto.gov.br/ccivil_03/constituicao/constituicao.htm. Acesso em 15 fev. 2021.
[406] BRASIL. Constituição de 1988. Constituição da República Federativa do Brasil de 1988. *Diário Oficial da União*, Brasília, DF: Presidência da República, 5 out. 1988. Disponível em: http://www.planalto.gov.br/ccivil_03/constituicao/constituicao.htm. Acesso em 15 fev. 2021.
[407] BRASIL. Constituição de 1988. Constituição da República Federativa do Brasil de 1988. *Diário Oficial da União*, Brasília, DF: Presidência da República, 5 out. 1988. Disponível em: http://www.planalto.gov.br/ccivil_03/constituicao/constituicao.htm. Acesso em 15 fev. 2021.

No plano infraconstitucional, merece destaque a Lei nº 9.784/99, que enuncia no *caput* do art. 2º ser o interesse público um dos princípios de observância obrigatória, o que fica mais evidente ao abordar que os processos administrativos devem atender aos critérios de "interesse geral, vedada a renúncia total ou parcial de poderes ou competências" (inc. II); de "objetividade no atendimento do interesse público, vedada a promoção pessoal de agentes ou autoridades" (inc. III); de "interpretação da norma administrativa da forma que melhor garanta o atendimento do fim público a que se dirige (inc. XIII).[408]

Remetendo às origens do Direito Administrativo, prevalecia a ideia de que a Administração é dotada de uma série de prerrogativas, tal como o poder de polícia, a autoexecutoriedade, a indisponibilidade, entre outros. "Essas prerrogativas é que colocaram a Administração Pública em posição de supremacia sobre o particular, em nome da ideia de que o interesse público prevalece sobre o individual".[409] O princípio da supremacia do interesse público é uma das premissas das sociedades organizadas, pois, sem ele, o Estado não teria condição de exercer suas atribuições quando nivelado em pé de igualdade com os particulares.

Partindo dessa acepção clássica, Celso Antônio Bandeira de Mello anota que a supremacia do interesse público é um "verdadeiro axioma reconhecível no moderno Direito Público. Proclama a superioridade do interesse da coletividade, firmando a prevalência dele sobre o particular, como condição, até mesmo, da sobrevivência e asseguramento deste último".[410]

A doutrina inclusive vem tecendo críticas à própria terminologia, a qual estaria ultrapassada em relação ao atual sistema constitucional vigente. Um significado mais preciso do referido princípio seria "prioridade" do interesse público, a despeito do

---

[408] BRASIL. Lei nº 9.784, Lei nº 9.784, de 29 de janeiro de 1999. Regula o processo administrativo no âmbito da Administração Pública Federal. *Diário Oficial da União*: Brasília, DF, 01 fev. 1999, retificado em 11 mar. 1999. Disponível em: http://www.planalto.gov.br/ccivil_03/leis/l9784.htm. Acesso em 15 fev. 2021.

[409] DI PIETRO, Maria Sylvia Zanella. O Direito Administrativo da crise. *In*: WALD, Arnold *et al*. (Org.). *O Direito Administrativo na atualidade*: estudos em homenagem ao centenário de Helly Lopes Meirelles. São Paulo: Malheiros, 2017. p. 887.

[410] MELLO, Celso Antônio Bandeira de. *Curso de Direito Administrativo*. São Paulo: Malheiros, 2003. p. 60.

termo "supremacia". Isso porque supremacia dá o indicativo de algo absoluto, supremo, inalcançável, o que não se amolda à já comentada ponderação de princípios que ora vigora. Quanto ao tema, discorre Carlos Sundfeld:

> Insistimos em que, para a ordem jurídica, o interesse púbico tem apenas prioridade em relação ao privado; não é, porém, supremo frente a este. Supremacia é a qualidade daquele que está acima de tudo. O interesse público não está acima da ordem jurídica; ao contrário, é esta que o define e o protege como tal. Ademais, o interesse público não arrasa nem desconhece o privado, tanto que o Estado, necessitando de um imóvel particular para realizar o interesse público, não o confisca simplesmente, mas o desapropria, pagando indenização, o que significa haver proteção jurídica do interesse do proprietário, mesmo quando conflitante com o do Estado.[411]

Reforça tal raciocínio o exposto por Juarez Freitas, segundo o qual "o sistema administrativista não se coaduna com o domínio despótico do todo sobre a vontade particular, porque exige o primado (não supremacia) da vontade geral legítima em relação àquela que se revelar claramente conspiratória com o interesse comum".[412]

Já o conceito de "interesse público" deve ser buscado na própria lei e na Constituição. Não se confunde com o interesse da Administração Pública. Por isso, é possível divisar que, em determinada situação, a preservação de um direito fundamental do indivíduo é que será a medida de atendimento ao interesse público, até mesmo porque, em maior ou menor grau, o cumprimento das leis será sempre um interesse público mediato ou imediato.

Di Pietro sintetiza a ideia nuclear da supremacia do interesse público ao dispor que "se a lei dá à Administração os poderes de desapropriar, de requisitar, de intervir, de policiar, de punir, é porque tem em vista atender ao interesse geral, que não pode ceder diante do interesse individual".[413]

---

[411] SUNDFELD, Carlos Ari. *Fundamentos de Direito Público*. 3. ed. São Paulo: Malheiros, 1997. p. 143
[412] FREITAS, Juarez. *O controle dos atos administrativos e os princípios fundamentais*. São Paulo: Malheiros, 2004. p. 35.
[413] DI PIETRO, Maria Sylvia Zanella. *Direito Administrativo*. São Paulo: Atlas, 2005. p. 70

Luís Roberto Barroso subdivide o interesse público em primário e secundário. Para o eminente constitucionalista, o interesse público primário "é a razão de ser do Estado e sintetiza-se nos fins que cabe a ele promover: justiça, segurança e bem-estar social". Já o interesse público secundário "é o da pessoa jurídica de direito público que seja parte de uma determinada relação jurídica."[414] Em outros dizeres, o interesse secundário é o interesse do erário".[415] Sobre a conformação do dito interesse público primário, Barroso discorre ainda que

> a realização do interesse público primário muitas vezes se consuma apenas pela satisfação de determinados interesses privados. Se tais interesses forem protegidos por uma cláusula de direito fundamental, não há de haver qualquer dúvida. Assegurar a integridade física de um detento, preservar a liberdade de expressão de um jornalista, prover a educação primária de uma criança são, inequivocadamente, formas de realizar o interesse público mesmo, quando o beneficiário for uma única pessoa privada.[416]

Ainda quanto ao princípio da supremacia do interesse público, vale trazer à tona a clássica definição de Hely Lopes:

> O Direito Público assenta no princípio da supremacia do Poder Público sobre os cidadãos, dada a prevalência dos interesses coletivos sobre os individuais. Dessa desigualdade originária entre a Administração e os particulares resultam inegáveis privilégios e prerrogativas para o Poder Público (...). Sempre que entrarem em conflito o direito do indivíduo e o interesse da comunidade, há de prevalecer este último, uma vez que o objetivo primacial da Administração é o bem comum.[417]

Da referida definição, chama a atenção a terminologia apta a ilustrar uma relação hierarquizada e enraizada. Diante dos "privilégios e prerrogativas" da Administração, o interesse público

---

[414] Esse interesse público secundário não se confunde com as chamadas "razões de Estado", isto é, com os fundamentos políticos destinados a justificar uma determinada medida. Não se pode confundir a vontade do Legislativo ou de um agente público com o interesse público, visto que há vezes em que o fundamento de uma determinada política não atingirá o interesse público.

[415] SARMENTO, Daniel (Org.). *Interesses públicos* versus *interesses privados*: desconstruindo o princípio da supremacia do interesse público. Rio de Janeiro: Lumen Juris, 2005. p. xiii.

[416] SARMENTO, Daniel (Org.). *Interesses públicos* versus *interesses privados*: desconstruindo o princípio da supremacia do interesse público. Rio de Janeiro: Lumen Juris, 2005. p. xiv.

[417] MEIRELLES, Hely Lopes. *Direito Administrativo brasileiro*. São Paulo: Malheiros, 1990. p. 39.

sempre prevaleceria diante do interesse do indivíduo. Será que essa acepção ainda hoje encontra ressonância?

Por certo que não.

Humberto Ávila destaca a umbilical relação entre interesses públicos e interesses privados, ao dispor que "estão de tal forma instituídos pela Constituição brasileira que não podem ser separadamente descritos na análise da atividade estatal e seus fins. Elementos privados estão instituídos nos próprios fins do Estado (p. ex. preâmbulo e direitos fundamentais)".[418]

Nessa toada, Paulo Ricardo Schier leciona que

> i) interesses públicos e privados se complementam e se harmonizam, não se encontrando, em regra, em conflito, pois a realização de um importa na do outro;
> ii) eventuais colisões são resolvidas previamente pelo constituinte originário, que pode optar pela prevalência dos interesses privados (como parece ser o mais usual) ou pela prevalência dos interesses públicos (como parece ser a exceção em homenagem ao princípio da legalidade e do Estado de Direito);
> iii) outras colisões são remetidas ao campo das restrições dos direitos fundamentais, onde o constituinte, expressamente, autoriza que os direitos, liberdades e garantias individuais cedam, mediante ponderação infraconstitucional (observado o princípio da reserva de lei) em favor de interesses públicos, sempre com observância do critério (ou princípio) da proporcionalidade e respeito do núcleo essencial daqueles;
> iv) um último grupo de colisão entre interesses públicos e privados, que não venham a se enquadrar nos anteriores, deverá ter solução remetida à ponderação de princípios (ou valores) diante do caso concreto, através não de mediação legislativa, mas sim jurisprudencial, levando em conta, sempre, critérios de proporcionalidade e razoabilidade.[419]

Nesse inteligir, Juarez Freitas anota que "o princípio do interesse público exige a simultânea subordinação das ações administrativas à dignidade da pessoa humana e o fiel respeito aos direitos fundamentais".[420] Certamente, a proteção aos direitos

---

[418] ÁVILA, Humberto. Repensando o princípio da supremacia do interesse público sobre o particular. *Revista Trimestral de Direito Público*, São Paulo, v. 24, 1998.

[419] SARMENTO, Daniel (Org.). *Interesses públicos versus interesses privados*: desconstruindo o princípio da supremacia do interesse público. Rio de Janeiro: Lumen Juris, 2005. p. 236.

[420] FREITAS, Juarez. *O controle dos atos administrativos e os princípios fundamentais*. São Paulo: Malheiros, 2004. p. 36.

fundamentais direciona-se não só à relação entre particulares, mas sobretudo à contenção aos arbítrios estatais.

Também não merece prosperar o raciocínio de que o interesse público corresponderia à soma dos interesses individuais.[421] Embora isso possa ocorrer em determinadas situações, não se trata de uma premissa universal. Por duas razões: i) o interesse público nem sempre será divisível; ii) o interesse público pode corresponder ao interesse de um único individuo, ou de um grupo em determinadas situações.

O primeiro caso retrata a hipótese dos direitos coletivos ou difusos, os quais somente podem ser verificados de maneira sistêmica. O exemplo clássico da proteção ao meio ambiente não é viável analisar sob a ótica individual. Um morador de São Paulo pode estar milhares de quilômetros da floresta amazônica, pode jamais pisar neste bioma e, ainda assim, a proteção ao meio ambiente dirá respeito a ele, e não só a ele, mas a todos os seres humanos, a populações ribeirinhas, a moradores da Avenida Paulista, a asiáticos do outro lado do mundo. Isso porque a destruição do meio ambiente impactará a vida de todos, de forma difusa e imprevisível. Por isso, o interesse público pela preservação do meio ambiente não se trata de uma mera soma de direitos individuais, mas sim de um todo, um conjunto uno e indivisível.

O segundo caso diz respeito às situações em que o interesse público coincide com a proteção de direitos individuais. Imaginemos que, por exemplo, a busca pela cura da pandemia de coronavírus demandasse o sacrifício e experimentos com alguns indivíduos. Embora a cura da doença pudesse beneficiar milhares de pessoas, atendendo a pretensos interesses públicos de saúde da coletividade que, individualmente somados, seriam superiores aos interesses particulares dos indivíduos a serem sacrificados, certo é que os interesses públicos que devem prevalecer em tal caso seriam o da preservação da integridade e da vida dos indivíduos que seriam

---

[421] Filiando-se a esta linha de pensamento, Héctor Escola aponta que o interesse público deve ser visualizado como "um querer majoritário orientado à obtenção de valores pretendidos, isto é, uma maioria de interesses individuais coincidentes, que é o interesse mediante o qual é possível se orientar ao alcance de um valor, proveito ou utilidade resultante daquilo sobre o qual recai tal coincidência majoritária, e é público porque diz respeito a toda comunidade, como o resultado dessa maioria coincidente" (ESCOLA, Héctor. *El interés público como fundamento del Derecho Administrativo*. Buenos Aires: Depalma, 2006. p. 236).

sacrificados. Isso porque o arbítrio estatal contra alguns indivíduos representa a legitimação e a possibilidade de arbítrio diante de todos –[422] basta que se modifique o precedente ou o bem maior a ser perseguido. Assim, nesse caso, também o interesse público não coincidirá com a soma dos interesses individuais, mas sim com a preservação de interesses que, num aspecto quantitativo, seriam considerados minoritários.

Quanto ao tema, Edilson Nobre Júnior bem enuncia que:

> A eventual prevalência do interesse sustentado pelo particular nos confrontos com uma pessoa de direito público ou administrativa, justamente por aquele representar um valor a ser perseguido no interesse da comunidade, representa nada mais do que a própria preponderância do interesse público, considerando-se este nos seus devidos termos, e não de pretensões particulares. Nessa hipótese, há uma confusão entre o interesse particular e o público e, quando merecedor de tutela aquele, o que, ao final prevalece, é o interesse do próprio corpo social, que não tolera a denegação de direitos legítimos dos cidadãos (...).[423]

Nessa toada, Luís Roberto Barroso bem observa que o interesse público secundário (o interesse do erário) "jamais desfrutará de supremacia a priori e abstrata em face do interesse particular. Se ambos entrarem em colisão, caberá ao intérprete proceder à ponderação adequada, à vista dos elementos normativos e fáticos relevantes para a solução do caso concreto".[424]

Outra reflexão que permeia o princípio da supremacia do interesse público é a constatação de que "interesse público" é um contexto mutável com o passar do tempo, e a depender de uma série de variáveis políticas, econômicas, sociais, culturais etc. Qual seria

---

[422] Vale a ressalva de Celso Antônio Bandeira de Mello no sentido de que, embora em determinadas situações o interesse público diga respeito exatamente ao atendimento de interesses individuais ou minoritários, não é possível conceber um interesse público que seja colidente com todos os interesses de cada um dos membros da coletividade, visto que "o interesse público nada mais é do que a dimensão pública dos interesses de cada indivíduo enquanto membro do corpo social" (MELLO, Celso Antônio Bandeira de. *Curso de Direito Administrativo*. São Paulo: Malheiros, 2003. p. 185).

[423] NOBRE JÚNIOR, Edilson Pereira. *Direito administrativo contemporâneo*: temas fundamentais. Salvador: JusPodivm, 2016. p. 54.

[424] SARMENTO, Daniel (Org.). *Interesses públicos* versus *interesses privados*: desconstruindo o princípio da supremacia do interesse público. Rio de Janeiro: Lumen Juris, 2005. p. xv.

o interesse público num contexto de guerra? Qual seria o interesse público num contexto de crescimento econômico? E durante uma pandemia? Por certo, em cada uma dessas situações o interesse público adquirirá facetas e nuances diversas. Não faz sentido, portanto, discutir acerca de um interesse público rígido, imutável ou atemporal.

Pelo exposto, referendamos a doutrina que propõe uma reavaliação sobre a "supremacia" do interesse público, devendo este princípio ser concebido como uma "prioridade" do interesse público, de natureza relativa, e que deverá sempre ser justificado e cotejado conforme cada caso. Ademais, vale ressaltar que "interesse público" não se confunde com o interesse da Administração ou do erário, havendo situações em que a preservação de um interesse privado ou de um determinado grupo é que corresponderá à efetivação de tal princípio.

4.2 Indisponibilidade do interesse público

Umbilicalmente ligados[425] ao princípio da supremacia do interesse público se encontram os princípios da indisponibilidade do interesse público, da autoexecutoriedade e da autotutela.

Explicando a natureza cogente e diretiva oriunda do princípio da indisponibilidade do interesse público, Maria Sylvia Di Pietro observa que:

> Precisamente, por não poder dispor dos interesses públicos cuja guarda lhes é atribuída por lei, os poderes atribuídos à Administração têm o caráter de poder-dever (...). Assim, a autoridade não pode renunciar ao exercício das competências que lhe são outorgadas por lei; não pode deixar de punir quando constate a prática de ilícito administrativo; não pode deixar de exercer o poder de polícia (...), não pode deixar de exercer

---

[425] "Como expressão da supremacia, a Administração, por representar o interesse público, tem a possibilidade, nos termos, da lei, de constituir terceiros em obrigações mediante atos unilaterais. Tais atos são imperativos como quaisquer atos do Estado. Demais disso, trazem consigo a decorrente exigibilidade, traduzida na previsão legal de sanções ou providências indiretas que induzam o administrado a acatá-los. Certas vezes ensejam, ainda, que a própria Administração possa, por si mesma, executar a pretensão traduzida no ato (...) é a chamada autoexecutoriedade" (MELLO, Celso Antônio Bandeira de. *Curso de Direito Administrativo*. São Paulo: Malheiros, 2003. p. 87).

os poderes decorrentes da hierarquia; não pode fazer liberalidade com o dinheiro público.[426]

Pela indisponibilidade, denota-se que os interesses públicos são inapropriáveis – seja pelos particulares, seja pelos agentes públicos, seja pelo órgão público. Assim, pela clássica definição de indisponibilidade, o agir administrativo estará vinculado ao que a lei estabelece, a reboque das implicações e consequências decorrentes de sua aplicação, a um caráter cogente dos deveres da Administração e ao dever de executar suas prerrogativas, quando a lei assim dispuser.

Nessa toada, José dos Santos Carvalho Filho observa que "os bens e interesses públicos não pertencem à Administração nem a seus agentes. Cabe-lhes apenas geri-los, conservá-los e por eles velar em prol da coletividade, esta, sim, a verdadeira titular dos direitos e interesses públicos".[427]

Já Celso Antônio Bandeira de Mello bem observa que:

> A Administração Pública está, por lei, adstrita ao cumprimento de certas finalidades, sendo-lhe obrigatório objetiva-las para colimar interesse de outrem: o da coletividade. É em nome do interesse público – o do corpo social – que tem de agir, fazendo-o na conformidade da *intentio legis*. Portanto, exerce "função", instituto – como visto – que se traduz na ideia de indeclinável atrelamento a um fim preestabelecido e que deve ser atendido para benefício de um terceiro. É situação oposta à autonomia da vontade, típica do Direito Privado. De regra, neste último alguém busca, em proveito próprio, os interesses que lhe apetecem, fazendo-o, pois, com plena liberdade, contanto que não viole alguma lei.[428]

Em termos: no campo da administração pública, não há espaço para falarmos em autonomia privada ou autonomia da vontade a ser exercitada pelo agente, tal como ocorre nas decisões da vida privada. Mesmo quando estivermos diante de uma situa-

---

[426] DI PIETRO, Maria Sylvia Zanella. *Direito Administrativo*. São Paulo: Atlas, 2005. p. 70.
[427] CARVALHO FILHO, José dos Santos. *Manual de Direito Administrativo*. São Paulo: Atlas, 2018. p. 37.
[428] MELLO, Celso Antônio Bandeira de. *Curso De Direito Administrativo*. São Paulo: Malheiros, 1999. p. 98.

ção discricionária, o ato ou a decisão tomada deve traduzir-se no atendimento da finalidade pública, e não no capricho ou na vontade pessoal do agente. Esse é o maior desdobramento da indisponibilidade do interesse público: não se curvar aos interesses pessoais de quem quer que seja.

4.3 Autotutela

Ligado ao princípio da autoexecutoriedade encontra-se o princípio da autotutela. Ambos bebem da mesma fonte: a autonomia e a independência de agir atribuídas à Administração, decorrentes de seu poder de império. A diferença reside no momento de aplicação: enquanto a autoexecutoriedade está relacionada à independência da Administração em praticar os atos que decorrem de sua competência, a autotutela está ligada à prerrogativa revisional, conferindo autonomia à Administração para que revise os seus atos já praticados.

Nesse sentido, Rafael Oliveira esclarece a diferença entre autotutela e autoexecutoriedade: "A autotutela designa o poder-dever de corrigir ilegalidades e de garantir o interesse público dos atos editados pela própria Administração", enquanto "a autoexecutoriedade compreende a prerrogativa de imposição da vontade administrativa, independente de recorrer ao Poder Judiciário".[429]

Vale destacar que aqui temos uma notável diferenciação entre a realidade da seara privada e a prerrogativa pública decorrente do princípio da autotutela. Enquanto, no âmbito privado, a regra é que a anulação de um ato praticado decorra do comum acordo das partes ou da intervenção judicial, pela autotutela, tal revogação ocorre de forma unilateral e independente de apreciação pelo Judiciário.

Assim, quanto ao princípio da autotutela,[430] a Administração exerce o controle de seus próprios atos "com a possibilidade de

---

[429] OLIVEIRA, Rafael Carvalho Resende. *Curso de Direito Administrativo*. Rio de Janeiro: Forense, 2016. p. 50.

[430] Vale a diferenciação terminológica: enquanto pelo princípio da tutela a Administração exerce o controle em relação a outra pessoa por ela mesma instituída, na autotutela o controle se exerce em relação aos seus próprios atos.

anular os ilegais e revogar os inconvenientes ou inoportunos, independentemente de recorrer ao Judiciário".[431]

A autotutela encontra-se disciplinada no art. 53 da Lei nº 9.784/99, *in verbis:*

> Art. 53. A Administração deve anular seus próprios atos, quando eivados de vício de legalidade, e pode revogá-los por motivo de conveniência ou oportunidade, respeitados os direitos adquiridos.[432]

Materializando o princípio da autotutela, merecem referência as Súmulas nº 346 e 473 do STF, que assim estabelecem:

> Súmula 346 – A administração pública pode declarar a nulidade dos seus próprios atos.[433]
> (...)
> Súmula 473 – A administração pode anular seus próprios atos, quando eivados de vícios que os tornam ilegais, porque dêles não se originam direitos; ou revogá-los, por motivo de conveniência ou oportunidade, respeitados os direitos adquiridos, e ressalvada, em todos os casos, a apreciação judicial.[434]

Embora editadas há mais de 50 anos, num período marcado pelo regime autoritário, tais súmulas permanecem em vigor, tendo norteado a jurisprudência dos tribunais superiores há décadas. Atualmente, o que ocorre é uma releitura a partir do ordenamento vigente.

Nesse sentido, vale destacar que a autotutela possui contornos definidos no próprio sistema jurídico, a exemplo do princípio da

---

[431] DI PIETRO, Maria Sylvia Zanella. *Direito Administrativo*. São Paulo: Atlas, 2005. p. 73.
[432] BRASIL. Lei nº 9.784, Lei nº 9.784, de 29 de janeiro de 1999. Regula o processo administrativo no âmbito da Administração Pública Federal. *Diário Oficial da União*: Brasília, DF, 01 fev. 1999, retificado em 11 mar. 1999. Disponível em: http://www.planalto.gov.br/ccivil_03/leis/l9784.htm. Acesso em 15 fev. 2021.
[433] Súmula nº 346 (data de aprovação: sessão plenária de 13 de dezembro de 1963) (BRASIL. Supremo Tribunal Federal. *Súmula do STF* (atualizado em 1º de dezembro de 2017). Brasília, DF: Poder Executivo, 2017. p. 198-199. Disponível em: https://www.stf.jus.br/arquivo/cms/jurisprudenciaSumula/anexo/Enunciados_Sumulas_STF_1_a_736_Complleto.pdf. Acesso em 06 ago. 2021).
[434] Súmula nº 473 (data de aprovação sessão plenária de 3 de dezembro de 1969) (BRASIL. Supremo Tribunal Federal. *Súmula do STF* (atualizado em 1º de dezembro de 2017). Brasília, DF: Poder Executivo, 2017. p. 268. Disponível em: https://www.stf.jus.br/arquivo/cms/jurisprudenciaSumula/anexo/Enunciados_Sumulas_STF_1_a_736_Completo.pdf. Acesso em 06 ago. 2021).

proteção à confiança e do prazo decadencial para a Administração rever seus próprios atos (art. 54 Lei nº 9.784), conforme exposto alhures. Recentemente, o tema da autotutela foi confrontado exatamente com o princípio da confiança, fonte principiológica do prazo decadencial para prática de ato revisional. A questão encontra-se com repercussão geral reconhecida, conforme se verifica:

> RECURSO EXTRAORDINÁRIO. REPRESENTATIVO DA CONTROVÉRSIA. ADMINISTRATIVO. MANDADO DE SEGURANÇA. SERVIDOR PÚBLICO ESTATUTÁRIO. ADICIONAL DE SEXTA PARTE. BASE DE CÁLCULO. EFEITO CASCATA. INCONSTITUCIONALIDADE DA FORMA DE CÁLCULO. EXERCÍCIO DA AUTOTUTELA ADMINISTRATIVA. CONCILIAÇÃO COM OS PRINCÍPIOS DA PROTEÇÃO DA CONFIANÇA E DA IRREDUTIBILIDADE DE VENCIMENTOS. TRANSFORMAÇÃO DA DIFERENÇA DO VALOR PAGO A MAIOR EM VANTAGEM PESSOAL NOMINALMENTE IDENTIFICADA (VPNI). RELEVÂNCIA DA QUESTÃO CONSTITUCIONAL. MANIFESTAÇÃO PELA EXISTÊNCIA DE REPERCUSSÃO GERAL.[435]

Também houve repercussão geral sobre o exercício de autotutela sobre atos de efeitos concretos (a concessão de uma aposentadoria, por exemplo) e a necessidade de processo administrativo antes de se promover a anulação ou a alteração do ato:

> EMENTA RECURSO EXTRAORDINÁRIO. DIREITO ADMINISTRATIVO. EXERCÍCIO DO PODER DE AUTOTUTELA ESTATAL. REVISÃO DE CONTAGEM DE TEMPO DE SERVIÇO E DE QUINQUÊNIOS DE SERVIDORA PÚBLICA. REPERCUSSÃO GERAL RECONHECIDA. 1. Ao Estado é facultada a revogação de atos que repute[m] ilegalmente praticados; porém, se tais atos já decorreram efeitos concretos, seu desfazimento deve ser precedido de regular processo administrativo. 2. Ordem de revisão de contagem de tempo de serviço, de cancelamento de quinquênios e de devolução de valores tidos por indevidamente recebidos apenas pode ser imposta ao servidor depois de submetida a questão ao devido processo administrativo, em que se mostra de obrigatória observância o respeito ao princípio do contraditório e da ampla defesa. 3. Recurso extraordinário a que se nega provimento.[436]

---

[435] BRASIL. Supremo Tribunal Federal (Tribunal Pleno). Recurso Extraordinário nº 1.2833.60 RG. Relator: Min. Presidente, 24 de maio de 2021. *Dje*: Brasília, DF, 14 jun. 2021.

[436] BRASIL. Supremo Tribunal Federal (Tribunal Pleno). Recurso Extraordinário nº 594.296. Relator: Min. Dias Toffoli, 21 de setembro de 2011. *Dje*: Brasília, DF, 13 fev. 2012.

Disso decorre que, embora a autotutela seja percebida como um princípio que confere uma prerrogativa de atuação para a Administração Pública, seu alcance e forma de aplicação tem sido cotejados com outros princípios e interesses igualmente indispensáveis ao bom funcionamento do Estado Democrático de Direito.

4.4 Autoexecutoriedade

Inicialmente, insta ressaltar que a autoexecutoriedade é princípio aplicável a apenas certos campos do Direito Administrativo, normalmente ligados aos atos administrativos decorrentes do exercício do poder de polícia.

No campo infraconstitucional, ligam-se ao tema da autoexecutoriedade a Lei nº 9.873/99, que estabelece prazo de prescrição para o exercício de ação punitiva pela Administração Pública Federal decorrente do poder de polícia; a Lei nº 9.782/99, que define o Sistema Nacional de Vigilância Sanitária e cria a Agência Nacional de Vigilância Sanitária; a Lei Municipal de Belo Horizonte – Lei nº 7.031/96 –,[437] que dispõe sobre a normatização dos procedimentos relativos à saúde pelo Código Sanitário Municipal, os Planos Diretores dos respectivos municípios (em Belo Horizonte, a Lei Municipal nº 11.181/19); o art. 35, §5º, do Código Florestal (Lei nº 12.651/2021), as autuações de trânsito previstas no Código de Trânsito Brasileiro (Lei nº 9.503/97), entre inúmeros outros diplomas.

Hely Lopes Meirelles define a autoexecutoriedade como "a faculdade da Administração decidir e executar diretamente a sua decisão por seus próprios meios. (...) Se o particular se sentir agravado em seus direitos, este sim, poderá reclamar, pela via

---

[437] "Art. 11– As ações de vigilância sanitária, vigilância epidemiológica e saúde do trabalhador são tratadas neste Código como vigilância em saúde, em função da interdependência do seu conteúdo e do desenvolvimento de suas ações, implicando compromisso do Poder Público, do setor privado e da sociedade em geral na proteção e defesa da qualidade de vida" (BELO HORIZONTE. Lei nº 7031 de 12 de janeiro de 1996. Dispõe sobre a normatização complementar dos procedimentos relativos à saúde pelo código sanitário municipal e dá outras providências. *Diário Oficial da União*, Belo Horizonte: Câmara Municipal, 1996. Disponível em: https://leismunicipais.com.br/a/mg/b/belo-horizonte/lei-ordinaria/1996/703/7031/lei-ordinaria-n-7031-1996-dispoe-sobre-a-normatizacao-complementar-dos-procedimentos-relativos-a-saude-pelo-codigo-sanitario-municipal-e-da-outras-providencias. Acesso em: 04 out. 2021).

adequada, ao Judiciário, que intervirá oportunamente para correção de eventual ilegalidade".[438]

Ou seja: pelo princípio da autoexecutoriedade, a Administração pratica os atos que lhe competem, os quais já produzem efeitos e consequências jurídicas independentemente de chancela por outro órgão ou instância, aí incluso o Judiciário. Carvalho Filho acrescenta que da autoexecutoriedade decorre o fato de que "não pode ficar a Administração à mercê do consentimento dos particulares. Ao revés, cumpre-lhe agir de imediato".[439]

Em termos práticos, a autoexecutoriedade permite que a Administração possa executar suas decisões sem que necessite da chancela do Poder Judiciário. Deveras, seria uma Administração Pública ineficiente e engessada se, para cada ato de império – p. ex. a cobrança de um tributo do particular –, a Administração tivesse que recorrer ao Judiciário para validação e legitimação de tal ato.

Há certa discussão doutrinária acerca do caráter ampliativo ou restritivo da autoexecutoriedade, sendo que a corrente ampliativa advoga que a autoexecutoriedade seria um pré-requisito de todos os atos administrativos, enquanto a teoria restritiva defende que tal princípio deve ser analisado de forma pormenorizada, à luz dos direitos e garantias fundamentais dos administrados.

Em prol da corrente ampliativa, Oswaldo Aranha Bandeira de Mello discorre que "é da própria natureza do ato administrativo a sua autoexecutoriedade, ao contrário dos atos de Direito Privado".[440] Disso, vemos que a doutrina clássica vislumbrava a autoexecutoriedade como um elemento integrativo dos atos administrativos, de forma indistinta.

Já a corrente restritiva defende que a utilização da autoexecutoriedade depende de expressa disposição legal, ressalvados os casos urgentes (a exemplo da calamidade pública). Nesse sentido, defende Carlos Ari Sundfeld que "a autoexecutoriedade não

---

[438] MEIRELLES, Hely Lopes. *Direito Administrativo brasileiro*. São Paulo: Malheiros, 1990. p. 120-121.
[439] CARVALHO FILHO, José dos Santos. *Manual de Direito Administrativo*. São Paulo: Atlas, 2018. p. 91.
[440] BANDEIRA DE MELLO, Oswaldo Aranha. *Princípios gerais do Direito Administrativo*. Rio de Janeiro: Forense, 1979. p. 621.

é atributo de todo ato administrativo, derivando sempre de autorização explícita ou implícita da norma legal".[441]

Dando sequência ao posicionamento restritivo, Nina Laporte Bonfim advoga que a autoexecutoriedade deve ser analisada sob o enfoque de direitos e garantias fundamentais dos administrados, que possuem aplicação imediata e devem ser realizados na maior medida do possível. Assim, a referida autora conclui que

> a atuação direta da Administração – leia-se, com intervenção física sobre o administrado – é prerrogativa que deve ser encarada de forma excepcional, em conformidade com o regime constitucional do Estado Democrático de Direito.
> A executoriedade não é uma característica geral e permanente do ato administrativo, tampouco é um privilégio, mas sim uma competência que será outorgada à Administração em determinados casos, por autorização pontual do ordenamento jurídico (...).[442]

Também devemos divisar que, embora pareçam termos semelhantes, executoriedade e exigibilidade não se confundem. De acordo com Carlos Ari Sundfeld, a exigibilidade "é o atributo de impor-se à obediência, independentemente do consentimento do destinatário, é a obrigatoriedade do ato".[443] Em paralelo, a executoriedade do ato é "a condição de admitir o uso, pela Administração, da coação para fazê-lo cumprir".[444] Da referida conceituação, é possível concluir que nem todo ato exigível será executório, ao passo que todo ato executório dessume de sua exigibilidade prévia.

Celso Antônio Bandeira de Mello pontua que a aplicação da autoexecutoriedade é comumente verificável nos atos administrativos ligados ao poder de polícia.[445] Ilustra com os seguintes exemplos:

---

[441] SUNDFELD, Carlos Ari. *Direito Administrativo ordenador*. São Paulo: Malheiros, 2003. p. 82.
[442] BOMFIM, Nina Laporte; FIDALGO, Carolina Barros. Releitura da auto-executoriedade como prerrogativa da Administração Pública. *In*: ARAGÃO, Alexandre Santos de; MARQUES NETO, Floriano de Azevedo (Coord.). *Direito Administrativo e seus novos paradigmas*. Belo Horizonte: Editora Fórum, 2008. p. 278.
[443] SUNDFELD, Carlos Ari. *Direito Administrativo ordenador*. São Paulo: Malheiros, 2003. p. 83.
[444] SUNDFELD, Carlos Ari. *Direito Administrativo ordenador*. São Paulo: Malheiros, 2003. p. 83.
[445] Curiosamente, o Código Tributário Nacional nos traz interessante conceituação acerca da expressão "Poder de Polícia": "Art. 78. Considera-se poder de polícia atividade da administração pública que, limitando ou disciplinando direito, interêsse ou liberdade, regula a prática de ato ou abstenção de fato, em razão de intérêsse público concernente à

uma ordem para dissolução de uma passeata que atente contra a tranquilidade pública; a apreensão de gêneros alimentícios impróprios ao consumo; o fechamento de estabelecimento comercial que não atenda aos requisitos de funcionamento; a apreensão de veículo automotor que trafegue em condições irregulares, entre inúmeros outros.

Nessa toada, destacam-se, também, como típicas expressões da autoexecutoriedade do poder de polícia estatal: i) o guinchamento de carro estacionado em local proibido; ii) o fechamento de restaurante pela vigilância sanitária; iii) a apreensão de mercadorias contrabandeadas; iv) a demolição de construção irregular em área de manancial; v) a requisição de escada particular para combater incêndio; vi) a interdição de estabelecimento comercial irregular; vii) a destruição de alimentos nocivos ao consumo público e expostos à venda; viii) o confisco de medicamentos necessários para a população, em situação de calamidade pública.[446]

Destas mais diferentes situações, Celso Antônio detalha traços em comum aptos a autorizar a autoexecutoriedade por parte da Administração, *in verbis*:

> a) quando a lei expressamente autorizar;
> b) quando a adoção da medida for urgente para a defesa do interesse público e não comportar as delongas naturais do pronunciamento judicial sem sacrifício ou risco para a coletividade;
> c) quando inexistir outra via de direito capaz de assegurar a satisfação do interesse público que a Administração está obrigada a defender em cumprimento à medida de polícia.[447]

Ainda ligado ao contexto da autoexecutoriedade e poder de polícia, merece destaque o julgado na ADI nº 6.341, que dispôs

---

segurança, à higiene, à ordem, aos costumes, à disciplina da produção e do mercado, ao exercício de atividades econômicas dependentes de concessão ou autorização do Poder Público, à tranqüilidade pública ou ao respeito à propriedade e aos direitos individuais ou coletivos" (BRASIL. Lei nº 5.172, de 25 de outubro de 1966. Dispõe sobre o Sistema Tributário Nacional e institui normas gerais de direito tributário aplicáveis à União, Estados e Municípios. *Diário Oficial da União*: Brasília, DF, 27 out. 1966, retificado em 31 out. 1996. Disponível em: https://www.planalto.gov.br/ccivil_03/leis/l5172compilado.htm. Acesso em 19 jun. 2021).

[446] MAZZA, Alexandre. *Manual de Direito Administrativo*. São Paulo: Saraiva Educação, 2018. p. 297.

[447] MELLO, Celso Antônio Bandeira de. *Curso de Direito Administrativo*. São Paulo: Malheiros, 2003. p. 79.

sobre a competência comum entre União, estados e municípios para implementarem políticas públicas concernentes à proteção da saúde durante a pandemia de Covid-19. Nesse sentido, constou do voto de relatoria do ministro Edson Fachin:[448]

> O exercício da competência da União em nenhum momento diminuiu a competência própria dos demais entes da federação na realização de serviços da saúde, nem poderia, afinal, a diretriz constitucional é a de municipalizar esses serviços. 6. O direito à saúde é garantido por meio da obrigação dos Estados Partes de adotar medidas necessárias para prevenir e tratar as doenças epidêmicas e os entes públicos devem aderir às diretrizes da Organização Mundial da Saúde, não apenas por serem elas obrigatórias nos termos do Artigo 22 da Constituição da Organização Mundial da Saúde (Decreto nº 26.042, de 17 de dezembro de 1948), mas sobretudo porque contam com a expertise necessária para dar plena eficácia ao direito à saúde. 7. Como a finalidade da atuação dos entes federativos é comum, a solução de conflitos sobre o exercício da competência deve pautar-se pela melhor realização do direito à saúde, amparada em evidências científicas e nas recomendações da Organização Mundial da Saúde.[449]

Ainda na exemplificação do poder de polícia e autoexecutoriedade durante a pandemia, vale citar a determinação dos governos locais sobre fechamento de estabelecimentos comerciais e igrejas.[450] Sobre a proporcionalidade e razoabilidade de tais restrições, sugerimos ao leitor retomar o capítulo atinente à proporcionalidade e razoabilidade, ocasião na qual analisamos tais restrições sob a ótica do isolamento social x direitos individuais.

---

[448] A reboque do tão propalado ativismo judicial e discurso de que "o STF quem disse tal coisa", vale a ressalva de Ricardo Dias, segundo o qual tal decisão apenas reafirmou "o que a Constituição já estabelecia quanto à repartição de competências administrativas. Substancialmente não há nada de novo na decisão tomada pelo Supremo Tribunal Federal" (DIAS, Luciano Souto (Org.). *Repercussões da pandemia covid-19 no Direito Brasileiro*. São Paulo: JH Mizuno, 2020. p. 79).

[449] BRASIL. Supremo Tribunal Federal (Tribunal Pleno). Ação Direta de Inconstitucionalidade nº 6.341 MC-REF. Relator: Min. Marco Aurélio, 15 de abril de 2020, *Dje*: Brasília, DF, 13 nov. 2020.

[450] Sobre as igrejas, vale a ressalva de José Luciano Gabriel, ao destacar que "as restrições ao princípio da liberdade religiosa foram parciais e temporárias. Temporárias, porque cessarão tão logo superada a pandemia de coronavírus. Parciais, porque as restrições não inviabilizaram o exercício da liberdade religiosa dentro de cenários que não geravam aglomerações, como por exemplo, a transmissão via televisão, rádio e internet de todos os conteúdos religiosos (...)" (DIAS, Luciano Souto (org.). *Repercussões da pandemia de Covid-19 no direito brasileiro*. São Paulo: JH Mizuno, 2020. p. 92-93).

No contexto pandêmico, certamente a discussão mais polêmica sobre o alcance e a dimensão do princípio da autoexecutoriedade diz respeito à vacinação obrigatória. O questionamento é simples para uma resposta complexa: pode a Administração Pública obrigar os seus concidadãos a se vacinarem, como medida de saúde pública e contenção da pandemia?

Note-se que parte da doutrina chegou a advogar que sim, sendo este um claro exemplo de aplicação da autoexecutoriedade. Nesse sentido, Régis Fernandes de Oliveira defende que "cabe até constrição pessoal, como a vacinação forçada em qualquer pessoa, o tratamento de moléstia transmissível (...)".[451] Já Marcello Caetano advoga que, no combate a uma epidemia, a Administração poderia assumir "verdadeiro Estado de sítio sanitário com cordões de isolamento da região contaminada e grande concentração nas mãos dos médicos de poderes de internamento, tratamento, desinfecção e requisição".[452]

Será que tais posicionamentos extremados em prol de uma autoexecutoriedade ampliada em contextos excepcionais de crise sanitária foi chancelada ou mitigada durante a pandemia de Covid-19?

Essa até então hipotética discussão doutrinária sobre a possibilidade de a Administração compelir os seus administrados a tomarem uma vacina como forma de combate a uma doença contagiosa ganhou centralidade na arena pública durante a pandemia de Covid-19.

De início, vale destacar a Lei nº 13.979/2020, que dispôs sobre as medidas para enfrentamento da emergência de saúde pública de importância internacional decorrente do coronavírus. Merece destaque o art. 3º do referido diploma, que instituiu uma série de potestas estatais ligadas à autoexecutoriedade:

> Art. 3º Para enfrentamento da emergência de saúde pública de importância internacional de que trata esta Lei, as autoridades poderão adotar, no âmbito de suas competências, entre outras, as seguintes

---

[451] OLIVEIRA, Régis Fernandes de. *Infrações e sanções administrativas*. São Paulo: Editora Revista dos Tribunais, 2012. p. 99.
[452] CAETANO, Marcello. *Manual de direito administrativo*. Coimbra: Almedina, 2005. p. 1190.

medidas: (Redação dada pela Lei nº 14.035, de 2020)
I – Isolamento;
II – Quarentena;
III – Determinação de *realização compulsória* de:
a) exames médicos;
b) testes laboratoriais;
c) coleta de amostras clínicas;
d) vacinação e outras medidas profiláticas; ou (Vide ADPF nº 754)
e) tratamentos médicos específicos;
III-A – uso obrigatório de máscaras de proteção individual; (Incluído pela Lei nº 14.019, de 2020)
IV – Estudo ou investigação epidemiológica;
V – Exumação, necropsia, cremação e manejo de cadáver;
VI – Restrição excepcional e temporária, por rodovias, portos ou aeroportos, de: (Redação dada pela Lei nº 14.035, de 2020)
a) entrada e saída do País; e (Incluído pela Lei nº 14.035, de 2020)
b) locomoção interestadual e intermunicipal; (Incluído pela Lei nº 14.035, de 2020) (Vide ADI 6343)
VII – Requisição de bens e serviços de pessoas naturais e jurídicas, hipótese em que será garantido o pagamento posterior de indenização justa; e
VIII – Autorização excepcional e temporária para a importação e distribuição de quaisquer materiais, medicamentos, equipamentos e insumos da área de saúde sujeitos à vigilância sanitária sem registro na Anvisa considerados essenciais para auxiliar no combate à pandemia do coronavírus (...).[453]

Do citado rol, dois pontos merecem destaque: a determinação do uso obrigatório de máscaras de proteção individual e a possibilidade de determinação de realização compulsória de vacinação.

Quanto ao primeiro ponto, viralizou nos noticiários[454] fato ocorrido na cidade de Santos, em que um pedestre, então desembargador, foi abordado por um guarda civil municipal para

---

[453] BRASIL. Lei nº 13.979, de 6 de fevereiro de 2020. Dispõe sobre as medidas para enfrentamento da emergência de saúde pública de importância internacional decorrente do coronavírus responsável pelo surto de 2019. *Diário Oficial da União*: Brasília, DF, 07 fev. 2020. Disponível em: https://www.planalto.gov.br/ccivil_03/_ato2019-2022/2020/lei/l13979.htm. Acesso em 18 out. 2021. Grifo nosso.

[454] REBELL, Aiuri; Bruno MADRID. Abordado sem máscara, desembargador despreza guarda em Santos: "Analfabeto". *UOL*, São Paulo, 19 jul. 2020. Disponível em: https://noticias.uol.com.br/cotidiano/ultimas-noticias/2020/07/19/santos-homem-se-apresenta-como-desembargador-recusa-mascara-e-humilha-cgm.htm. Acesso em 22 jul. 2020.

que colocasse a máscara. O cidadão recusou-se a colocá-la e proferiu uma série de ofensas contra o agente público. Por tal conduta, o cidadão foi multado nos termos da legislação municipal, além de ter sido condenado a indenizar o guarda em danos morais, tendo em vista as ofensas proferidas.[455]

Infelizmente, este não foi um fato isolado, tendo se replicado milhares de vezes ao longo de todo o país,[456] situação em que cidadãos simplesmente se recusaram a cumprir a determinação estatal. Com o avanço da vacinação e a queda nos indicadores da pandemia, em 2022, as municipalidades pouco a pouco foram desobrigando o uso da máscara, excetuadas algumas localidades, tais como hospitais, aeroportos e transportes públicos.

Sobre a obrigatoriedade do uso das máscaras, via de regra, foi chancelada pelos tribunais pátrios, enquanto decorrência do poder de polícia. Nesse sentido, confiram-se os seguintes excertos:

> Tema evidentemente afeto ao poder de polícia sanitária, em consonância com o disposto no art. 78 da Lei Federal nº 5.172/66. Máscaras que, segundo os epidemiologistas, têm relevância estratégica na prevenção contra a contaminação pelo coronavírus, especialmente na fase de aceleração da pandemia, de molde a impedir a veiculação do patógeno, servindo de suplemento ao distanciamento social quando não possível.[457]
>
> O USO DA MÁSCARA DURANTE A PANDEMIA NÃO PODE SER VISTO COMO UMA OPÇÃO INDIVIDUAL, AO TALANTE DE CADA UM, MAS COMO UM IMPERATIVO DE CIDADANIA, COM PRIMAZIA DA COLETIVIDADE EM DETRIMENTO DE ESCOLHAS PRIVADAS.[458]

---

[455] Cf.: Desembargador da "carteirada" perde recurso e terá de indenizar guarda. *Migalhas*, 20 mai. 2021. Disponível em: https://www.migalhas.com.br/quentes/345908/desembargador-da-carteirada-perde-recurso-e-tera-de-indenizar-guarda. Acesso em 21 mai. 2021.

[456] "Enquanto a Prefeitura do Rio aplicou 7.138 multas entre junho e dezembro de 2020, no valor de R$107 cada, a Prefeitura de Goiânia aplicou apenas 12, de junho a dezembro do ano passado (R$110), e a de Belo Horizonte informa que foram 133 autuações, de julho a dezembro de 2020" (CARVALHO, Cleide. Desembargador que ofendeu guarda e se recusou a usar máscara em Santos não pagou multa de R$100. *O Globo*, 25 jan. 2021. Disponível em: https://oglobo.globo.com/brasil/desembargador-que-ofendeu-guarda-se-recusou-usar-mascara-em-santos-nao-pagou-multa-de-100-24853841. Acesso em 04 fev. 2021).

[457] SÃO PAULO (Estado). Tribunal de Justiça (Órgão Especial). MS nº 21656012920208260000 SP 2165601-29.2020.8.26.0000. Relator: Juiz Roberto Caruso Costabile e Solimene, 27 de janeiro de 2021. *DJSP*: Poder Judiciário, São Paulo, 28 jan. 2021.

[458] RIO GRANDE DO SUL. Tribunal de Justiça do Estado. AI nº 51409027320218217000 RS. Relator: Desem. Dilso Domingos Pereira, 29 de setembro de 2021. 20. Câmara Cível. *DJRS*: Porto Alegre, Poder Judiciário, Porto Alegre, 1 out. 2021.

Conforme entendimento do STF, medidas adotadas pelo Governo Federal no combate à Covid-19 não afastam a competência concorrente de estados e municípios para criar normas locais de combate e prevenção. 3. No conflito entre um direito individual, no caso locomover-se em áreas públicas sem o uso de máscara facial, e o interesse coletivo, consubstanciado na preservação da vida e da saúde, deve prevalecer aquele que atende à coletividade.[459]

Em relação à compulsoriedade/obrigatoriedade da vacinação, o debate tornou-se ainda mais acalorado, fruto da resistência de negacionistas que, incrédulos quanto aos benefícios da vacinação, levantavam a questão da autonomia privada e liberdade individual para justificarem a negativa em se vacinarem.

A questão chegou ao STF, que nos autos da ADPF nº 754 proferiu medida cautelar e reforçou a interpretação do art. 3º, III, d, da Lei nº 13.979/2020, no sentido de que:

> (i) a vacinação compulsória não significa vacinação forçada, por exigir sempre o consentimento do usuário, podendo, contudo, ser implementada por meio de medidas indiretas, as quais compreendem, dentre outras, a restrição ao exercício de certas atividades ou à frequência de determinados lugares, desde que previstas em lei, ou dela decorrentes", esclarecendo, ainda, que (ii) "tais medidas, com as limitações expostas, podem ser implementadas tanto pela União como pelos Estados, Distrito Federal e Municípios, respeitadas as respectivas esferas de competência.[460]

Na mesma toada, dispôs a ADI nº 6.586/DF:[461]

> Ementa: AÇÕES DIRETAS DE INCONSTITUCIONALIDADE. VACINAÇÃO COMPULSÓRIA CONTRA A COVID-19 PREVISTA NA LEI Nº 13.979/2020. PRETENSÃO DE ALCANÇAR A IMUNIDADE DE REBANHO. PROTEÇÃO DA COLETIVIDADE, EM ESPECIAL

---

[459] DISTRITO FEDERAL. Tribunal de Justiça do Distrito Federal e dos Territórios (Conselho Especial). MS nº 0711766-42.2020.8.07.0000. Relator: Desem. Sebastião Coelho, 1 de setembro de 2020. *PJe-TJDF*: 16 set. 2020.

[460] BRASIL. Supremo Tribunal Federal (Tribunal Pleno). Arguição de Descumprimento de Preceito Fundamental nº 754. Relator: Min. Ricardo Lewandowski, 1 de março de 2021. *Dje*: Brasília, DF, 11 mar. 2021.

[461] Nesse mesmo sentido, confira-se a ADI nº 6.587/DF (BRASIL. Supremo Tribunal Federal. Ação Direta de Inconstitucionalidade nº 6.587. Relator: Min. Ricardo Lewandowski, 17 de dezembro de 2020. *Dje*: Brasília, DF, 7 abr. 2021).

DOS MAIS VULNERÁVEIS. DIREITO SOCIAL À SAÚDE. PROIBIÇÃO DE VACINAÇÃO FORÇADA. EXIGÊNCIA DE PRÉVIO CONSENTIMENTO INFORMADO DO USUÁRIO. INTANGIBILIDADE DO CORPO HUMANO. PREVALÊNCIA DO PRINCÍPIO DA DIGNIDADE HUMANA. INVIOLABILIDADE DO DIREITO À VIDA, LIBERDADE, SEGURANÇA, PROPRIEDADE, INTIMIDADE E VIDA PRIVADA. VEDAÇÃO DA TORTURA E DO TRATAMENTO DESUMANO OU DEGRADANTE. COMPULSORIEDADE DA IMUNIZAÇÃO A SER ALCANÇADA MEDIANTE RESTRIÇÕES INDIRETAS. NECESSIDADE DE OBSERVÂNCIA DE EVIDÊNCIAS CIENTÍFICAS E ANÁLISES DE INFORMAÇÕES ESTRATÉGICAS. EXIGÊNCIA DE COMPROVAÇÃO DA SEGURANÇA E EFICÁCIA DAS VACINAS. LIMITES À OBRIGATORIEDADE DA IMUNIZAÇÃO CONSISTENTES NA ESTRITA OBSERVÂNCIA DOS DIREITOS E GARANTIAS FUNDAMENTAIS. COMPETÊNCIA COMUM DA UNIÃO, ESTADOS, DISTRITO FEDERAL E MUNICÍPIOS PARA CUIDAR DA SAÚDE E ASSISTÊNCIA PÚBLICA. ADIS CONHECIDAS E JULGADAS PARCIALMENTE PROCEDENTES. I – A vacinação em massa da população constitui medida adotada pelas autoridades de saúde pública, com caráter preventivo, apta a reduzir a morbimortalidade de doenças infeciosas transmissíveis e a provocar imunidade de rebanho, com vistas a proteger toda a coletividade, em especial os mais vulneráveis. II – *A obrigatoriedade da vacinação a que se refere a legislação sanitária brasileira não pode contemplar quaisquer medidas invasivas, aflitivas ou coativas, em decorrência direta do direito à intangibilidade, inviolabilidade e integridade do corpo humano, afigurando-se flagrantemente inconstitucional toda determinação legal, regulamentar ou administrativa no sentido de implementar a vacinação sem o expresso consentimento informado das pessoas.* III – A previsão de vacinação obrigatória, excluída a imposição de vacinação forçada, afigura-se legítima, desde que as medidas às quais se sujeitam os refratários observem os critérios constantes da própria Lei nº 13.979/2020, especificamente nos incisos I, II, e III do §2º do art. 3º, a saber, o direito à informação, à assistência familiar, ao tratamento gratuito e, ainda, ao "pleno respeito à dignidade, aos direitos humanos e às liberdades fundamentais das pessoas", bem como os princípios da razoabilidade e da proporcionalidade, de forma a não ameaçar a integridade física e moral dos recalcitrantes. IV – (...) V – ADIs conhecidas e julgadas parcialmente procedentes para conferir interpretação conforme à Constituição ao art. 3º, III, d, da Lei nº 13.979/2020, de maneira a estabelecer que: (A) a vacinação compulsória não significa vacinação forçada, por exigir sempre o consentimento do usuário, podendo, contudo, ser implementada por meio de medidas indiretas, as quais compreendem, dentre outras, a restrição ao exercício de certas atividades ou à frequência de determinados lugares, desde que previstas em lei, ou dela decorrentes, e (i) tenham como base evidências científicas e análises estratégicas pertinentes, (ii) venham acompanhadas de ampla informação sobre a eficácia, segurança e contraindicações dos imunizantes, (iii) respeitem a dignidade humana e os direitos fundamentais das pessoas; (iv) atendam aos critérios de razoabilidade e proporcionalidade, e (v) sejam as vacinas distribuídas universal e gratuitamente; e (B) tais medidas, com as limitações expostas, podem ser implementadas tanto pela União como pelos Estados, Distrito Federal e Municípios, respeitadas as respectivas esferas de competência.[462]

Nota-se, portanto, que o STF dispôs pela proibição de vacinação forçada, exigindo prévio consentimento informado do usuário. Tal raciocínio parte da premissa da intangibilidade do corpo humano. É dizer: o agente de saúde pública não pode aplicar a vacina à força num indivíduo, o que, ao menos a priori, afasta a autoexecutoriedade de tal medida. Por outro lado, isso não significa que o Estado deva ficar inerte àqueles que se recusam às medidas de saúde pública que prestigiam a coletividade. Assim, são admitidas medidas sancionatórias indiretas, tal como a vedação de acesso a determinados lugares ou a fruição de determinados serviços. Portanto, na temática da vacina, se por um lado não se afigura a autoexecutoriedade de forma ampla, por outro pode-se afirmar a existência de coercibilidade estatal.

4.5 Motivação

Há discussão meramente doutrinária se o princípio da motivação seria de natureza constitucional ou infraconstitucional. Isso porque o art. 93, X, da Constituição Federal estabelece que: "(...) as decisões administrativas dos tribunais serão motivadas e em sessão pública, sendo as disciplinares tomadas pelo voto da maioria absoluta de seus membros".[463] Disso decorre o raciocínio de que a motivação é necessária em qualquer ato administrativo, por força constitucional.

---

[462] BRASIL. Supremo Tribunal Federal (Tribunal Pleno). Ação Direta de Inconstitucionalidade nº 6.586. Relator: Min. Ricardo Lewandowski, 17 de dezembro de 2020. *Dje*: Brasília, DF, 7 abr. 2021.

[463] BRASIL. Constituição de 1988. Constituição da República Federativa do Brasil de 1988. *Diário Oficial da União*, Brasília, DF: Presidência da República, 5 out. 1988. Disponível em: http://www.planalto.gov.br/ccivil_03/constituicao/constituicao.htm. Acesso em 15 fev. 2021.

Porém, ainda que reconhecido de forma implícita na carta constitucional, é certo que o princípio da motivação ganha maior robustez na legislação, a exemplo do disposto na Lei nº 9.784/99:

> Art. 2º A Administração Pública obedecerá, dentre outros, aos princípios da legalidade, finalidade, motivação, razoabilidade, proporcionalidade, moralidade, ampla defesa, contraditório, segurança jurídica, interesse público e eficiência.
> CAPÍTULO XII – DA MOTIVAÇÃO
> Art. 50. Os atos administrativos deverão ser motivados, com indicação dos fatos e dos fundamentos jurídicos, quando:
> I – Neguem, limitem ou afetem direitos ou interesses;
> II – Imponham ou agravem deveres, encargos ou sanções;
> III – Decidam processos administrativos de concurso ou seleção pública;
> IV – Dispensem ou declarem a inexigibilidade de processo licitatório;
> V – Decidam recursos administrativos;
> VI – Decorram de reexame de ofício;
> VII – Deixem de aplicar jurisprudência firmada sobre a questão ou discrepem de pareceres, laudos, propostas e relatórios oficiais;
> VIII – Importem anulação, revogação, suspensão ou convalidação de ato administrativo.
> §1º A motivação deve ser explícita, clara e congruente, podendo consistir em declaração de concordância com fundamentos de anteriores pareceres, informações, decisões ou propostas, que, neste caso, serão parte integrante do ato.[464]

Ao explicar sobre o princípio da motivação, Alexandre de Moraes leciona que,

> pelo princípio da motivação, a formalização dos atos administrativos deverá trazer a narrativa escrita dos fatos ensejadores de sua prática (motivos de fato), suas razões jurídicas (motivos de direito) e a demonstração de pertinência lógica entre ambos os motivos, de modo a garantir a plena possibilidade de controle, inclusive jurisdicional, de sua validade.[465]

De acordo com Hely Lopes Meirelles, "pela motivação o administrador público justifica sua ação administrativa, indicando

---

[464] BRASIL. Lei nº 9.784, Lei nº 9.784, de 29 de janeiro de 1999. Regula o processo administrativo no âmbito da Administração Pública Federal. *Diário Oficial da União*: Brasília, DF, 01 fev. 1999, retificado em 11 mar. 1999. Disponível em: http://www.planalto.gov.br/ccivil_03/leis/l9784.htm. Acesso em 15 fev. 2021.
[465] MORAES, Alexandre de. *Direito Constitucional Administrativo*. São Paulo: Atlas, 2002. p. 120.

os fatos (pressupostos de fato) que ensejam o ato e os preceitos jurídicos (pressupostos de direito) que autorizam sua prática".[466] Já Lúcia Valle Figueiredo explica que "a motivação é o discurso linguístico que permite a exteriorização e o consequente controle das razões de fato e de direito que permeiam o ato administrativo".[467]

Vale sempre frisar que motivação não se confunde com motivo do ato administrativo. Conforme leciona Petian, "o motivo é o pressuposto de fato que autoriza ou exige a prática do ato, enquanto a motivação é a exposição dos motivos, sua explicitação que integra a formalização".[468]

Sobre a motivação dos atos administrativos, são elucidativas as lições de Marçal Justen Filho, para quem

> um dos requisitos mais relevantes relaciona-se com a motivação, expressão que indica a exposição pública e expressa das razões que conduziram o agente a produzir certo ato administrativo. Essa motivação deve compreender não apenas os motivos eleitos pelo administrador, mas também as finalidades por ele buscadas de modo concreto.
> A validade formal de todo e qualquer ato administrativo de cunho decisório depende de uma motivação, porque nenhuma competência administrativa é atribuída para que o agente realize o intento que bem desejar ou decida como bem o entender. (...)
> Essa afirmativa não é desmentida pela regra do art. 50 da Lei de Processo Administrativo Federal (Lei nº 9.784), que contempla um elenco de oito incisos em que a motivação seria indispensável. A amplitude das situações ali indicadas abrange todas as hipóteses de atos dotados de cunho decisório.
> A motivação é relevante tanto no tocante a competências discricionárias como quanto a escolhas vinculadas.
> Na hipótese de discricionariedade, a atribuição pela norma de autonomia de escolha para o agente não significa ausência de controle ou limite. Para que a decisão seja válida, é indispensável que o agente exponha de público as razões que conduziram a uma dentre as diversas escolhas possíveis, inclusive indicando a ponderação entre os possíveis resultados. Decisão discricionária não motivada é ato arbitrário, desconforme ao direito, incompatível com a democracia republicana. Não pode ser legitimado com o argumento de que o agente

---

[466] MEIRELLES, Hely Lopes. *Direito Administrativo brasileiro*. São Paulo: Malheiros, 1990. p. 137.
[467] FIGUEIREDO, Lúcia Valle (Org.). *Princípios informadores do Direito Administrativo*. São Paulo: NDJ, 1997. p. 208.
[468] PETIAN, Angélica. *Regime jurídico dos processos administrativos ampliativos e restritivos de Direito*. São Paulo: Malheiros, 2002. p. 148.

tinha liberdade de escolher, porque essa liberdade não corresponde à autonomia privada. A autonomia do agente, existente na hipótese de discricionariedade, destina-se ao melhor desempenho possível da função administrativa. O agente tem de demonstrar que sua escolha foi a mais correta e a mais satisfatória. Equivale à ausência de motivação a invocação formal à competência do agente ou à existência em abstrato de uma norma legal.[469]

Na doutrina pátria, merece destaque a teoria dos motivos determinantes, segundo a qual a validade do ato administrativo, ainda que discricionário, vincula-se aos motivos apresentados pela Administração. Quanto ao tema, Bandeira de Mello o descreve da seguinte maneira:

> De acordo com esta teoria, os motivos que determinaram a vontade do agente, isto é, os fatos que serviram de suporte à sua decisão, integram a validade do ato. Sendo assim, a invocação dos "motivos de fato" falso, inexistentes ou incorretamente qualificados vicia o ato mesmo quando, conforme já se disse, a lei não haja estabelecido, antecipadamente, os motivos que ensejariam a prática do ato. Uma vez enunciados pelo agente os motivos em que se calçou, ainda quando a lei não haja expressamente imposto essa obrigação de enunciá-los, o ato será válido se estes realmente ocorreram e o justificavam.[470]

A teoria dos motivos determinantes possui amplo respaldo na jurisprudência do C. STJ, conforme se verifica:

> EMENTA: ADMINISTRATIVO. ATO ADMINISTRATIVO. VINCU-LAÇÃO AOS MOTIVOS DETERMINANTES. INCONGRUÊNCIA. ANÁLISE PELO JUDICIÁRIO. POSSIBILIDADE. DANO MORAL. SÚMULA Nº 7/STJ. 1. Os atos discricionários da Administração Pública estão sujeitos ao controle pelo Judiciário quanto à legalidade formal e substancial, cabendo observar que os motivos embasadores dos atos administrativos vinculam a Administração, conferindo-lhes legitimidade e validade. 2. "Consoante a teoria dos motivos determinantes, o administrador vincula-se aos motivos elencados para a prática do ato administrativo. Nesse contexto, há vício de legalidade não apenas quando inexistentes ou inverídicos os motivos suscitados pela administração,

---

[469] JUSTEN FILHO, Marçal. *Curso de Direito Administrativo*. 7. ed. Belo Horizonte: Editora Fórum, 2011. p. 399-400.
[470] MELLO, Celso Antônio Bandeira de. *Curso de Direito Administrativo*. São Paulo: Malheiros, 2003. p. 398.

mas também quando verificada a falta de congruência entre as razões explicitadas no ato e o resultado nele contido" (MS 15.290/DF, Rel. Min. Castro Meira, Primeira Seção, julgado em 26.10.2011, DJe 14.11.2011). 3. No caso em apreço, (...) 4. A ilegalidade ou inconstitucionalidade dos atos administrativos podem e devem ser apreciados pelo Poder Judiciário, de modo a evitar que a discricionariedade transfigure-se em arbitrariedade, conduta ilegítima e suscetível de controle de legalidade. (...).[471]

EMENTA: ADMINISTRATIVO. EXONERAÇÃO POR PRÁTICA DE NEPOTISMO. INEXISTÊNCIA. MOTIVAÇÃO. TEORIA DOS MOTIVOS DETERMINANTES. 1. A Administração, ao justificar o ato administrativo, fica vinculada às razões ali expostas, para todos os efeitos jurídicos, de acordo com o preceituado na teoria dos motivos determinantes. A motivação é que legitima e confere validade ao ato administrativo discricionário (...).[472]

Imperioso destacar que os atos administrativos, sejam eles vinculados ou discricionários, devem ser motivados. A discricionariedade não confere ao administrador um salvo conduto para não motivar o ato. Vale frisar: mesmo os atos discricionários precisam ser motivados.

Cumpre destacar que até mesmo o Código de Processo Civil exalta o princípio da motivação como norteador dos atos judiciais. O §1º do art. 489 do CPC estabelece que não se considera fundamentada a decisão judicial que:

> I – Se limitar à indicação, à reprodução ou à paráfrase de ato normativo, sem explicar sua relação com a causa ou a questão decidida;
> II – Empregar conceitos jurídicos indeterminados, sem explicar o motivo concreto de sua incidência no caso;
> III – Invocar motivos que se prestariam a justificar qualquer outra decisão;
> IV – Não enfrentar todos os argumentos deduzidos no processo capazes de, em tese, infirmar a conclusão adotada pelo julgador;
> V – Se limitar a invocar precedente ou enunciado de súmula, sem identificar seus fundamentos determinantes nem demonstrar que o caso sob julgamento se ajusta àqueles fundamentos;

---

[471] BRASIL. Superior Tribunal de Justiça (2ª Turma). Agravo Regimental no Recurso Especial nº 201101763271. Relator: Min. Humberto Martins. *Dje*: Brasília, DF, 19 abr. 2012.

[472] BRASIL. Superior Tribunal de Justiça (2ª Turma). Agravo Regimental no Recurso em Mandado de Segurança nº 201001181913. Relator: Min. Herman Benjamin. *Dje*: Brasília, DF, 16 mar. 2011b.

VI – Deixar de seguir enunciado de súmula, jurisprudência ou precedente invocado pela parte, sem demonstrar a existência de distinção no caso em julgamento ou a superação do entendimento.[473]

Em suma: também os comandos judiciais devem expor os motivos de fato e de direito, a fim de possibilitar o amplo conhecimento pelo jurisdicionado, bem como a possibilidade de revisão pelas demais instâncias do Judiciário. Será nula de pleno direito a decisão judicial que não for fundamentada.

Por fim, vale destacar que, no contexto da pandemia de Covid-19, parte da doutrina associou a discricionariedade e o dever de motivação das decisões ligadas à gestão da pandemia ao atendimento de critérios científicos. Tal raciocínio possui respaldo no art. 3º da Lei nº 13.979/20, que assim dispôs:

> Art. 3º §1º As medidas previstas neste artigo somente poderão ser determinadas com base em evidências científicas e em análises sobre as informações estratégicas em saúde e deverão ser limitadas no tempo e no espaço ao mínimo indispensável à promoção e à preservação da saúde pública.[474]

Nessa toada, discorre Fernando Almeida que "as autoridades administrativas têm o dever de motivar suas decisões com base em argumentos científicos, o que legitima um controle judicial da legalidade com fundamento na ciência".[475] De igual forma, Cammarosano argumenta que os responsáveis pela edição de normas regulamentares e de atos administrativos devem respeitar "adequada e suficiente motivação, prestigiando necessariamente as recomendações de autoridades médico-sanitárias internacionais e nacionais, condicionadoras também do exercício de competências discricionárias".[476]

---

[473] BRASIL. Lei nº 13.105, de 16 de março de 2015. Código de Processo Civil. *Diário Oficial da União*, Brasília, DF, 17 mar. 2015. Disponível em: http://www.planalto.gov.br/ccivil_03/_ato2015-2018/2015/lei/l13105.htm. Acesso em 02 abr. 2021.

[474] BRASIL. Lei nº 13.979, de 6 de fevereiro de 2020. Dispõe sobre as medidas para enfrentamento da emergência de saúde pública de importância internacional decorrente do coronavírus responsável pelo surto de 2019. *Diário Oficial da União*: Brasília, DF, 07 fev. 2020. Disponível em: https://www.planalto.gov.br/ccivil_03/_ato2019-2022/2020/lei/l13979.htm. Acesso em 18 out. 2021.

[475] DAL POZZO, Augusto; CAMMAROSANO, Márcio (Coord.). *As implicações da covid-19 no Direito Administrativo*. São Paulo: Thomson Reuters Brasil, 2020. p. 46.

[476] DAL POZZO, Augusto; CAMMAROSANO, Márcio (Coord.). *As implicações da covid-19 no Direito Administrativo*. São Paulo: Thomson Reuters Brasil, 2020. p. 129.

4.6 Continuidade

Já foi dito aqui que a Constituição de 1988 adotou aspecto garantista, assegurando uma miríade de direitos, tanto individuais quanto coletivos. Boa parte desses direitos somente se concretizam mediante atividades prestacionais do Estado, as quais, via de regra, materializam-se via serviços públicos. Nessa linha, vale a transcrição do art. 175 da CR/88, *in verbis:* "Incumbe ao Poder Público, na forma da lei, diretamente ou sob regime de concessão ou permissão, sempre através de licitação, a prestação de serviços públicos".[477]

Também a Lei de Concessões (Lei nº 8.987/95) estabelece:

> Art. 6º Toda concessão ou permissão pressupõe a prestação de serviço adequado ao pleno atendimento dos usuários, conforme estabelecido nesta Lei, nas normas pertinentes e no respectivo contrato.
> §1º Serviço adequado é o que satisfaz as condições de regularidade, continuidade, eficiência, segurança, atualidade, generalidade, cortesia na sua prestação e modicidade das tarifas.[478]

Até mesmo o Código de Defesa do Consumidor (Lei nº 8.078/90), considerado uma norma de direito privado, dispõe sobre a continuidade dos serviços, conforme se denota do art. 22 do referido diploma:

> Art. 22. Os órgãos públicos, por si ou suas empresas, concessionárias, permissionárias ou sob qualquer outra forma de empreendimento, são obrigados a fornecer serviços adequados, eficientes, seguros e, quanto aos essenciais, contínuos.
> Parágrafo único. Nos casos de descumprimento, total ou parcial, das obrigações referidas neste artigo, serão as pessoas jurídicas compelidas a cumpri-las e a reparar os danos causados, na forma prevista neste código.[479]

---

[477] BRASIL. Constituição de 1988. Constituição da República Federativa do Brasil de 1988. *Diário Oficial da União*, Brasília, DF: Presidência da República, 5 out. 1988. Disponível em: http://www.planalto.gov.br/ccivil_03/constituicao/constituicao.htm. Acesso em 15 fev. 2021.

[478] BRASIL. Lei nº 8.987, de 13 de fevereiro de 1995. Dispõe sobre o regime de concessão e permissão da prestação de serviços públicos previsto no art. 175 da Constituição Federal, e dá outras providências. *Diário Oficial da União*: Brasília, DF, 14 fev. 1995. Disponível em: https://www.planalto.gov.br/ccivil_03/leis/l8987cons.htm. Acesso em 13 abr. 2021.

[479] BRASIL. Lei nº 8.078, de 11 de setembro de 1990. Dispõe sobre a proteção do consumidor e dá outras providências. *Diário Oficial da União*: Brasília, DF, 12 set. 1990, retificado em 10

Dada a essencialidade[480] dos serviços públicos (citem-se, somente para ilustração os serviços ligados à educação e à saúde) é que se estrutura o princípio da continuidade. Vale pontuar desde já que, como o ordenamento prevê a possibilidade de serviços públicos serem prestados pelos particulares,[481] o princípio da continuidade não se restringe às pessoas de Direito Público, mas também aos particulares prestadores de serviços públicos. Nesse sentido, Ana Maria Scartezzini discorre que o princípio da continuidade "configura um dever a ser implementado na prestação do serviço, seja pela própria Administração, seja pelo concessionário ou permissionário".[482]

Assim, para aferimento da aplicação ou não do princípio em tela, mais do que o agente prestador, deve-se lançar olhares para a natureza da atividade prestada, questionando-se firmemente: caso tal atividade seja interrompida, quais prejuízos sociais serão suportados?

---

jan. 2007. Disponível em: https://www.planalto.gov.br/ccivil_03/leis/l8078compilado.htm. Acesso em 26 ago. 2021.

[480] Não se confunda essencialidade com exclusividade. A rigor, boa parte dos serviços públicos prestados pelo Estado também são oferecidos pela iniciativa privada, a exemplo das próprias escolas e faculdades privadas, no caso da educação, ou dos hospitais e clínicas privadas, no caso da saúde. Assim, embora prestados pelo ente público, tais serviços também são oferecidos de forma suplementar pela iniciativa privada. A esse propósito, confira-se o art. 199 e 209 da CR/88: "Art. 199. A assistência à saúde é livre à iniciativa privada"; "Art. 209. O ensino é livre à iniciativa privada, atendidas as seguintes condições: I – cumprimento das normas gerais da educação nacional; II – autorização e avaliação de qualidade pelo Poder Público" (BRASIL. Constituição de 1988. Constituição da República Federativa do Brasil de 1988. *Diário Oficial da União*, Brasília, DF: Presidência da República, 5 out. 1988. Disponível em: http://www.planalto.gov.br/ccivil_03/constituicao/constituicao.htm. Acesso em 15 fev. 2021).

[481] Além dos tão badalados institutos da licitação (art. 37, XXI: "(...) as obras, serviços, compras e alienações serão contratados mediante processo de licitação pública que assegure igualdade de condições a todos os concorrentes") e das parcerias público-privadas (Lei nº 11.079/2004) (BRASIL. Lei nº 11.079, de 30 de dezembro de 2004. Institui normas gerais para licitação e contratação de parceria público-privada no âmbito da administração pública. *Diário Oficial da União*: Brasília, DF, 31 dez. 2004a. Disponível em: https://www.planalto.gov.br/ccivil_03/_ato2004-2006/2004/lei/l11079.htm. Acesso em 13 abr. 2021), cite-se o art. 241 da CR/88, ao dispor sobre os consórcios públicos e convênios de cooperação: "Art. 241. A União, os Estados, o Distrito Federal e os Municípios disciplinarão por meio de lei os consórcios públicos e os convênios de cooperação entre os entes federados, autorizando a gestão associada de serviços públicos, bem como a transferência total ou parcial de encargos, serviços, pessoal e bens essenciais à continuidade dos serviços transferidos" (BRASIL. Constituição de 1988. Constituição da República Federativa do Brasil de 1988. *Diário Oficial da União*, Brasília, DF: Presidência da República, 5 out. 1988. Disponível em: http://www.planalto.gov.br/ccivil_03/constituicao/constituicao.htm. Acesso em 15 fev. 2021).

[482] SCARTEZZINI, Ana Maria Goffi Flaquer. *O princípio da continuidade do serviço público*. São Paulo: Malheiros, 2006. p. 117.

Detalhando o alcance do referido princípio, Rafael Oliveira discorre que:

> A continuidade não impõe que todos os serviços públicos sejam prestados diariamente e em período integral. Em verdade, o serviço público deve ser prestado na medida em que a necessidade da população se apresenta, sendo lícito distinguir a necessidade absoluta da necessidade relativa. Na necessidade absoluta, o serviço deve ser prestado sem qualquer interrupção, uma vez que a população necessita, permanentemente, da disponibilidade do serviço (ex.: hospitais, distribuição de água, etc.). Ao revés, na necessidade relativa, o serviço público pode ser prestado periodicamente, em dias e horários determinados pelo Poder Público, levando em consideração as necessidades intermitentes da população (ex.: biblioteca pública, museus, quadras esportivas, etc.).[483]

Celso Antônio Bandeira de Mello ressalta um dúplice aspecto para o princípio da continuidade: por um lado, há a impossibilidade de interrupção pela Administração; por outro, o pleno direito dos administrados de que esse serviço não seja suspenso ou interrompido (aqui feita a ressalva sobre a diferença entre continuidade e permanência). Conforme destacado, alguns serviços, para serem contínuos, precisam ser permanentes, não admitem a interrupção por um segundo sequer, tal como o abastecimento de água, luz, hospitais. Outros serviços públicos são contínuos, mas conforme horários de funcionamento regulamentados, tal como o das escolas, creches, museus e parques.

Ainda sobre o alcance do referido princípio, Rafael Oliveira comenta três hipóteses em que se vislumbra a possibilidade de interrupção do serviço, situações em que ocorre a colisão com outros princípios e garantias fundamentais: i) a interrupção de serviços públicos por falta de pagamento do usuário, visto que a continuidade pressupõe a remuneração pelo serviço (por ex. no caso da energia elétrica), conforme art. 6º, §3º, II, da Lei nº 8.987/95;[484] ii) o direito de greve dos servidores públicos, valendo a ressalva de que

---

[483] OLIVEIRA, Rafael Carvalho Resende. *Curso de Direito Administrativo*. Rio de Janeiro: Forense, 2016. p. 49.
[484] BRASIL. Lei nº 8.987, de 13 de fevereiro de 1995. Dispõe sobre o regime de concessão e permissão da prestação de serviços públicos previsto no art. 175 da Constituição Federal, e dá outras providências. *Diário Oficial da União*: Brasília, DF, 14 fev. 1995. Disponível em: https://www.planalto.gov.br/ccivil_03/leis/l8987cons.htm. Acesso em 13 abr. 2021.

o STF já se pronunciou pela impossibilidade de paralisação total do serviço, justamente em respeito ao princípio da continuidade; iii) a impossibilidade da exceção do contrato não cumprido nos contratos de concessão de serviços públicos, salvo situações excepcionais, autorizadas judicialmente e que coloquem em xeque direitos fundamentais da concessionária, como, por exemplo, a própria sobrevivência da empresa.[485]

No campo jurisprudencial, o princípio da continuidade dos serviços públicos é frequentemente cotejado com o direito de greve dos servidores,[486] assim como demandas que versam sobre a impenhorabilidade de bens públicos e regime de precatórios de empresas públicas e sociedades de economia mista prestadoras de serviço público, de natureza não concorrencial,[487] exatamente como forma de garantir a máxima efetividade de tal princípio.

---

[485] OLIVEIRA, Rafael Carvalho Resende. *Curso de Direito Administrativo*. Rio de Janeiro: Forense, 2016. p. 49.

[486] "EMENTA: AÇÃO DIRETA DE INCONSTITUCIONALIDADE. DECRETO Nº 7.777/2012. SERVIDORES PÚBLICOS FEDERAIS. MEDIDAS PARA CONTINUIDADE DE ATIVIDADES E SERVIÇOS PÚBLICOS DOS ÓRGÃOS E ENTIDADES DA ADMINISTRAÇÃO PÚBLICA FEDERAL DURANTE GREVES, PARALISAÇÕES OU OPERAÇÕES DE RETARDAMENTO DE PROCEDIMENTOS ADMINISTRATIVOS. ALEGADA OFENSA AOS ARTIGOS 37, *CAPUT*, INC. I, II E IX, ART. 48, INC. X, ART. 61, §1º, INC. II, AL. A E C, ART. 84, INC. VI, AL. A, 167 INC. I, II, V E VI E ART. 241 NÃO CONFIGURADA. DIREITO DE GREVE PREVISTO NOS ART. 9º E 37, INC, VII DA CONSTITUIÇÃO DA REPÚBLICA. APLICAÇÃO PROVISÓRIA DA LEI Nº 7.783/1989 AOS SERVIDORES PÚBLICOS AUTORIZADA POR ESTE SUPREMO TRIBUNAL FEDERAL NOS MANDADOS DE INJUNÇÃO Nºs 670/ES, 708/DF E 712/PA. AÇÃO DIRETA JULGADA PARCIALMENTE PROCEDENTE PARA DAR INTERPRETAÇÃO CONFORME À CONSTITUIÇÃO AO DECRETO Nº 7.777/2012. 1. O Decreto nº 7.777/2012 autoriza a celebração de convênios para compartilhamentos da execução de atividades ou serviços com os Estados, Distrito Federal ou Municípios. 2. Ponderação entre direito fundamental à greve e o princípio da continuidade dos serviços públicos. 3. Necessidade de se manter os serviços públicos essenciais e inadiáveis. 4. Ação julgada parcialmente procedente para dar interpretação conforme à Constituição ao Decreto nº 7777/2012" (BRASIL. Supremo Tribunal Federal (Tribunal Pleno). Ação Direta de Inconstitucionalidade nº 4.857. Relatora: Min Cármen Lúcia, 14 de março de 2022. *Dje*: Brasília, DF, 8 abr. 2022).

[487] "EMENTA AGRAVO INTERNO NA RECLAMAÇÃO CONSTITUCIONAL. ADPFs 275, 387 E 437. RE Nº 599.628-RG. EMPRESA PÚBLICA. PRESTAÇÃO DE SERVIÇO PÚBLICO EM REGIME NÃO CONCORRENCIAL E SEM INTUITO PRIMÁRIO DE LUCRO. SUBMISSÃO AO REGIME DE PRECATÓRIOS. AGRAVO INTERNO A QUE SE NEGA PROVIMENTO. 1. Esta Suprema Corte, no entanto, possui firme entendimento no sentido de que as empresas públicas e sociedades de economia mista prestadoras de serviço público, de natureza não concorrencial, estão sujeitas ao regime jurídico do precatório, para resguardar a continuidade e adequação de tais serviços. Precedentes. 2. Agravo interno conhecido e não provido" (BRASIL. Supremo Tribunal Federal (1ª Turma). Reclamação nº 46.878 AgR. Relatora: Min. Rosa Weber, 30 de agosto de 2021, *Dje*: Brasília, DF, 20 set. 2021).

4.7 Precisamos de novos princípios? A famigerada proposta da PEC nº 32/2020

Não foi só a pandemia de Covid-19 que deu o que falar no universo jurídico. No segundo semestre de 2020, exsurgiu a PEC nº 32/2020, que propunha a modificação da Constituição para promover uma espécie de "reforma administrativa", tudo isso arquitetado pelo ministro Paulo Guedes. O texto foi apresentado pelo Poder Executivo na Câmara dos Deputados em 3 de setembro de 2020 e, até a data de fechamento desta obra (agosto de 2022), encontra-se ainda pendente de aprovação.

O ministro Paulo Guedes justificou a apresentação da PEC nº 32/2020 no fato de que "a percepção do cidadão, corroborada por indicadores diversos, é a de que o Estado custa muito, mas entrega pouco".[488] Assim, sob o pretexto de modernizar a Administração Pública, enxugar a máquina e extinguir "privilégios", a Reforma Administrativa propunha uma série de alterações no texto constitucional.

Logo no *caput* do art. 37 da CR/88, a PEC nº 32/2020 inovou ao inserir oito novos princípios da administração pública: imparcialidade, transparência, inovação, responsabilidade, unidade, coordenação, boa governança pública e subsidiariedade. A primeira questão que se afigura é: há necessidade de positivação de novos princípios? Ou eles seriam decorrência dos princípios já existentes?

É preciso ter em mente que nenhum desses princípios inova em nosso ordenamento. Todos eles são decorrência lógica de outros princípios ou desdobramentos de normas já existentes. Assim, tal medida cumpre meramente um papel de retórica.

E a própria exposição de motivos parece sinalizar com tal raciocínio. Ao explicar os novos princípios, por vários momentos, tenta-se argumentar que "parece, mas não é" igual a um ou outro

---

[488] BRASIL. *Proposta de Emenda à Constituição nº 32/2020*. Altera disposições sobre servidores, empregados públicos e organização administrativa. Brasília, DF: Câmara dos Deputados, 2020. Disponível em: https://www.camara.leg.br/proposicoesWeb/prop_mostrarintegra;jsessionid=9FCB30E3D367E7A99C7D43ECB7544CDD.proposicoesWebExterno1?codteor=1928147&filename=PEC+32/2020. Acesso em 12 dez. 2020.

princípio já existente e positivado. Nessa linha, apresentamos, de forma ilustrativa, no quadro a seguir, um breve comparativo entre os princípios sugeridos pela PEC nº 32/2020 e os já existentes:

TABELA 1 – Comparativo de princípios

Princípio criado pela PEC nº 32/20	Princípio já existente no ordenamento
Imparcialidade[489]	Impessoalidade
Transparência[490]	Publicidade
Inovação[491]	Eficiência
Responsabilidade[492]	Legalidade
Unidade e coordenação[493]	Organização administrativa
Boa governança pública[494]	Eficiência

Fonte: Elaboração dos autores.

---

[489] Vejamos que na própria definição do princípio da impessoalidade, Celso Antônio Bandeira de Mello já aborda o tratamento isonômico em relação às matérias, não deixando o agente se levar pelas "valorações internas pré-concebidas a respeito do tema sob exame (MELLO, Celso Antônio Bandeira de. *Curso de Direito Administrativo*. São Paulo: Malheiros, 2003. p. 104).

[490] Ainda em Celso Antônio Bandeira de Mello, encontramos a definição segundo a qual o princípio da publicidade "consagra o dever administrativo de manter plena transparência de seus comportamentos" (MELLO, Celso Antônio Bandeira de. *Curso de Direito Administrativo*. São Paulo: Malheiros, 2003. p. 104).

[491] A inovação nada mais é do que um dos aspectos da eficiência administrativa, princípio positivado em nossa Constituição desde a EC nº 19/98.

[492] Responsabilidade nada mais é do que o comportamento de observância ao princípio da legalidade, este sim de higidez constitucional. Responsável, portanto, será aquele que seguir tais ditames, e, ao revés, irresponsável será o agente que fechar os olhos à legalidade e a todo arcabouço normativo já existente.

[493] Tanto o princípio da unidade quanto o da coordenação nada mais são do que espectros da organização administrativa já existente e retratadas na chamada "teoria do órgão", segundo a qual "a pessoa jurídica manifesta sua vontade por meio dos órgãos, de tal modo que quando os agentes que a compõem manifestam sua vontade, é como se o próprio Estado o fizesse" (DI PIETRO, Maria Sylvia Zanella. *Direito Administrativo*. 34. ed. Rio de Janeiro: Forense, 2021. p. 669).

[494] Se a eficiência administrativa demanda "o aproveitamento maximizado e racional dos recursos humanos, materiais, técnicos e financeiros possíveis, de modo que possa alcançar o melhor resultado quantitativo e qualitativo possível, é evidente que a boa governança está inserida dentro do próprio conceito de eficiência, sendo apenas um de seus diversos desdobramentos" (CARDOZO, José Eduardo Martins. Princípios constitucionais da Administração Pública de acordo com a Emenda constitucional nº 19/98. *In*: MORAES, Alexandre de (Coord.). *Os 10 anos da Constituição Federal*. São Paulo: Atlas, 1999. p. 165-166).

Ademais, de nada adiantaria instituir novos princípios ou dar-lhes nova roupagem, se as práticas da Administração Pública, com destaque aos altos escalões do governo, continuarem as mesmas. Aqui, adentramos no campo da efetividade das normas, e o que temos visto rotineiramente é um completo esvaziamento do conteúdo axiológico do texto constitucional.

Apenas a título de ilustração, salta aos olhos que o mesmo governo que defende a inclusão do princípio da "transparência" é o governo que impõe sigilo dos dados que embasaram a Reforma Administrativa.[495] Nesse sentido,

> o Ministério da Economia colocou em sigilo todos os documentos que produziu para elaborar uma proposta de emenda constitucional da reforma administrativa. A pasta negou pedido feito com base na Lei de Acesso à Informação (LAI), alegando que só poderá divulgar os estudos e demais manifestações depois que o Congresso aprovar.[496]

Não por acaso, durante a tramitação da PEC nº 32/2020, foi apresentada emenda substitutiva retirando a proposta de inclusão de novos princípios do texto da reforma administrativa.[497] Retórica vazia para justificar a cooptação neoliberal ao serviço público. De toda forma, vale a reflexão: não precisamos de novos princípios. Mas, sim, de dar máxima efetividade àqueles já existentes.

---

[495] Nessa linha, noticia-se, inclusive, que o FONACATE impetrou MS Coletivo no STJ contra a falta de divulgação dos dados e estudos que embasaram a Reforma Administrativa.
[496] MÕES, Malu. Guedes coloca sob sigilo todos os documentos da reforma administrativa. *Poder 360*, 29 set. 2020. Disponível em: https://www.poder360.com.br/governo/guedes-coloca-sob-sigilo-todos-os-documentos-da-reforma-administrativa/. Acesso em 02 out. 2020.
[497] Cf.: Reforma administrativa: veja as diferenças entre a proposta do governo e o texto aprovado pela comissão. *Agência Câmara de Notícias*, 27 ago. 2021. Disponível em: https://www.camara.leg.br/noticias/810414-reforma-administrativa-veja-as-diferenças-entre-a-proposta-do-governo-e-o-texto-aprovado-pela-comissao/. Acesso em 29 ago. 2021.

CONCLUSÃO

Conforme bem explicitado por Humberto Ávila, "interpretar é construir a partir de algo, por isso significa reconstruir".[498] Assim, ao aplicador do Direito incumbe ir muito além do que a tarefa descritiva, devendo reconstruir sentidos, lançar novos olhares e reinterpretar.

Os princípios são reconstrutores da história institucional do Direito, guardando em si a dimensão de transcendentalidade.[499] Nesse sentido, ressignificar os princípios do Direito Administrativo importa em ressignificar o próprio papel da Administração Pública e a sua relação com a sociedade, com os direitos e prerrogativas individuais, com o constitucionalismo moderno.

É chegada a hora de um olhar para fora, de entender que o universo jurídico não gravita em torno do Estado, mas, ao contrário, compõe uma imbricada teia de relações, as quais, a todo momento, interconectam, reposicionam, colidem, aproximam e afastam-se. Nos dizeres de Thiago Lins, "trata-se de considerar o próprio Direito Administrativo não apenas como uma ciência de controle da Administração Pública, mas especialmente de direção da mesma".[500]

Certa feita, o saudoso Geraldo Ataliba afirmou que "o que mais falta a quem pretenda conhecer o Direito não é a informação sobre os institutos e as normas, ou sobre as soluções que os problemas vêm tendo, na jurisprudência ou na prática do direito aplicado. Não! O que falta de modo alarmante é o domínio dos princípios".[501] Esperamos que a obra que agora se conclui tenha apresentado um pequeno contributo à compreensão dos princípios

---

[498] ÁVILA, Humberto. *Teoria dos princípios da definição à aplicação dos princípios jurídicos*. São Paulo: Malheiros, 2015. p. 53.

[499] COURA, Maria Rosilene dos Santos. *A concepção de princípios jurídicos na hermenêutica filosófica*. Curitiba: Juruá, 2013. p. 150.

[500] MONTEIRO, Thiago Lins. Um contributo para o estudo da ponderação de interesses no direito administrativo. *In*: BATISTA JÚNIOR, Onofre Alves; CASTRO, Sérgio Pessoa de Paula (Coord.). *Tendências e perspectivas do Direito Administrativo*: uma visão da escola mineira. Belo Horizonte: Editora Fórum, 2012. p. 348.

[501] ATALIBA, Geraldo. *República e Constituição*. São Paulo: Malheiros, 2007.

de Direito Administrativo, em especial no contexto de profundas transformações que temos passado.

No Capítulo 1 apresentamos os principais pontos acerca da teoria geral dos princípios jurídicos, destacando a evolução ocorrida no século XX, passando-se de uma percepção majoritariamente positivista para uma visão pós-positivista, que promove a reaproximação entre Direito e Moral. Como expoentes dessa percepção pós-positivista destacamos as teorias de Robert Alexy e Ronald Dworkin no cenário internacional, bem como a de ilustres doutrinadores nacionais, a exemplo de Celso Antônio Bandeira de Mello, Humberto Ávila, Geraldo Ataliba, Carlos Sundfeld, entre outros.

No Capítulo 2 discorremos sobre os vetores e postulados do ordenamento jurídico brasileiro, os quais consideramos como sobreprincípios, verdadeiras vigas mestras em que se estrutura o ordenamento jurídico e de onde se ramificam e irradiam os princípios de Direito Administrativo. Nesse contexto, discutimos a importância da necessidade da leitura constitucional do Direito Administrativo para traçar uma necessária interface com os postulados da isonomia, segurança jurídica, proporcionalidade e razoabilidade, do princípio republicano e da dignidade da pessoa humana. Ao final, discorremos sobre o importante papel hermenêutico realizado pelos dispositivos trazidos pela LINDB.

No Capítulo 3 apresentamos uma releitura dos clássicos princípios da legalidade, impessoalidade, moralidade, publicidade e eficiência, trazendo o que há de mais atualizado em termos de doutrina e jurisprudência e, mais que isso, lançando olhares sobre como cada um desses princípios foi confrontado com as duras escolhas e colisões impostas pela pandemia de Covid-19.

Também no Capítulo 4 demos enfoque à releitura dos princípios ligados ao Direito Administrativo, concentrando-nos naqueles de higidez infraconstitucional: supremacia do interesse público; indisponibilidade do interesse público; autotutela; autoexecutoriedade; motivação e continuidade, mantendo-se as interfaces com os desafios impostos pela pandemia. Ao final, analisamos se há de fato necessidade de positivação de novos princípios de Direito Administrativo em nosso ordenamento.

A presente conclusão é escrita no ano de 2022. Ainda não estamos totalmente livres da pandemia de Covid-19, mas muita coisa mudou. Toda a sociedade sofreu – em maior ou menor grau – os sacrifícios impostos pela pandemia: restrições ao exercício de direitos, perda de entes queridos, prejuízos econômicos, adoecimento (biológico, mental e espiritual). E ainda levará muito tempo para conseguirmos avaliar o real impacto da pandemia em nossas vidas.

Mas é certo que nada será como antes. Um evento desta magnitude transforma os indivíduos, a sociedade, a cultura e a visão de um povo. E assim, transforma-se o Direito. No que tange à relação Estado-sociedade, essas mudanças serão nitidamente sentidas.

O Direito Administrativo é dotado de principiologia própria, que impõe uma série de deveres, responsabilidades e formalidades no trato da coisa pública. No atual contexto do século XXI, não há mais espaço para o malferido "jeitinho brasileiro", para subjetivismos, para a informalidade ou para o amadorismo. A Administração deve ser técnica. E deve consagrar os seus princípios, seus vetores e postulados, conferindo-lhes a maior efetividade possível.

Ao mesmo tempo, e de forma que pode até soar paradoxal, a Administração não pode ser engessada, puramente burocrática. A pandemia demandou dos gestores um certo grau de dinamismo, processos rápidos e eficientes definitivamente representavam salvar vidas. Ineficiência e incompetência representavam aumentar a triste lista de vitimados pela Covid-19.

Assim, a releitura dos princípios administrativos demanda que a própria lei confira abertura sistêmica, para que o Direito não se feche numa autopoiese cega das outras realidades, alheia às outras ciências. Conforme bem desenvolvido por Luhmann, a ciência jurídica deve ser dotada de certa porosidade, que possibilite um intercâmbio com outros campos do conhecimento.[502]

No contexto da pandemia, mais do que nunca, vimos a importância de políticas públicas, leis, regulamentos, da discricionariedade e do poder de polícia serem orientados pelo conhecimento científico (biologia, microbiologia, infectologia, medicina etc.). Mais do que isso: somos, sim, um Estado soberano, dotado de um ordenamento que mira para dentro. Mas não

---

[502] LUHMANN, Niklas. *Introdução à teoria dos sistemas*. Rio de Janeiro: Vozes, 2011.

podemos deixar de reconhecer o papel fundamental das normas internacionais e dos organismos supranacionais nesse processo de autorregulação.

Durante o combate à pandemia, foi inegável o papel exercido pela Organização Mundial de Saúde (OMS).[503] Ademais, a própria Lei nº 13.979/2020 validou os certificados internacionais, tais como o Food and Drug Administration (FDA); o European Medicines Agency (EMA) (incluído pela Lei nº 14.006, de 2020); o Pharmaceuticals and Medical Devices Agency (PMDA) (incluído pela Lei nº 14.006, de 2020); o National Medical Products Administration (NMPA).[504]

De fato, é preciso humildade para reconhecer que os brasileiros não "inventaram a roda" e tampouco criaram o Direito. Muitos dos princípios discutidos nesta obra também são exaltados em outros ordenamentos – alguns dos quais, inclusive, serviram-nos de inspiração. É certo que a aplicação desses princípios adquire contornos próprios de acordo com a nossa realidade social. Por outro lado, é de se ligar o alerta quando notamos que a aplicação das normas de Direito Administrativo interno vai indo na contramão daquilo que vem sendo feito ou seguido pelos países desenvolvidos e pelas democracias ocidentais.

Se, por um lado, o princípio republicano demanda que todo poder emane do povo, por certo que tal poder não gravita em uma redoma vazia. Esse mesmo povo que confere poder aos governantes clama por melhores condições de vida, por dignidade, por serviços públicos eficientes, por direitos básicos de sobrevivência e autodeterminação, por liberdade, por igualdade, por justiça social.

E os princípios do Direito Administrativo são os holofotes que indicam e iluminam os caminhos a serem seguidos. Não é uma caminhada fácil, mas é cada vez mais indispensável, se não quisermos ceder à barbárie, ao abandono, à morte leviana e ao

---

[503] Citem-se, num segundo plano, os contributos conferidos pela ONU, pela Unicef, pelo Banco Mundial, pela OMC, dentre outros organismos internacionais.

[504] Ver art. 3º, VIII, a, da Lei nº 13.979/2020 (BRASIL. Lei nº 13.979, de 6 de fevereiro de 2020. Dispõe sobre as medidas para enfrentamento da emergência de saúde pública de importância internacional decorrente do coronavírus responsável pelo surto de 2019. *Diário Oficial da União*: Brasília, DF, 07 fev. 2020. Disponível em: https://www.planalto.gov.br/ccivil_03/_ato2019-2022/2020/lei/l13979.htm. Acesso em 18 out. 2021).

descrédito das nossas instituições. Precisamos seguir em frente. Precisamos aprender com os erros do passado e aprimorar nossas instituições para o que virá. Por nós, e por aqueles que gostariam de estar ao nosso lado nessa travessia, mas que padeceram pelo caminho. Que esta obra que agora se encerra sirva como singelo tributo e homenagem aos mais de 680 mil coirmãos brasileiros vitimados durante estes anos de pandemia.

REFERÊNCIAS

ABEL, Henrique. República dos segredos: a inconstitucionalidade da utilização indiscriminada do sigilo pela Administração Pública. *Migalhas*, 26 jan. 2022. Disponível em: https://www.migalhas.com.br/depeso/358672/a-inconstitucionalidade-da-utilizacao-indiscriminada-do-sigilo. Acesso em 03 mar. 2022.

AGÊNCIA CÂMARA DE NOTÍCIAS. *Reforma administrativa: veja as diferenças entre a proposta do governo e o texto aprovado pela comissão*. 27 ago. 2021. Disponível em: https://www.camara.leg.br/noticias/810414-reforma-administrativa-veja-as-diferencas-entre-a-proposta-do-governo-e-o-texto-aprovado-pela-comissao/. Acesso em 29 ago. 2021.

ALEXY, Robert. *El concepto y la validez del Derecho*. Barcelona: Gedisa, 1994.

ALEXY, Robert. *Teoria dos direitos fundamentais*. São Paulo: Malheiros, 2008.

ALEXY, Robert. Sistema jurídico y razón práctica. *In*: ALEXY, Robert. *El concepto y la validez del Derecho y otros ensayos*. Barcelona: Gedisa, 1994.

ARAGÃO, Alexandre Santos de; MARQUES NETO, Floriano de Azevedo (Coord.). *Direito Administrativo e seus novos paradigmas*. Belo Horizonte: Fórum, 2008.

ARISTÓTELES. *Ética à Nicômaco*. São Paulo: Nova Cultural, 1996.

ATALIBA, Geraldo. *República e Constituição*. São Paulo: Malheiros, 2007.

ÁVILA, Humberto. Repensando o princípio da supremacia do interesse público sobre o particular. *Revista Trimestral de Direito Público*, São Paulo, v. 24, 1998.

ÁVILA, Humberto. *Segurança jurídica*: entre permanência, mudança e realização no Direito Tributário. 1. ed. São Paulo: Malheiros, 2012.

ÁVILA, Humberto. *Teoria dos princípios da definição* à *aplicação dos princípios jurídicos*. São Paulo: Malheiros, 2015.

AZEVEDO, Evelin. Cloroquina: estudo definitivo comprova que remédio não é eficaz na prevenção de hospitalização por Covid. *O Globo*, 1 abr. 2022. Disponível em: https://oglobo.globo.com/saude/medicina/cloroquina-estudo-definitivo-comprova-que-remedio-nao-eficaz-na-prevencao-de-hospitalizacao-por-covid-25458680. Acesso em 03 abr. 2022.

BANDEIRA DE MELLO, Oswaldo Aranha. *Princípios gerais do Direito Administrativo*. Rio de Janeiro: Forense, 1979.

BARCELLOS, Ana Paula de. *A eficácia dos princípios constitucionais*: o princípio da dignidade da pessoa humana. Rio de Janeiro: Renovar, 2002.

BARROSO, Luís Roberto. A constitucionalização do direito e suas repercussões no âmbito administrativo. *In*: ARAGÃO, Alexandre Santos de; MARQUES NETO, Floriano de Azevedo (Coord.). *Direito Administrativo e seus novos paradigmas*. Belo Horizonte: Fórum, 2008.

BARROSO, Luís Roberto. Princípios constitucionais brasileiros (ou de como o papel aceita tudo). *Revista Jurídica Themis*, Curitiba, n. 7, p. 17-39, 1991.

BARROSO, Luís Roberto. Neoconstitucionalismo e constitucionalização do direito: o triunfo tardio do Direito Constitucional no Brasil. *Revista de Direito Administrativo*, Rio de Janeiro, v. 240. abr./jun. 2005.

BASÍLIO, Patrícia. Países que adotaram isolamento social rígido sofrem menos efeitos da crise global, diz FMI. *G1*, 8 out. 2020. Disponível em: https://g1.globo.com/economia/noticia/2020/10/08/paises-que-adotaram-isolamento-social-rigido-sofrem-menos-efeitos-da-crise-global-diz-fmi.ghtml. Acesso em 07 fev. 2021.

BATISTA JÚNIOR, Onofre Alves. O Estado Democrático de Direito Pós-Providência brasileiro em busca da eficiência pública e de uma administração pública mais democrática. *Revista Brasileira de Estudos Políticos*, v. 98, p. 119-158, 2009.

BATISTA JÚNIOR, Onofre Alves. *Princípio constitucional da eficiência administrativa*. Belo Horizonte: Editora Fórum, 2012.

BBC NEWS BRASIL. *Brasil é destaque no mundo por não divulgar dados de mortes por covid-19*. 8 jun. 2020. Disponível em: https://www.bbc.com/portuguese/brasil-52967730. Acesso em 09 set. 2020.

BERBERI, Marco Antônio Lima. *Os princípios na teoria do Direito*. Rio de Janeiro: Renovar, 2003.

BERGAMIN JÚNIOR, Giba. Funcionários denunciam falta de remédios e equipamentos em hospital de campanha para Covid-19 em SP. *G1*, 8 mai. 2020. Disponível em: https://g1.globo.com/sp/sao-paulo/noticia/2020/05/08/funcionarios-denunciam-falta-de-remedios-e-equipamentos-em-hospital-de-campanha-para-covid-19-em-sp.ghtml. Acesso em 11 set. 2020.

BERTONCINI, Mateus Eduardo Siqueira Nunes. *Princípios de Direito Administrativo brasileiro*. São Paulo: Malheiros, 2002.

BINENBOJM, Gustavo. Da supremacia do interesse público ao dever de proporcionalidade: um novo paradigma para o Direito Administrativo. *In*: SARMENTO, Daniel (Org.). *Interesses públicos* versus *interesses privados*: desconstruindo o princípio da supremacia do interesse público. Rio de Janeiro: Lumen Juris, 2005.

BINENBOJM, Gustavo. O sentido da vinculação administrativa à juridicidade no Direito brasileiro. *In*: ARAGÃO, Alexandre Santos de; MARQUES NETO, Floriano de Azevedo (Coord.). *Direito Administrativo e seus novos paradigmas*. Belo Horizonte: Editora Fórum, 2008.

BINENBOJM, Gustavo. *Temas de Direito Administrativo e Constitucional*: artigos e pareceres. Rio de Janeiro: Renovar, 2008.

BINENBOJM, Gustavo. *Uma teoria do Direito Administrativo*: direitos fundamentais, democracia e constitucionalização. Rio de Janeiro: Renovar, 2006.

BOBBIO, Norberto. *O positivismo jurídico*: lições de filosofia do Direito. São Paulo: Ícone, 1995.

BOBBIO, Norberto. *Era dos direitos*. Rio de Janeiro: Elsevier, 2004.

BOBBIO, Norberto. *Teoria do ordenamento jurídico*. Brasília: Universidade de Brasília, 1994.

BONAVIDES, Paulo. *Curso de Direito Constitucional*. São Paulo: Malheiros, 1996.

BONAVIDES, Paulo. *Curso de Direito Constitucional*. São Paulo: Malheiros, 1998.

BONAVIDES, Paulo. *Curso de Direito Constitucional*. São Paulo: Malheiros, 2004.

BONAVIDES, Paulo. *História do constitucionalismo no Brasil*. Brasília: OAB Editora, 2004.

BOMFIM, Nina Laporte; FIDALGO, Carolina Barros. Releitura da auto-executoriedade como prerrogativa da Administração Pública. In: ARAGÃO, Alexandre Santos de; MARQUES NETO, Floriano de Azevedo (Coord.). *Direito Administrativo e seus novos paradigmas*. Belo Horizonte: Editora Fórum, 2008.

BRASIL. Conselho Nacional de Justiça. *Resolução nº 7, de 18 de outubro de 2005*. Disciplina o exercício de cargos, empregos e funções por parentes, cônjuges e companheiros de magistrados e de servidores investidos em cargos de direção e assessoramento, no âmbito dos órgãos do Poder Judiciário e dá outras providências. Brasília, DF: CNJ, 2005. Disponível em: https://atos.cnj.jus.br/atos/detalhar/187. Acesso em 28 mai. 2021.

BRASIL. Constituição de 1891. Constituição da República dos Estados Unidos do Brasil, de 24 de fevereiro de 1891. *Diário do Congresso Nacional*, Brasília, DF: Presidência da República, 24 fev. 1891. Disponível em: https://www2.camara.leg.br/legin/fed/consti/1824-1899/constituicao-35081-24-fevereiro-1891-532699-publicacaooriginal-15017-pl.html. Acesso em 15 fev. 2021.

BRASIL. Constituição de 1988. Constituição da República Federativa do Brasil de 1988. *Diário Oficial da União*, Brasília, DF: Presidência da República, 5 out. 1988. Disponível em: http://www.planalto.gov.br/ccivil_03/constituicao/constituicao.htm. Acesso em 15 fev. 2021.

BRASIL. Controladoria-Geral da União. *Portal da Transparência*. 2022. Disponível em: https://www.portaltransparencia.gov.br/. Acesso em 23 jan. 2022.

BRASIL. Lei nº 4.717, de 29 de junho de 1965. Regula a ação popular. *Diário Oficial da União*: Brasília, DF, 05 jul. 1965, republicado em 08 abr. 1974. Disponível em: https://www.planalto.gov.br/ccivil_03/leis/l4717.htm. Acesso em 14 dez. 2020.

BRASIL. Decreto-Lei nº 4.657, de 4 de setembro de 1942. Lei de Introdução às Normas do Direito Brasileiro. (Redação dada pela Lei nº 12.376, de 2010). *Diário Oficial da União*: Brasília, DF, 9 set. 1942, retificado em 08 out. 1942, e retificado em 17 jun. 1943. Disponível em: https://www.planalto.gov.br/ccivil_03/decreto-lei/del4657compilado.htm. Acesso em 19 abr. 2022.

BRASIL. Lei nº 5.172, de 25 de outubro de 1966. Dispõe sobre o Sistema Tributário Nacional e institui normas gerais de direito tributário aplicáveis à União, Estados e Municípios. *Diário Oficial da União*: Brasília, DF, 27 out. 1966, retificado em 31 out. 1996. Disponível em: https://www.planalto.gov.br/ccivil_03/leis/l5172compilado.htm. Acesso em 19 jun. 2021.

BRASIL. Lei nº 8.078, de 11 de setembro de 1990. Dispõe sobre a proteção do consumidor e dá outras providências. *Diário Oficial da União*: Brasília, DF, 12 set. 1990, retificado em 10 jan. 2007. Disponível em: https://www.planalto.gov.br/ccivil_03/leis/l8078compilado.htm. Acesso em 26 ago. 2021.

BRASIL. Lei nº 8.112, de 11 de dezembro de 1990. Dispõe sobre o regime jurídico dos servidores públicos civis da União, das autarquias e das fundações públicas federais. *Diário Oficial da União*: Brasília, DF, 19 abr. 1990. Disponível em: https://www.planalto.gov.br/ccivil_03/leis/l8112compilado.htm. Acesso em 15 fev. 2021.

BRASIL. Lei nº 8.429, de 2 de junho de 1992. Dispõe sobre as sanções aplicáveis aos agentes públicos nos casos de enriquecimento ilícito no exercício de mandato, cargo, emprego ou função na administração pública direta, indireta ou fundacional e dá outras providências. (...). Dispõe sobre as sanções aplicáveis em virtude da prática de atos de improbidade administrativa, de que trata o §4º do art. 37 da Constituição Federal; e dá outras providências. *Diário Oficial da União*: Brasília, DF, 03 jun. 1992. Disponível em: https://www.planalto.gov.br/ccivil_03/leis/l8429.htm. Acesso em 13 abr. 2021.

BRASIL. Lei nº 8.987, de 13 de fevereiro de 1995. Dispõe sobre o regime de concessão e permissão da prestação de serviços públicos previsto no art. 175 da Constituição Federal, e dá outras providências. *Diário Oficial da União*: Brasília, DF, 14 fev. 1995. Disponível em: https://www.planalto.gov.br/ccivil_03/leis/l8987cons.htm. Acesso em 13 abr. 2021.

BRASIL. Lei nº 9.307, de 23 de setembro de 1996. Dispõe sobre a arbitragem. *Diário Oficial da União*: Brasília, DF, 24 set. 1996. Disponível em: https://www.planalto.gov.br/ccivil_03/leis/l9307.htm. Acesso em 13 abr. 2021.

BRASIL. Lei nº 9.784, Lei nº 9.784, de 29 de janeiro de 1999. Regula o processo administrativo no âmbito da Administração Pública Federal. *Diário Oficial da União*: Brasília, DF, 01 fev. 1999, retificado em 11 mar. 1999. Disponível em: http://www.planalto.gov.br/ccivil_03/leis/l9784.htm. Acesso em 15 fev. 2021.

BRASIL. Lei nº 9.868, de 10 de novembro de 1999. Dispõe sobre o processo e julgamento da ação direta de inconstitucionalidade e da ação declaratória de constitucionalidade perante o Supremo Tribunal Federal. *Diário Oficial da União*: Brasília, DF, 11 nov. 1999. Disponível em: https://www.planalto.gov.br/ccivil_03/leis/l9868.htm. 02/04/2021. Acesso em 15 fev. 2021.

BRASIL. Lei nº 9.882, de 3 de dezembro de 1999. Dispõe sobre o processo e julgamento da argüição de descumprimento de preceito fundamental, nos termos do §1º do art. 102 da Constituição Federal. *Diário Oficial da União*: Brasília, DF, 06 dez. 1999. Disponível em: https://www.planalto.gov.br/ccivil_03/leis/l9882.htm. Acesso em 02 abr. 2021.

BRASIL. Lei nº 10.406, de 10 de janeiro de 2002. Institui o Código Civil. *Diário Oficial da União*: Brasília, DF, 11 jan. 2002. Disponível em: https://www.planalto.gov.br/ccivil_03/leis/2002/l10406compilada.htm. Acesso em 02 abr. 2021.

BRASIL. Lei nº 11.079, de 30 de dezembro de 2004. Institui normas gerais para licitação e contratação de parceria público-privada no âmbito da administração pública. *Diário Oficial da União*: Brasília, DF, 31 dez. 2004. Disponível em: https://www.planalto.gov.br/ccivil_03/_ato2004-2006/2004/lei/l11079.htm. Acesso em 13 abr. 2021.

BRASIL. Lei nº 12.527, de 18 de novembro de 2011. Regula o acesso a informações previsto no inciso XXXIII do art. 5º, no inciso II do §3º do art. 37 e no §2º do art. 216 da Constituição Federal; altera a Lei nº 8.112, de 11 de dezembro de 1990; revoga a Lei nº 11.111, de 5 de maio de 2005, e dispositivos da Lei nº 8.159, de 8 de janeiro de 1991; e dá outras providências. *Diário Oficial da União*: Brasília, DF, 18 nov. 2011. Disponível em: https://www.planalto.gov.br/ccivil_03/_ato2011-2014/2011/lei/l12527.htm. Acesso em 14 mai. 2021.

BRASIL. Lei nº 13.105, de 16 de março de 2015. Código de Processo Civil. *Diário Oficial da União*, Brasília, DF, 17 mar. 2015. Disponível em: http://www.planalto.gov.br/ccivil_03/_ato2015-2018/2015/lei/l13105.htm. Acesso em 02 abr. 2021.

BRASIL. Lei nº 13.655, de 25 de abril de 2018. Inclui no Decreto-Lei nº 4.657, de 4 de setembro de 1942 (Lei de Introdução às Normas do Direito Brasileiro), disposições sobre segurança jurídica e eficiência na criação e na aplicação do direito público. *Diário Oficial da União*: Brasília, DF, 26 abr. 2018. Disponível em: https://www.planalto.gov.br/ccivil_03/_ato2015-2018/2018/lei/l13655.htm. Acesso em 23 jan. 2022.

BRASIL. Lei nº 13.979, de 6 de fevereiro de 2020. Dispõe sobre as medidas para enfrentamento da emergência de saúde pública de importância internacional decorrente do coronavírus responsável pelo surto de 2019. *Diário Oficial da União*: Brasília, DF, 07 fev. 2020. Disponível em: https://www.planalto.gov.br/ccivil_03/_ato2019-2022/2020/lei/l13979.htm. Acesso em 18 out. 2021.

BRASIL. Lei nº 14.133, de 1 de abril de 2021. *Diário Oficial da União*: Brasília, DF, 01 abr. 2021. Disponível em: https://www.planalto.gov.br/ccivil_03/_ato2019-2022/2021/lei/L14133.htm. Acesso em 03 set. 2021.

BRASIL. Medida Provisória nº 966, de 13 de maio de 2020. *Diário Oficial da União*: Brasília, DF, 14 mai. 2020, retificado em 15 mai. 2020. Disponível em: https://www.planalto.gov.br/ccivil_03/_ato2019-2022/2020/mpv/mpv966.htm. Acesso em 13 abr. 2021.

BRASIL. Ministério da Saúde. *O que é a Covid-19?* 8 abr. 2021. Disponível em: https://www.gov.br/saude/pt-br/coronavirus/o-que-e-o-coronavirus. Acesso em 07 jan. 2022.

BRASIL. *Proposta de Emenda à Constituição nº 32/2020*. Altera disposições sobre servidores, empregados públicos e organização administrativa. Brasília, DF: Câmara dos Deputados, 2020. Disponível em: https://www.camara.leg.br/proposicoesWeb/prop_mostrarintegra;jsessionid=9FCB30E3D367E7A99C7D43ECB7544CDD.proposicoesWebExterno1?codteor=1928147&filename=PEC+32/2020. Acesso em 12 dez. 2020.

BRASIL. Superior Tribunal de Justiça (2ª Turma). Agravo Regimental no Recurso Especial nº 201101763271. Relator: Min. Humberto Martins. *Dje*: Brasília, DF, 19 abr. 2012.

BRASIL. Superior Tribunal de Justiça (2ª Turma). Agravo Regimental no Recurso em Mandado de Segurança nº 201001181913. Relator: Min. Herman Benjamin. *Dje*: Brasília, DF, 16 mar. 2011.

BRASIL. Superior Tribunal de Justiça (1ª Turma). Recurso Especial nº 213.994/MG. Relator: Min. Garcia Vieira, 17 de agosto de 1999. *Dje*: Brasília, DF, 27 set. 1999.

BRASIL. Superior Tribunal de Justiça. Recurso Especial nº 1.7693.06. Relator: Min. Benedito Gonçalves, 10 de março de 2021. *Dje*: Brasília, DF, 19 maio 2021.

BRASIL. Supremo Tribunal Federal (Tribunal Pleno). Ação Declaratória de Constitucionalidade nº 12. Relator: Min. Carlos Britto, 20 de agosto de 2008. *Dje*: Brasília, DF, 18 dez. 2009.

BRASIL. Supremo Tribunal Federal (Tribunal Pleno). Ação Direta de Inconstitucionalidade nº 855 MC. Relator: Min. Sepúlveda Pertence, 1 de julho de 1993. *Dje*: Brasília, DF, 1 out. 1993.

BRASIL. Supremo Tribunal Federal (Tribunal Pleno). Ação Direta de Inconstitucionalidade nº 1.407 MC. Relator: Min. Celso de Mello, 7 de março de 1996. *Dje*: Brasília, DF, 24 nov. 2000.

BRASIL. Supremo Tribunal Federal (Tribunal Pleno). Ação Direta de Inconstitucionalidade nº 4.857. Relatora: Min Cármen Lúcia, 14 de março de 2022. *Dje*: Brasília, DF, 8 abr. 2022.

BRASIL. Supremo Tribunal Federal (Tribunal Pleno). Ação Direta de Inconstitucionalidade nº 6.341 MC-REF. Relator: Min. Marco Aurélio, 15 de abril de 2020, *Dje*: Brasília, DF, 13 nov. 2020.

BRASIL. Supremo Tribunal Federal (Tribunal Pleno). Ação Direta de Inconstitucionalidade nº 6.421 MC. Relator: Min. Roberto Barroso, 21 de maio de 2020. *Dje*: Brasília, DF, 12 nov. 2020.

BRASIL. Supremo Tribunal Federal (Tribunal Pleno). Ação Direta de Inconstitucionalidade nº 6.586. Relator: Min. Ricardo Lewandowski, 17 de dezembro de 2020. *Dje*: Brasília, DF, 7 abr. 2021.

BRASIL. Supremo Tribunal Federal. Ação Direta de Inconstitucionalidade nº 6.587. Relator: Min. Ricardo Lewandowski, 17 de dezembro de 2020. *Dje*: Brasília, DF, 7 abr. 2021.

BRASIL. Supremo Tribunal Federal. Arguição de Descumprimento de Preceito Fundamental nº 45 MC. Relator: Min. Celso de Mello. *Dje*: Brasília, DF, 4 mai. 2004.

BRASIL. Supremo Tribunal Federal (Tribunal Pleno). Arguição de Descumprimento de Preceito Fundamental nº 144. Relator: Min. Celso de Mello, 6 de agosto de 2008. *Dje*: Brasília, DF, 26 fev. 2010.

BRASIL. Supremo Tribunal Federal (Tribunal Pleno). Arguição de Descumprimento de Preceito Fundamental nº 690. Relator: Min. Alexandre de Moraes, 15 de março de 2021. *Dje*: Brasília, DF, 15 abr. 2021.

BRASIL. Supremo Tribunal Federal (Tribunal Pleno). Arguição de Descumprimento de Preceito Fundamental nº 754. Relator: Min. Ricardo Lewandowski, 1 de março de 2021. *Dje*: Brasília, DF, 11 mar. 2021.

BRASIL. Supremo Tribunal Federal (Tribunal Pleno). Arguição de Descumprimento de Preceito Fundamental nº 854 MC. Relatora: Min. Rosa Weber, 17 de dezembro de 2021. *Dje*: Brasília, DF, 23 fev. 2022.

BRASIL. Supremo Tribunal Federal (1ª Turma). AgRg no ARE nº 704.882. Relator: Min. Luiz Fux 18 de dezembro de 2012. *Dje*: Brasília, DF, 19 fev. 2013.

BRASIL. Supremo Tribunal Federal (Tribunal Pleno). ARE nº 652.777. Relator: Min. Teori Zavascki, 23 de abril de 2015. *Dje*: Brasília, DF, 1 jul. 2015.

BRASIL. Supremo Tribunal Federal (2ª Turma). ARE nº 899.816 AgR. Relator: Min. Dias Toffoli, 7 de março de 2017. *Dje*: Brasília, DF, 24 mar. 2017.

BRASIL. Supremo Tribunal Federal. ARE nº 982.566. Relator: Min. Ricardo Lewandowski, 6 de outubro de 2017. *Dje*: Brasília, DF, 2017.

BRASIL. Supremo Tribunal Federal (Tribunal Pleno). Habeas Corpus nº 122.694. Relator: Min. Dias Toffoli, 10 de dezembro de 2014. *Dje*: Brasília, DF, 19 fev. 2015.

BRASIL. Supremo Tribunal Federal (Tribunal Pleno). Mandado de Segurança nº 22.357. Relator: Min. Gilmar Mendes, 27 de maio de 2004. *Dje*: Brasília, DF, 5 nov. 2004.

BRASIL. Supremo Tribunal Federal (Tribunal Pleno). Mandado de Segurança nº 23.780. Relator: Min. Joaquim Barbosa, 28 de setembro de 2005. *Dje*: Brasília, DF, 3 mar. 2006.

BRASIL. Supremo Tribunal Federal (1ª Turma). Reclamação nº 31.732. Redator p/ o Acórdão: Min. Alexandre de Moraes. *Dje*: Brasília, DF, 3 fev. 2020.

BRASIL. Supremo Tribunal Federal (1ª Turma). Reclamação nº 31.316. Relator: Min. Marco Aurélio, 5 de agosto de 2020. *Dje*: Brasília, DF, 8 ago. 2020.

BRASIL. Supremo Tribunal Federal (1ª Turma). Reclamação nº 36.482. Relator: Min. Marco Aurélio, 5 de agosto de 2020. *Dje*: Brasília, DF, 8 ago. 2020.

BRASIL. Supremo Tribunal Federal (1ª Turma). Reclamação nº 46.878 AgR. Relatora: Min. Rosa Weber, 30 de agosto de 2021, *Dje*: Brasília, DF, 20 set. 2021.

BRASIL. Supremo Tribunal Federal (Tribunal Pleno). Recurso Extraordinário nº 592.581. Relator: Min. Ricardo Lewandowski, 13 de agosto de 2015. *Dje*: Brasília, DF, 1 fev. 2016.

BRASIL. Supremo Tribunal Federal (Tribunal Pleno). Recurso Extraordinário nº 594.296. Relator: Min. Dias Toffoli, 21 de setembro de 2011. *Dje*: Brasília, DF, 13 fev. 2012.

BRASIL. Supremo Tribunal Federal (Tribunal Pleno). Recurso Extraordinário nº 1.1331.18 RG. Relator: Min. Luiz Fux, 14 de junho de 2018. *Dje*: Brasília, DF, 21 jun. 2018.

BRASIL. Supremo Tribunal Federal (Tribunal Pleno). Recurso Extraordinário nº 1.2833.60 RG. Relator: Min. Presidente, 24 de maio de 2021. *Dje*: Brasília, DF, 14 jun. 2021.

BRASIL. Supremo Tribunal Federal (1ª Turma). Recurso Especial nº 480.387/SP. *Dje*: Brasília, DF, 24 mai. 2004.

BRASIL. Supremo Tribunal Federal. *Súmula do STF* (atualizado em 1º de dezembro de 2017). Brasília, DF: Poder Executivo, 2017. Disponível em: https://www.stf.jus.br/arquivo/cms/jurisprudenciaSumula/anexo/Enunciados_Sumulas_STF_1_a_736_Completo.pdf. Acesso em 06 ago. 2021.

BELO HORIZONTE. Lei nº 7031 de 12 de janeiro de 1996. Dispõe sobre a normatização complementar dos procedimentos relativos à saúde pelo código sanitário municipal e dá outras providências. *Diário Oficial da União*, Belo Horizonte: Câmara Municipal, 1996. Disponível em: https://leismunicipais.com.br/a/mg/b/belo-horizonte/lei-ordinaria/1996/703/7031/lei-ordinaria-n-7031-1996-dispoe-sobre-a-normatizacao-complementar-dos-procedimentos-relativos-a-saude-pelo-codigo-sanitario-municipal-e-da-outras-providencias. Acesso em 04 out. 2021.

CAETANO, Marcello. *Manual de direito administrativo*. Coimbra: Almedina, 2005.

CAIO, Hornstein. *Os Doze Trabalhos de Asterix – Dublagem Clássica (1976)*. [S. l.]: Caio Hornstein, s.d. 1 vídeo (1 h 18 min 8 ss). Disponível em: https://www.youtube.com/watch?v=ddN1xXLFfKM. Acesso em 17 mar. 2022.

CAMMAROSANO, Márcio. *O princípio constitucional da moralidade e o exercício da função administrativa*. Belo Horizonte: Editora Fórum, 2006.

CANOTILHO, José Joaquim Gomes. *Direito Constitucional*. Lisboa: Coimbra, 1993.

CANOTILHO, José Joaquim Gomes. *Direito Constitucional e Teoria da Constituição*. Coimbra: Almedina, 2000.

CARDOZO, José Eduardo Martins. A origem e o futuro do direito administrativo. *In*: WALD, Arnold *et al.* (Org.) *O Direito Administrativo na atualidade*: estudos em homenagem ao centenário de Helly Lopes Meirelles. São Paulo: Malheiros, 2017.

CARDOZO, José Eduardo Martins. Princípios constitucionais da Administração Pública de acordo com a Emenda constitucional nº 19/98. *In*: MORAES, Alexandre de (Coord.). *Os 10 anos da Constituição Federal*. São Paulo: Atlas, 1999.

CARVALHO, Cleide. Desembargador que ofendeu guarda e se recusou a usar máscara em Santos não pagou multa de R$100. *O Globo*, 25 jan. 2021. Disponível em: https://oglobo.globo.com/brasil/desembargador-que-ofendeu-guarda-se-recusou-usar-mascara-em-santos-nao-pagou-multa-de-100-24853841. Acesso em 04 fev. 2021.

CARVALHO, Fábio Lins de Lessa; RODRIGUES, Ricardo Schneider (Coord.). *Covid-19 e Direito Administrativo*: impactos da pandemia na administração pública. Curitiba: Juruá, 2020.

CARVALHO FILHO, José dos Santos. *Manual de Direito Administrativo*. São Paulo: Atlas, 2018.

CARVALHO NETTO, Menelick de. *Os direitos fundamentais e a (in)certeza do Direito*: a produtividade das tensões principiológicas e a superação do sistema de regras. Belo Horizonte: Editora Fórum, 2012.

CASTRO, Ana Paula *et al.* 'Orçamento secreto': Congresso só detalhou ao STF R$10,9 bi dos R$36,9 bi reservados em 2020 e 2021. *G1*, 13 mai. 2022. Disponível em: https://g1.globo.com/politica/noticia/2022/05/13/orcamento-secreto-congresso-so-detalhou-ao-stf-r-109-bi-dos-r-369-bi-reservados-em-2020-e-2021.ghtml. Acesso em 14 mai. 2022.

CASTRO, Carlos Roberto Siqueira. *O devido processo legal e os princípios da razoabilidade e da proporcionalidade*. Rio de Janeiro: Forense, 2005.

CORREIA, Fernando Alves. *Alguns conceitos de Direito Administrativo*. Almedina: Coimbra, 1998.

COSTA, Alexandre Araújo. Capítulo I: Antecedentes do princípio da razoabilidade na jurisprudência do STF. *In*: COSTA, Alexandre Araújo. *O princípio da razoabilidade na jurisprudência do STF*: o século XX. [S. l.]: [s. n.], 1999. Disponível em: https://www.arcos.org.br/livros/o-principio-da-razoabilidade-na-jurisprudencia-do-stf-o-seculo-xx/capitulo-i-antecedentes-do-principio-da-razoabilidade-na-jurisprudencia-do-stf/2-re-18331-julgado-em-2191951-rel-min-orozimbo-nonato. Acesso em 30 jan. 2021.

COURA, Maria Rosilene dos Santos. *A concepção de princípios jurídicos na hermenêutica filosófica*. Curitiba: Juruá, 2013.

COUTO E SILVA, Almiro do Couto. *Conceitos fundamentais do Direito no Estado Constitucional*. São Paulo: Malheiros, 2015.

COUTO E SILVA, Almiro. Princípios da legalidade da administração pública e da segurança jurídica no estado de Direito contemporâneo. *Revista Direito Público*, v. 84, out./dez. 1987.

CRISAFULLI, Vezio. Il princípio costituzionali dell'interpretazione ed applicazione delle leggi. *In*: AUTORI VARI. *Scritti Giuridici in Onore di S. Romano*. Padova: Cedam, 1939. v. I: Filosofia e Teoria Generale del Diritto.

CRISTÓVAM, José Sérgio da Silva. *Colisões entre princípios constitucionais*: razoabilidade, proporcionalidade e argumentação jurídica. Curitiba: Juruá, 2006.

CUNHA, Marcus Vinicius Ribeiro. *Princípio da moralidade administrativa*. Belo Horizonte: Del Rey, 2017.

CUNHA, Paulo Ferreira da. *Breve tratado da (in)justiça*. São Paulo: Quartier Latin, 2009.

CUNHA, Paulo Ferreira da. *Nova teoria do Estado*: Estado, república e Constituição. São Paulo: Malheiros, 2013.

CUNHA, Sérgio Sérvulo da. *Princípios constitucionais*. São Paulo: Saraiva, 2006.

CYRINO, André. *Direito Administrativo de carne e osso – estudos e ensaios*. Rio de Janeiro: Processo, 2020.

DAL POZZO, Augusto; CAMMAROSANO, Márcio (Coord.). *As implicações da covid-19 no Direito Administrativo*. São Paulo: Thomson Reuters Brasil, 2020.

DE LAURENTIIS, Lucas Catib. *A proporcionalidade no Direito Constitucional*: origem, modelos e reconstrução dogmática. São Paulo: Malheiros, 2017.

DEL VECCHIO, Giorgio. *Princípios gerais do Direito*. Belo Horizonte: Editora Líder, 2003.

DI PIETRO, Maria Sylvia Zanella. *Direito Administrativo*. São Paulo: Atlas, 2005.

DI PIETRO, Maria Sylvia Zanella. *Direito Administrativo*. 34. ed. Rio de Janeiro: Forense, 2021.

DI PIETRO, Maria Sylvia Zanella. O Direito Administrativo da crise. *In*: WALD, Arnold et al. (Org.). *O Direito Administrativo na atualidade*: estudos em homenagem ao centenário de Helly Lopes Meirelles. São Paulo: Malheiros, 2017.

DIAS, Luciano Souto (Org.). *Repercussões da pandemia de Covid-19 no Direito Brasileiro*. São Paulo: JH Mizuno, 2020.

DISTRITO FEDERAL. Tribunal de Justiça do Distrito Federal e dos Territórios (Conselho Especial). MS nº 0711766-42.2020.8.07.0000. Relator: Desem. Sebastião Coelho, 1 de setembro de 2020. *PJe-TJDF*: 16 set. 2020.

DUQUE, Marcelo Schenk. *Segurança jurídica na aplicação do Direito Público*. Salvador: JusPodivm, 2019.

DWORKIN, Ronald M. *Levando os direitos a sério*. São Paulo: Martins Fontes, 2010.

DOWRKIN, Ronald M. The Model of Rules. *University of Chicago Law Review*, v. 35, Issue 1, 1967. Disponível em: http://digitalcommons.law.yale.edu/cgi/viewcontent.cgi?article=4614&context=fss_papers. Acesso em 23 dez. 2021.

ESCOLA, Héctor. *El interés público como fundamento del Derecho Administrativo*. Buenos Aires: Depalma, 2006.

EXAME. *Documentos mostram que 70% do orçamento secreto continua secreto*. 11 mai. 2021. Disponível em: https://exame.com/brasil/orcamento-secreto-ainda-secreto/. Acesso em 20 mai. 2021.

FACULDADE DE MEDICINA UFMG. *Kit covid: o que diz a ciência?* 29 mar. 2021. Disponível em: https://www.medicina.ufmg.br/kit-covid-o-que-diz-a-ciencia/. Acesso em 14 mai. 2021.

FAZZIO JÚNIOR, Waldo. *Fundamentos de Direito Administrativo*. São Paulo: Atlas, 2002.

FERRAZ, Ricardo. Países da Europa adotam medidas restritivas após avanço de covid-19. *Veja*, 25 mar. 2021. Disponível em: https://veja.abril.com.br/mundo/paises-da-europa-adotam-medidas-restritivas-apos-avanco-de-covid-19/. Acesso em 30 mar. 2021.

FERNANDES, Felipe Gonçalves (Org.). *Temas atuais de Direito Administrativo neoconstitucional*. São Paulo: Intelecto, 2016.

FERREIRA, Sérgio de Andréa. Atos administrativos – elementos – poder discricionário e o princípio da legalidade – limites da convalidação – formas de extinção. *Boletim de Direito Administrativo*, São Paulo, v. 13, n. 5, 1997.

FIGUEIREDO, Lúcia Valle. *Curso de Direito Administrativo*. São Paulo: Malheiros, 1994.

FIGUEIREDO, Lúcia Valle (Org.). *Princípios informadores do Direito Administrativo*. São Paulo: NDJ, 1997.

FRAGA, Érica. PIB caiu menos em países que reagiram rápido à pandemia. *Folha de S. Paulo*, São Paulo, 13 mar. 2021. Disponível em: https://www1.folha.uol.com.br/mercado/2021/03/pib-caiu-menos-em-paises-que-reagiram-rapido-a-pandemia.shtml. Acesso em 14 mar. 2021.

FREITAS, Juarez. *A interpretação sistemática do Direito*. São Paulo: Malheiros, 2010.

FREITAS, Juarez. *O controle dos atos administrativos e os princípios fundamentais*. São Paulo: Malheiros, 2004.

G1. *OMS reforça que medidas de isolamento social são a melhor alternativa contra o coronavírus*. 30 mar. 2020. Disponível em: https://g1.globo.com/jornal-nacional/noticia/2020/03/30/oms-reforca-que-medidas-de-isolamento-social-sao-a-melhor-alternativa-contra-o-coronavirus.ghtml. Acesso em 04 mai. 2021.

GABARDO, Emerson. *Princípio constitucional da eficiência administrativa*. São Paulo: Dialética, 2002.

GIACOMUZZI, José Guilherme. *A moralidade administrativa e a boa-fé da administração pública*: o conteúdo dogmático da moralidade administrativa. São Paulo: Malheiros, 2002.

GODOI, Marciano Seabra de. *Justiça, igualdade e Direito Tributário*. São Paulo: Dialética, 1999.

GORDILLO, Agustín. *Princípios gerais de Direito Público*. São Paulo: Editora Revista dos Tribunais, 1977.

GRAU, Eros Roberto. *Por que tenho medo dos juízes*: a interpretação/aplicação do Direito e os princípios. São Paulo: Malheiros, 2013.

GUASTINI, Ricardo. *Princípios de Direito Administrativo brasileiro*. São Paulo: Malheiros, 2002.

HARGER, Marcelo. *Princípios constitucionais do processo administrativo*. Rio de Janeiro: Forense, 2001.

HOLANDA, Sérgio Buarque de. *Raízes do Brasil*. São Paulo: Companhia das Letras, 1995.

ISMAIL FILHO, S. Boa administração: um direito fundamental a ser efetivado em prol de uma gestão pública eficiente. *Revista de Direito Administrativo*, Belo Horizonte, v. 277, n. 3, p. 105-137, 2018.

JUSTEN FILHO, Marçal. *Curso de Direito Administrativo*. 7. ed. Belo Horizonte: Editora Fórum, 2011.

JUSTEN FILHO, Marçal. O Direito Administrativo de espetáculo. *In*: ARAGÃO, Alexandre Santos de; MARQUES NETO, Floriano de Azevedo (Coord.). *Direito Administrativo e seus novos paradigmas*. Belo Horizonte: Fórum, 2008.

KELSEN, Hans. *Teoria pura do Direito*. 6. ed. São Paulo: Martins Fontes, 1999.

KRUSE, Tulio; MAGRI, Diogo. Só daqui a 100 anos: aumenta a lista de sigilos do governo Bolsonaro. *Veja*, 22 abr. 2022. Disponível em: https://veja.abril.com.br/politica/so-daqui-a-100-anos-aumenta-a-lista-de-sigilos-do-governo-bolsonaro/. Acesso em 01 abr. 2022.

LEAL, Mônia Clarissa Hennig. *A Constituição como princípio*: os limites da jurisdição constitucional brasileira. Barueri: Manole, 2003.

LIMA JÚNIOR, Cláudio Ricardo Silva. *Sobre o conceito de norma jurídica*. Um diálogo com Friedrich Müller para uma teoria estruturante do Direito. 11 jun. 2010. Disponível em: https://jus.com.br/artigos/15013/sobre-o-conceito-de-norma-juridica/1. Acesso em 28 jan. 2021.

LUHMANN, Niklas. *Introdução à teoria dos sistemas*. Rio de Janeiro: Vozes, 2011.

MAIA, Antônio Cavalcanti; NETO, Cláudio Pereira de Souza. Os princípios de direito e as perspectivas de Perelman, Dworkin e Alexy. *In*: PEIXINHO, Manoel Messias (Org.). *Os princípios da Constituição de 1988*. Rio de Janeiro: Lumen Juris, 2001.

MACEDO, Fausto; MOTTA, Rayssa. PF vê superfaturamento de R$63 milhões na compra de respiradores da China pelo governo de São Paulo e faz buscas em sete endereços. *Estadão*, 22 fev. 2022. Disponível em: https://politica.estadao.com.br/blogs/fausto-macedo/pf-superfaturamento-respiradores-china-governo-sao-paulo-buscas-operacao/. Acesso em 27 fev. 2022.

MARQUES NETO, Floriano de Azevedo *et al*. Respostas aos Comentários Tecidos pela Consultoria Jurídica do TCU ao PL nº 7.448/2017. *Conjur*, [s.d.]. Disponível em: https://www.conjur.com.br/dl/parecer-juristas-rebatem-criticas.pdf. Acesso em 05 mai. 2021.

MARTINS JÚNIOR, Wallace Paiva. *Transparência administrativa*: publicidade, motivação e participação popular. 2. ed. São Paulo: Saraiva, 2010.

MAZZA, Alexandre. *Manual de Direito Administrativo*. São Paulo: Saraiva Educação, 2018.

MEIRELLES, Hely Lopes. *Direito Administrativo brasileiro*. São Paulo: Malheiros, 1990.

MELLO, Celso Antônio Bandeira de. A noção jurídica de interesse público. *In*: MELLO, Celso Antônio Bandeira de. *Grandes temas de Direito Administrativo*. São Paulo: Malheiros, 2011.

MELLO, Celso Antônio Bandeira de. *Curso De Direito Administrativo*. São Paulo: Malheiros, 1999.

MELLO, Celso Antônio Bandeira de. *Curso de Direito Administrativo*. São Paulo: Malheiros, 2003.

MELLO, Celso Antônio Bandeira de. *O conteúdo jurídico do princípio da igualdade*. São Paulo: Malheiros, 2021.

MIGALHAS. *Desembargador da "carteirada" perde recurso e terá de indenizar guarda*. 20 mai. 2021. Disponível em: https://www.migalhas.com.br/quentes/345908/desembargador-da-carteirada-perde-recurso-e-tera-de-indenizar-guarda. Acesso em 21 mai. 2021.

MINAS GERAIS (Estado). *Portal da Transparência*. 2022. Disponível em: https://www.transparencia.mg.gov.br/. Acesso em 14 mar. 2022.

MODESTO, Paulo. Notas para um debate sobre o princípio da eficiência. *Revista Interesse Público*, São Paulo, a. 2, n. 7, jul./set. 2000.

MÕES, Malu. Guedes coloca sob sigilo todos os documentos da reforma administrativa. *Poder 360*, 29 set. 2020. Disponível em: https://www.poder360.com.br/governo/guedes-coloca-sob-sigilo-todos-os-documentos-da-reforma-administrativa/. Acesso em 02 out. 2020.

MONTEIRO, Thiago Lins. Um contributo para o estudo da ponderação de interesses no direito administrativo. *In*: BATISTA JÚNIOR, Onofre Alves; CASTRO, Sérgio Pessoa de Paula (Coord.). *Tendências e perspectivas do Direito Administrativo*: uma visão da escola mineira. Belo Horizonte: Editora Fórum, 2012.

MORAES, Alexandre de. *Direito Constitucional Administrativo*. São Paulo: Atlas, 2002.

MOREIRA NETO, Diogo de Figueiredo. *Curso de Direito Administrativo*. Rio de Janeiro: Forense, 2014.

MOREIRA NETO, Diogo de Figueiredo. *Quatro paradigmas do Direito Administrativo pós-moderno*. Belo Horizonte: Editora Fórum, 2008.

NADER, Paulo. *Filosofia do Direito*. Rio de Janeiro: Forense, 1996.

NOBRE JÚNIOR, Edilson Pereira. *Direito administrativo contemporâneo*: temas fundamentais. Salvador: JusPodivm, 2016.

NOVO, Benigno Núñez. *A Declaração dos Direitos do Homem e do Cidadão de 1789*: análise sobre a Declaração dos Direitos do Homem e do Cidadão de 1789. 2022. Disponível em: https://meuartigo.brasilescola.uol.com.br/direito/a-declaracao-dos-direitos-homem-e-do-cidadao-de-1789.htm#:~:text=A%20Declara%C3%A7%C3%A3o%20dos%20Direitos%20do%20Homem%20e%20do%20Cidad%C3%A3o%20(em,seres%20humanos%22)%20como%20universais. Acesso em 02 abr. 2022.

OLIVEIRA, Marcelo Andrade Cattoni de. *Direito Constitucional*. Belo Horizonte: Mandamentos, 2002.

OLIVEIRA, Fábio. Vacinação mais ágil poderia salvar 200 mil vidas até o fim de 2021, diz estudo. *CNN Brasil*, Rio de Janeiro, 23 abr. 2021. Disponível em: https://www.cnnbrasil.com.br/saude/vacinacao-mais-agil-poderia-salvar-200-mil-vidas-ate-o-fim-de-2021-diz-estudo/. Acesso em 24 abr. 2021.

OLIVEIRA, José Roberto Pimenta. *Os princípios da razoabilidade e proporcionalidade no Direito Administrativo brasileiro*. São Paulo: Malheiros, 2006.

OLIVEIRA, Nelson; PIRES, Yolanda. Falta de normas claras e de ações coordenadas para distanciamento social prejudica combate à covid. *Agência Senado*, 9 abr. 2021. Disponível em: https://www12.senado.leg.br/noticias/infomaterias/2021/04/falta-de-normas-claras-e-de-acoes-coordenadas-para-distanciamento-social-prejudica-combate-a-covid. Acesso em 15 abr. 2021.

OLIVEIRA, Rafael Carvalho Rezende. *A constitucionalização do direito administrativo*: o princípio da juridicidade, a releitura da legalidade administrativa e a legitimidade das agências reguladoras. Rio de Janeiro: Lumen Juris, 2010.

OLIVEIRA, Rafael Carvalho Rezende. *Curso de Direito Administrativo*. São Paulo: Editora Método, 2016.

OLIVEIRA, Rafael Carvalho Rezende. O princípio da confiança legítima no Direito Administrativo brasileiro. *Boletim de Direito Administrativo (BDA)*, v. 26, n. 5, p. 531-548, mai. 2010. Disponível em: www.professorrafaeloliveira.com.br. Acesso em 13 mar. 2022.

OLIVEIRA, Régis Fernandes de. *Infrações e sanções administrativas*. São Paulo: Editora Revista dos Tribunais, 2012.

ONU. Centro Regional de Informação para a Europa Ocidental. *Pobreza*, 2022. Disponível em: https://unric.org/pt/eliminar-a-pobreza/. Acesso em 15 fev. 2022.

PAZZAGLINI FILHO, Marino. *Princípios constitucionais reguladores da administração pública*. São Paulo: Atlas, 2000.

PEREIRA, Jane Reis Gonçalves; SILVA, Fernanda Duarte Lopes da. A estrutura normativa das normas constitucionais: notas sobre a distinção entre princípios e regras. *In*: PEIXINHO, Manoel Messias *et al.* (Org.) *Os princípios da Constituição de 1988*. Rio de Janeiro: Lumen Juris, 2001.

PERELMAN, Chaïm. *Ética e Direito*. São Paulo: Martins Fontes, 1996.

PETIAN, Angélica. *Regime jurídico dos processos administrativos ampliativos e restritivos de Direito*. São Paulo: Malheiros, 2002.

PILATTI, Adriano. O princípio republicano na Constituição de 1988. *In*: PEIXINHO, Manoel Messias *et al.* (Org.). *Os princípios da Constituição de 1988*. Rio de Janeiro: Lumen Juris, 2001.

PODER 360. *A sucessão de erros que levou à crise de oxigênio em Manaus*. 19 jan. 2021. Disponível em: https://www.poder360.com.br/brasil/a-sucessao-erros-manaus-dw/. Acesso em 04 mai. 2022.

PORTO, Éderson Garin. O princípio da proteção da confiança e a boa-fé objetiva no Direito Público. *Revista da AJURIS*, n. 102, jun. 2006.

PORTO FILHO, Pedro Paulo de Rezende. Improbidade administrativa – conceito e alcance da hipótese constitucional e da Lei nº 8.429, de 2 de julho de 1992. *Informativo Licitações e Contratos*, jul. 2000.

REALE, Miguel. *Filosofia do Direito*. São Paulo: Saraiva, 1994.

REALE, Miguel. *Lições preliminares de Direito*. São Paulo: Saraiva, 2002.

REBELL, Aiuri; Bruno MADRID. Abordado sem máscara, desembargador despreza guarda em Santos: "Analfabeto". *UOL*, São Paulo, 19 jul. 2020. Disponível em: https://noticias.uol.com.br/cotidiano/ultimas-noticias/2020/07/19/santos-homem-se-apresenta-como-desembargador-recusa-mascara-e-humilha-cgm.htm. Acesso em 22 jul. 2020.

RIO GRANDE DO SUL. Tribunal de Justiça do Estado. AI nº 51409027320218217000 RS. Relator: Desem. Dilso Domingos Pereira, 29 de setembro de 2021. Câmara Cível. *DJRS*: Porto Alegre, Poder Judiciário, Porto Alegre, 1 out. 2021.

ROCHA, Carmén Lúcia Antunes. *Princípios constitucionais da administração pública*. Belo Horizonte: Del Rey, 1994.

RODRIGUES, Eduardo Vítor. O Estado-Providência e os processos de exclusão social: considerações teóricas e estatísticas em torno do caso português. *Revista da Faculdade de Letras*: Sociologia, v. 10, 2000.

ROTHENBURG, Walter Claudius. *Princípios constitucionais*. Porto Alegre: Sergio Antonio Fabris Editor, 1999.

SÃO PAULO (Estado). Tribunal de Justiça (Órgão Especial). MS nº 21656012920208260000 SP 2165601-29.2020.8.26.0000. Relator: Juiz Roberto Caruso Costabile e Solimene, 27 de janeiro de 2021. *DJSP*: Poder Judiciário, São Paulo, 28 jan. 2021.

SANTOS, Daniela Lacerda Saraiva. O princípio da proporcionalidade. *In*: PEIXINHO, Manoel Messias *et al.* (Org.). *Os princípios da Constituição de 1988*. Rio de Janeiro: Lumen Juris, 2001.

SARMENTO, Daniel. *A ponderação de interesses na Constituição Federal*. Rio de Janeiro: Lumen Juris, 2002.

SARMENTO, Daniel. *Dignidade da pessoa humana*: conteúdo, trajetórias e metodologia. Belo Horizonte: Editora Fórum, 2016.

SARMENTO, Daniel (Org.). *Interesses públicos* versus *interesses privados*: desconstruindo o princípio da supremacia do interesse público. Rio de Janeiro: Lumen Juris, 2005.

SCARTEZZINI, Ana Maria Goffi Flaquer. *O princípio da continuidade do serviço público*. São Paulo: Malheiros, 2006.

SCHMITT, Carl. *Teoria de la Constitución*. Madri: Editora Revista de Derecho Privado, 1934.

SILVA, José Afonso da. *Curso de Direito Constitucional Positivo*. São Paulo: Malheiros, 2005.

SOUZA NETO, Cláudio Pereira de. Os princípios de Direito e as perspectivas de Perelman, Dworkin e Alexy. *In*: PEIXINHO, Manoel Messias (Org.). *Os princípios da Constituição de 1988*. Rio de Janeiro: Lumen juris, 2001.

SUNDFELD, Carlos Ari. *Direito Administrativo ordenador*. São Paulo: Malheiros, 2003.

SUNDFELD, Carlos Ari. *Fundamentos de Direito Público*. 3. ed. São Paulo: Malheiros, 1997.

SUNDFELD, Carlos Ari. *Fundamentos de Direito Público*. 5. ed. São Paulo: Malheiros, 2012.

TEIXEIRA, Lucas Borges. Por que a alta inflação no Brasil não é culpa do isolamento social. *UOL*, 22 out. 2021. Disponível em: https://noticias.uol.com.br/confere/ultimas-noticias/2021/10/22/inflacao-brasil-alimentos-isolamento-social-lockdown.htm. Acesso em 23 out. 2021.

THEODORO JÚNIOR, Humberto. Princípios gerais do Direito Processual Civil. *Revista de Processo*, n. 23, jul./set. 1981.

UERJ. *Estudo mostra eficiência do isolamento social contra o novo coronavírus.* 11 mai. 2020. Disponível em: https://www.uerj.br/noticia/11078/. Acesso em 07 jan. 2021.

UFPE. *Pesquisadores da UFPE comprovam eficácia do isolamento social no combate à transmissão do coronavírus.* 17 mar. 2021. Disponível em: https://www.ufpe.br/agencia/noticias/-/asset_publisher/dlhi8nsrz4hK/content/pesquisadores-da-ufpe-comprovam-eficacia-do-isolamento-social-no-combate-a-transmissao-do-coronavirus/40615. Acesso em 20 mar. 2021.

UNICEF. *Declaração Universal dos Direitos Humanos.* Adotada e proclamada pela Assembleia Geral das Nações Unidas (resolução 217 A III) em 10 de dezembro 1948. Disponível em: https://www.unicef.org/brazil/declaracao-universal-dos-direitos-humanos. Acesso em 02 abr. 2021.

UOL. *Consórcio de imprensa integrado pelo UOL concorre a prêmio internacional.* São Paulo, 17 mar. 2022. Disponível em: https://economia.uol.com.br/noticias/redacao/2022/03/17/consorcio-veiculos-de-imprensa-uol-covid-concorre-premio-sigma-awards.htm. Acesso em 20 mar. 2022.

VALOR INVEST. *Reino Unido anuncia novo pacote de ajuda de US$6,2 bilhões a empresas.* São Paulo, 5 jan. 2021. Disponível em: https://valorinveste.globo.com/mercados/internacional-e-commodities/noticia/2021/01/05/reino-unido-anuncia-novo-pacote-de-ajuda-de-us-62-bilhoes-a-empresas.ghtml. Acesso em 07 jan. 2021.

VIGO, Rodolfo. *Los princípios jurídicos.* Buenos Aires: Depalma, 2000.

VITTA, Heraldo Garcia. *Aspectos da teoria geral do Direito Administrativo.* São Paulo: Malheiros, 2001.

WALD, Arnold *et al.* (Org.). *O Direito Administrativo na atualidade*: estudos em homenagem ao centenário de Helly Lopes Meirelles. São Paulo: Malheiros, 2017.

ZAGO, Livia Maria Armentano Koenigstein. *O princípio da impessoalidade.* Rio de Janeiro: Renovar, 2001.

Esta obra foi composta em fonte Palatino Linotype, corpo 10,5
e impressa em papel Pólen Bold 70g (miolo) e Supremo 250g (capa)
pela Gráfica Formato.